메신저

MESSENGERS **메신저**

메시지보다 메신저에 끌리는 8가지 프레임

스티브 마틴·조지프 마크스 지음 | 김윤재 옮김

21세기북스

어떤 사회에서든 가장 중요한 메신저는 교사와 부모다.

항상 최선을 다하는 그들 한 사람 한 사람에게 이 책을 바칩니다.

당신을 처음 만났던 날이야말로 제 인생 행운의 날이었습니다.

– 뛰어난 과학자, 인내심 많은 멘토, 영감을 주는 동료이자 다정하고 믿을 수 있는 친구,

로버트 치알디니에게

오랜 세월 보내주신 두 분의 지원과 현명한 조언,

멋진 유머에 감사드립니다. 아들에게 최상의 롤 모델이 되어주셨어요.

– 힐러리 마크스와 리처드 마크스에게

차례

2부
소프트 메신저

카산드라의 저주

겉으로 보기에 그녀는 뛰어난 메신저messenger에 적합한 여러 특징을 가지고 있었다. 트로이의 왕 프리아모스와 그의 두 번째 아내인 왕비 헤카베 사이에서 태어난 딸 카산드라는 높은 지위에 어울리는 아름다운 외모의 소유자이기도 했다. 키가 크고 우아했으며 가냘픈 어깨 위로 구불구불한 암갈색 머리카락이 품위 있게 드리워져 있었다. 머리카락 색과 유사한 적갈색 눈동자는 맹렬한 기세로 타인들의 마음을 사로잡곤 했다. 그러나 그녀가 가진 것 가운데서도 가장 인상적인 특징은 바로 갖고 싶어 하는 '예언'의 재능이었다.

'신의 뜻을 해석하고 교감하는' 카산드라의 능력은 아폴로 신이 그녀를 유혹하는 과정에서 부여한 재능이라고 한다. 그녀는 트로이

성문 밖에 버려진 거대 목마 안에 병사들이 숨어 있다는 것도, 아가멤논 왕의 사망도, 자신의 사촌 아이네이아스가 로마에 새로운 국가를 건설하리라는 것도 미리 예언했다. 심지어 자신의 죽음도 미리 내다보았다. 그러나 아폴로 신이 카산드라에게 내린 이 재능은 엄청난 고통을 초래하는 저주가 되어 결국 그녀를 미치게 만들고 죽음으로 내몰았다. 소중한 재능을 얻는 대가로 아폴로를 섬기기로 맹세했건만 카산드라는 곧 그 약속을 내팽개쳤고 가장 무자비한 벌을 받게 됐다. 신은 강제로 카산드라에게 입술을 포갠 후 입속에 침을 뱉으며 그녀의 말이 다시는 누구에게도 신뢰받지 못하게 될 것이라고 저주를 퍼부었다. 카산드라는 흐느끼며 말했다. "나를 가지려는 신에게 순종했다가 나중에 그 약속을 어기고 말았어요. 그 이후로 나는 어떤 말로도 그 누구도 설득할 수 없게 됐죠."[1]

카산드라는 신화 속 인물로 흥미로운 역설을 상징한다. 그녀는 자신의 말에 귀를 기울이면 도움이 될 이들에게 지식을 전해주려 하지만 그 누구도 그녀에게 관심을 보이거나 그녀의 말을 믿으려 하지 않는다. 사실 우리는 이 역설을 매일 맞닥뜨린다. 세상에는 근거에 기반하여 신중한 제안을 하거나 매우 신뢰할 만한 관점을 가지고 정확한 예측을 내놓지만 무시당할 뿐 아니라 조롱거리가 되어버리는 사람들이 너무나 많다. 바로 그들은 '카산드라의 저주'에 시달리고 있는 것이다.

서브프라임 모기지 사태를 처음으로 예견한 사람

1990년대 말 미국 증시는 활황이었고 금융업자들은 닷컴 기업에 그야말로 돈을 무한정 쏟아붓다시피 했다. 월스트리트 사람들 모두가 곧 상상도 못할 부자가 되리란 꿈을 꾸고 있는 듯한 분위기였다. 단 그중 딱 한 명, 주목받는 투자자이자 굴지의 투자기업 버크셔 해서웨이의 창립자 겸 회장인 69세의 워런 버핏만은 예외였다. 그는 시장의 '이상 과열irrational exuberance' 현상을 무시했다. 버핏은 이렇게 평했다. "한바탕 수선스러움이 가시고 나면 연회에 너무 늦게까지 머물렀던 신데렐라처럼 자신도 모르게 무도회에 이끌렸던 합리적인 사람들은 결국 호박 마차와 생쥐 마부를 찾게 될 거요."[2]

많은 이들이 버핏의 음울한 촌평과 '곧 터질 거품'에 대한 불길한 경고를 비난했다. 닷컴 기업의 옹호자들은 신기술을 두려워하기로 유명한 버크셔 해서웨이 회장이 곧 밀어닥칠 엄청난 수익의 기회를 놓치게 될 거라고 주장했다. 한동안은 시장이 그 주장에 동조하는 듯했다. 1990년대 말 버크셔 해서웨이의 주식은 하락했다. 그러나 버핏은 꿈쩍하지 않고 중견 규모의 에너지 공급 업체와 가구 임대 기업을 자기 회사의 포트폴리오에 추가함으로써 그가 신기술을 반대하는 '러다이트 운동가'라는 세간의 인식을 더 강화시켜버렸다. 투자자들은 버핏의 비관적 예언을 카산드라에 빗대어 그를 '월스트리트의 카산드라'라고 불렀다.

물론 시장은 결국 폭락했으며 버핏 이외에 오만한 자세로 일관했

던 투자자들은 평판에 심각한 손상을 입었다. '월스트리트의 카산드
라'라는 그들의 조롱이 어리석었다는 게 판명된 것이다. 결국에는 틀
리기까지 했다는 사실도 드러났다. 이에 버핏이 옳았다는 사실이 공
식적으로 입증됐으며 그의 신뢰도는 엄청나게 치솟아 현재까지도 유
지되고 있다. 생전에는 무시받기 일쑤였던 역대 월스트리트 선지자들
의 저주를 버핏이 깨버린 셈이다.

사실 그 '영예'가 어울리는 사람은 따로 있다. 뛰어난 저널리스트
인 마이클 루이스Michael Lewis가 아니었다면 카산드라 콤플렉스의 진
짜 희생자인 그의 이름을 그 누구도 알지 못할 뻔했다.[3]

진정한 '월스트리트의 카산드라'는 1971년 뉴욕에서 태어난 마이
클 버리Michael Burry라는 남자였다. 그는 UCLA에서 의학을 전공했고
밴더빌트대학교에서 의학박사 학위를 받았다. 스탠퍼드대학병원에서
레지던트로 일하는 동안 자신의 헤지펀드를 운용하기 시작한 그는 곧
기민하고 뛰어난 투자자로서 입지를 다졌다. 2001년 닷컴 버블이 붕
괴된 직후 S&P 500 지수는 거의 12퍼센트나 떨어졌다. 그런데 그해
버리가 벌어들인 투자 수익은 50퍼센트 이상이었다. 초심자의 행운이
었을까? 이듬해 S&P 지수가 22퍼센트 하락했을 때도 버리는 15퍼센
트 이상의 수익을 거둬들였다. 심지어 주식시장이 회복세로 돌아섰던
2003년에도 버리는 확실하게 시장을 눌러버렸다. 주식시장이 28퍼센
트 상승할 때, 버리의 투자수익률은 50퍼센트 증가했다.

2000년대 중반이 되자 버리는 중점 투자처를 옮겨 서브프라임 모

기지 채권의 하락에 투자하기 시작했다. 당시만 해도 그럴 수 있는 공식 통로가 없었던 때였다(그래서 그는 자기만의 방법을 개발해내야 했다). 버리는 천재적 재능으로 그때까지 잘 드러나지 않았던 서브프라임 모기지 시장의 위험한 균열을 포착해냈다. 그리고 그는 공매도에 나섰다. 이를 통해 그가 시장에 보낸 메시지는 재앙이 임박했음을 알리는 것이었다. 신뢰도와 증거, 확신이 담긴 메시지였다. 버리는 이렇게 자신의 돈을 전선에 투입시킴으로써 게임에 직접 발을 담갔다.

버리의 이 재빠르고 통찰력 있는 직관이 70년 만에 찾아올 거대 금융위기를 미리 짚어낸 것일 줄 누가 과연 짐작이나 할 수 있었을까? 실제로 없다시피 했다. 1990년대 후반 버핏의 경고는 무시당했을지언정 전해지기라도 했지만, 버리의 예언은 아예 전해지지도 않았다. 언론도 금융계 내부자들도 그 누구도 그의 말에 귀 기울이지 않았다.

버리의 상황은 신화 속 선조보다도 더 나빴다. 카산드라의 유일한 장애물은 자신의 예언을 남에게 설득시킬 수 없다는 점이었지만 버리는 그 외에도 다른 약점들이 있었다. 그는 의사 전달에 서투른 편인데다가 두 살 때 종양으로 한쪽 눈을 실명했다. 이 신체적 결점 때문에 상대와 얼굴을 맞대고 나누는 간단한 대화조차 어려웠다. 멀쩡한 눈으로 상대와 눈을 맞추려 하면 의안이 기이하게 뒤틀리곤 했기 때문이다. 이 불편함이 학창 시절 내내 그를 괴롭혔기에 친구도 거의 없었다. 실제로 그는 다른 사람들과는 다르게 보였다. 중고등학교 때도, 대학에서도, 스탠퍼드대학병원 레지던트 시절에도, 그리고 월스트리트에 입성한 다음에도 역시. 심지어 그는 옷차림도 달랐다. 업계의 표준인 맞춤 정장, 풀 먹인 셔츠, 매듭을 넓게 매는 윈저노트 넥타이 차림이 아니라 반바지에 티셔츠만 걸치고 출근했다.

시장 붕괴 이후 수년이 흘렀고 그의 펀드가 726퍼센트에 달하는 총수익을 기록했음에도 여전히 버리의 예언이 받아들여지는 분위기는 아니다. 카산드라와 가장 비슷해 보이는 사례는 2008년의 일이라고 할 수 있겠다. 〈블룸버그 뉴스Bloomberg News〉는 금융위기를 예측했던 선지자들의 명단을 상세히 다룬 기사를 내놨는데 거기에 마이클 버리의 이름은 없었다. 누구도 그의 이야기를 듣고자 연락하지 않았다. 누구도 그가 미래를 어떻게 예측하는지 묻지 않았다. 심지어 버락 오바마 대통령이 금융위기의 원인을 점검하고자 설치한 초당파적 기관인 금융위기조사위원회Financial Crisis Inquiry Commission조차도 그에게 관심을 두지 않았다(적어도 처음에는).[4]

그들은 대신 저널리스트 마이클 루이스에게 연락했다.

금융위기조사위원회의 관료들은 왜 금융위기 이전에 있었던 경고에 대해 설명해줄 사람으로 마이클 루이스를 선택했을까? 그 경고성 예측의 주요 진앙지인 마이클 버리와 직접 얘기를 나누는 편이 훨씬 합리적인 선택인데도 말이다. 마이클 루이스가 매우 뛰어난 저널리스트지만 마이클 버리처럼 실질적인 전문성을 가졌다고 말하기는 어렵다.

인지과학자들이 말하는 초점주의focalism 혹은 초점 착시focusing

illusion의 관점에서 금융위기조사위원회의 조치를 해석해보면 대강의 답이 나온다.[5] 우리는 메신저의 가치를 비교할 때 가장 눈에 띄고 유명한 하나의 메신저를 유독 중요하게 여기는 경향이 있다. 그 메신저는 대개 평가자가 보기에 신뢰할 만한 좋은 특성을 보유한 사람들로 비록 그 특성이 실제 얻고자 하는 메시지와 관련이 없어도 상관없다. 메신저는 단지 잘 알려진 사람이거나 카리스마가 있거나 부유하거나 강력한 권력을 가졌거나 호감형이면 그만이다.

이러한 사실은 왜 남들의 주목을 받는 특정한 메신저가 종종 성공이나 실패로 인해 실제 받아 마땅한 것보다 훨씬 더 큰 인정을 받거나 책임을 부여받게 되는지 설명해준다.[6] 공평하다고는 할 수 없지만 이해하지 못할 바는 아니다. 어떤 제안의 가치를 판단할 때 대중은 만족할 만한 결론에 이르기 위해 대개 서로 상충하는 엄청난 양의 정보들을 처리해야 하는 어려움에 직면한다. 한번 생각해보자. "어떤 후보가 대통령으로 가장 적합할까?" "브렉시트는 정말 영국에 더 나은 미래를 가져다줄까?" "서브프라임 모기지 시장에 역투자하는 게 합리적일까?" 같은 질문들은 답하기가 정말 까다롭다. 따라서 우리가 어떤 아이디어를 판단할 때 그 아이디어의 장점이 아니라 그 아이디어를 추진하는 사람에 대한 평가가 더 중요한 기준이 되는 건 충분히 이해할 수 있다. 이렇게 우리는 어떤 메시지에 담겨 있는 아이디어와 그 메시지를 전달하는 사람 또는 단체를 구별해내지 못한다. 대중은 대개 눈치채지 못하지만 결국 전문가를 무시하게 되는 결과를 낳는, 이 흔히

간과되는 통찰로부터 영향력 있는 메신저의 근본적인 특징을 유추할 수 있다.

영향력 있는 메신저는 '메시지' 그 자체가 된다.

이것이 바로 금융위기조사위원회가 버리의 예측에 대한 설명을 버리 본인이 아닌 마이클 루이스로부터 듣기로 선택한 이유다. 루이스는 더 유명하고 가까이하기 쉬운 메신저를 상징하는 인물이었다.[7] 그는 위원회가 요구하는 통찰력을 가진 사람이 아니었을지도 모르지만 자신의 생각을 잘 설명할 줄 아는 지성인이었으며 솔로몬 브러더스Solomon Brothers라는 투자은행에서 채권 판매원으로 일했던 경력과 경제학적 소양을 갖춘 저널리스트였다. 게다가 잘 알려진 인물이기도 했다. 이러한 특징들에 집중해보면 왜 금융위기조사위원회가 카산드라 같은 마이클 버리보다 마이클 루이스를 영향력 있는 메신저로 여겼는지 쉽게 알 수 있다. 그들은 '메신저의 질'에 근거해 '메시지의 질'을 판단했다. 사람을 찾을 때는 스포트라이트를 받는 사람 중에서 골라내는 편이 훨씬 쉬운 법이니까.

하지만 버리가 아닌 그의 메시지가 거절당한 것이라고 생각한다면 어떨까? 어쨌거나 서브프라임 모기지 시장이 곧 폭락할 것이라는 루머는 당시 많은 사람들이 믿기는커녕 고려조차 하고 싶지 않은 얘기였을 것이다. 버리가 세상에서 가장 카리스마 넘치는 인물이었다고 해도 도저히 구미에 맞지 않는 불쾌한 메시지를 전달한다면 사람들이 그 메시지를 무시하는 것은 당연한 일이다. 그렇지만 실제로 일어난 일은 이와 달랐다. 많은 이들이 메시지가 아니라 메신저인 버리를 무시하는 쪽을 택한 것이다. 그의 기존 투자자 중 일부는 서브프라임 시장 몰락 이전에 그에게서 벗어나려고 했다. 반면 그의 분석에 동조했던 사람들은 메신저로서의 자격을 더 잘 갖추고 있어서 그 이야기를 더 설득력 있게 포장할 수 있는 인물들이었다. 도이체방크Deutsche Bank의 수석 서브프라임 모기지 트레이더였던 그레그 리프먼Greg Lippman이 딱 그랬다. 버리에 비해 더 현명하다거나 통찰력이 뛰어나지는 않았지만 리프먼에게는 버리에게 없는 자신감과 지배력이 있었다. 그 결과 도이체방크와 그 주주들은 그에게 귀를 기울였다. 버리는 옳았지만(그리고 실제 그의 선견지명 덕에 상당한 수익을 냈지만) 그는 좋은 메신저 유형은 아니었고 그의 메시지는 그리 멀리 전파되지 못했다. 리프먼은 옳았을 뿐 아니라 좋은 메신저의 전형이었다. 덕분에 그와 그의 은행 그리고 그 은행의 투자자들은 이익을 냈다. 특별히 성공적이었던 그해에 리프먼은 4,700만 달러(556억 원)를 보너스로 받았다.

누군가가 어떤 생각을 발표할 때 대중은 그 사람이 말하는 메시지의 일관성과 타당성에 대해서만이 아니라 그 메신저에 대해서도 전방위적인 판단을 내리게 된다. 저 사람이 과연 우리들의 주장을 이해하고 있는가? 저 사람이 과연 제대로 된 전문성이나 경험을 갖추고 있는가? 저 사람이 정말 순수한 마음인가, 아니면 사기를 치려는 것인가? 이 일을 끝까지 해내는 강인함을 갖추고 있는가? 혹시 다른 마음을 품고 있는 건 아닌가? 과연 내가 저 사람을 믿을 만한가? 은유적으로든 말 그대로이든 누군가와 한길을 가기 전에 던져야 할 질문들인 것이다.

버리와 리프먼이 서브프라임 모기지 채권 시장에 역투자하도록 투자자들을 설득하려 했을 때 투자자들은 틀림없이 스스로에게 위와 같은 질문들을 던졌을 것이다. 버리와 리프먼 모두 똑같은 말을 했다. 서브프라임 시장은 위기에 봉착했고 분명 쓰나미급의 금융위기를 몰고 올 것이라고 말이다. 두 주장 모두 철저한 연구 끝에 나온 것이어서 신뢰할 만했고, 결국 믿을 만한 주장이었다는 것이 입증되었다. 그러나 투자자들은 오직 리프먼의 주장에만 귀를 기울였다.

마이클 버리야말로 진정한 '월스트리트의 카산드라'였다.[7]

메신저 대 메시지

이 책은 왜 사람들이 특정한 메신저와 그들의 메시지에만 귀를 기울이고 받아들이고 그에 따라 행동하는지, 또 반대의 경우 그 이유는 무엇인지 탐구하려는 목적으로 집필됐다. 우리는 '메신저'를 정보를 전달하는 중개인(개인, 단체, 혹은 미디어 플랫폼이나 기구)으로 정의 내린다. 여기서 말하는 '정보'란 기상학자가 발표하는 오늘의 날씨처럼 단순한 데이터일 수도 있고, 저널리스트나 블로거의 칼럼처럼 일정한 관점을 드러내는 것일 수도 있다. 특정 뉴스에 대해 가짜라고 주장하는 트위터나 페이스북의 포스트일 수도 있고, 소위 '인플루언서'에게 돈을 지급하고 제품을 홍보하게 만드는 마케팅 캠페인일 수도 있다. 혹은 대중의 관심을 끌고 사람들의 생각, 믿음, 나아가 그들의 존재에까지 영향을 미치려는 목적을 가진 정책 아이디어나 비전, 세계관인 경우도 있다. 이때의 대중이란 한 사람의 개인에서부터 크고 작은 특정 집단에 이르기까지 메시지가 향하는 대상을 의미한다. 그리고 어떤 메신저가 보낸 메시지가 대중에게 끼치는 영향 혹은 충격의 변화 정도를 지칭하기 위해 '메신저 효과messenger effect'라는 용어를 사용할 것이다.

여기서 그 영향과 충격이 메시지의 내용 때문이 아니라는 점을 이해해야 한다. 그 메시지를 전달하는 메신저가 소유하고 있다고 여겨지는 특징 때문에 일어난 결과로 봐야 한다는 얘기다. 우리는 어떤 메신저에게 귀를 기울일 것인지 결정하는 데 실질적인 영향을 끼치는 여덟 가지 특징을 상세히 살펴볼 것이다. 이러한 메신저의 특징 중 일부는 이미 독자들에게 익숙하겠지만, 미묘하고 감지하기 어려우며 자주 놓치게 되는 경우라면 메신저가 이런 특징을 둘 이상 갖고 있다는 뜻일 수 있으므로 오히려 대중에게 더 강력한 영향을 끼칠 가능성이 높다.

메신저가 반드시 메시지의 생산자는 아니라는 점 또한 반드시 기억해야 한다. 대기업들은 배우들을 고용해 자사 제품을 홍보하게 만든다. 기업의 관리자들은 직접 전하기 힘든 공지사항을 직원들에게 대신 전달하거나 새로운 운영 방침을 옹호하기 위해 컨설턴트를 고용한다. 덕분에 "기업 자문가는 기업보다 더 똑똑할 필요가 없다. 단지 정장과 서류 가방을 들고 회사 밖에서 오기만 하면 그만이다"라는 생각이 널리 퍼지게 됐다. 연설가들은 발표할 내용을 작성하기 위해 기초 자료 조사원들, 혹은 정말 중요한 경우엔 원고를 직접 작성해줄 스피치 라이터를 고용하는 데 상당한 돈을 들인다. 라이벌 관계끼리는 중재자를 통해 메시지를 전달하며 이혼한 부부는 변호사를 통해 이야기를 주고받는다. 학생 때는 마음에 드는 이성이 있으면 먼저 친구를 보내 대신 마음을 떠보게끔 한다. 언론사는 자사의 기사를 가장 흥미롭게 전달해줄 메신저로부터 인용할 만한 표현을 받아내기 위해 많은 돈을 지불한다. 훨씬 적은 돈으로 다른 사람에게서 똑같은 코멘트를 얻어낼 수 있는 경우라 해도 그렇다.

어디서 발원되었든 상관없이 메시지가 일단 전달되고 나면 흥미로운 일이 벌어진다. 청자의 마음속에서 메신저가 곧 해당 메시지와 연결되는 현상이 발생하는 것이다.[9] 그 메신저가 해당 메시지를 직접 생산한 주체가 아닌 경우라도 말이다. 이러한 연상 작용은 이후 메신저와 해당 메시지가 받는 평가에 엄청난 영향을 끼치게 된다. 일례로, "메신저를 죽이지 마라Don't shoot the messenger(엉뚱한 사람한테 화풀이하지 말라는 영어의 관용 표현_옮긴이)"는 말은, 전쟁 중 나쁜 소식을 전하는 정찰병이나 전령을 처형하던 시대부터 쓰이던 말이다. 전설에 의하면 아르메니아 왕국의 티그라네스 2세는 로마의 집정관 루쿨루스의 군대가 진격 중이라는 소식을 듣고 그 소식을 전한 메신저를 참수해버렸다. 기원전의 일이라 그 후 정확히 어떤 일이 벌어졌는지는 불분명하지만 결국 루쿨루스가 티그라네스 2세를 격파했다는 점만은 주목할 가치가 있다.[10]

메신저가 위험에 처하게 되는 때는 자신이 따르는 리더에게 나쁜 소식을 전하는 순간만이 아니다. 군주의 메시지를 전할 때 왕궁의 메신저도 비슷한 위험에 직면하곤 했다. 과거에 영국 왕의 대변인 역할을 했던 포고 관원들은 왕궁에서 전하는 소식에 분노한 군중들의 손에 크게 다칠 각오를 해야 했다. 이들에 대한 물리적 폭력이 워낙 만연해서 그들을 보호하기 위한 법률이 따로 제정될 정도였다. 포고 관원에게 해를 입힌다는 것은 곧 군주에게 해를 입히는 것과 마찬가지인 반역 행위였다. 그리고 반역에 대한 벌은? 사형이었다.[11]

메신저와 전달되는 메시지 사이에 우리가 만들어내는 연결고리가 그토록 강력하다면 다음 내용을 이해하는 것이 무척 중요하다. 살면서 마주치는 수많은 메신저에 대해 우리는 어떤 특성을 기반으로 추론하며 이 특성들 중에서도 무엇을 가장 중요시하는가? 메신저가 알고 있는 게 무엇인지 우리는 어떻게 판단하는가? 메신저가 어떤 능력을 보유했는지 어떻게 평가하는가? 또 그들이 어떤 유형의 사람인지 무엇을 기준으로 판단할 수 있는가?

우리는 분명 시간의 흐름에 따라 상호작용과 대화를 반복하며 타인을 바라보는 관점을 형성하고 수정해가지만 상대에 대한 믿음과 의견을 아주 찰나의 순간에 결정하기도 한다. 때로는 1,000분의 1초 만에 그런 판단을 내릴 수도 있다.

　스탠퍼드대학교 심리학과 교수로 2013년 백혈병으로 젊은 나이에 죽음을 맞기 전까지 첫인상에 의한 '순간 판단snap-judgement' 연구의 선구자였던 날리니 앰바디Nalini Ambady는 인간에게는 간단한 관찰만으로도 거의 정확한 인상을 형성해내는 뛰어난 능력이 있다는 점을 증명했다.[12] 앰바디는 연구를 통해 처음 본 이방인에 대한 우리의 첫인상이 동일 인물을 짧은 시간 동안 지켜본 사람들의 평가와 비슷할 뿐 아니라 해당 이방인이 자신의 특징에 대해 내린 평가와도 거의 일치한다는 점을 보여주었다.

　이러한 판단은 정보가 전달되는 과정에서 축적된 우리의 지각과 근본적으로 연결돼 있다. 앰바디는 하버드대학교 심리학과 교수 로버트 로즌솔Robert Rosenthal과 함께 수행한 연구에서 참가자들에게 13명의 교사들이 활동 중인 영상 여러 개를 보여주었다.[13] 각 영상은 겨우 10초짜리였고 음성도 포함되지 않았다. 영상 시청을 마친 참가자들은 신뢰성, 열정, 지배력, 온화함, 조심성, 긍정성, 능숙도, 전문성 등 15개 영역에 걸쳐 각 교사들에 대한 점수를 매기라는 지시를 받았다. 앰바디와 로즌솔은 참가자들이 매긴 점수가 놀랍도록 한결같다는 점을 발견했다. 한 사람이 어떤 교사를 긍정적으로 평가한 경우엔 대부분 마찬가지로 그 교사에게 좋은 점수를 줬다. 하지만 더 놀라운 점은 이 연구 참가자들이 매긴 점수가 각 교사가 실제 가르친 학생들이 학기말에 매긴 평가 점수와 대단히 유사했다는 사실이었다. 음성 지원도 되지 않는 10초짜리 영상을 본 사람들이 내린 평가가 실제로 몇 달간 그들의 수업을 들은 학생들의 평가와 비슷했다는 얘기다.

기적같이 들리지만 사실 영상을 시청했던 사람들은 13명의 교사들이 저마다 발산하는 신체적 신호에 반응한 것이었다. 앰바디와 로즌솔은 연구진을 둘로 나눠 각각 영상을 보면서 교사들의 신체 언어를 초 단위로 분석하게 했다. 그 결과 교사들이 고개를 숙이거나 고개를 흔들거나 활기를 띠거나 열정을 보이거나 혹은 그냥 웃을 때마다 그 움직임 하나하나가 관찰자의 눈에 들어오고 이런 과정이 점층적으로 쌓이면서 인식을 형성하게 된다는 점을 발견했다. 결국 활기차고 열정적으로 보이는 교사들은 점수를 잘 받았다. 찌푸린 표정을 보였던 교사들은 더 박한 점수를 받았고 고개를 너무 자주 숙이는 경우에는 자신감이 부족한 사람처럼 보였다. 이 두 가지 행동을 자주 보인 교사들은 학기말 학생 평가에서도 더 낮은 점수를 받았다.

앰바디의 연구는 눈을 맞추는 순간 첫인상이 결정될 수 있다는 점을 보여준다. 우리는 종종 찰나의 관찰만으로 누가 자신감 있고 온화하고 열정적이고 자제력 있고 지배력 있고 신뢰할 만하고 호감 가고 권위적이고 전문성을 갖췄는지 추론하곤 한다. 이러한 대인 지각 과정은 새로운 사람이 눈에 들어오는 순간 0.05초 만에 자동적으로 일어나며[14] 앞으로 살펴보게 되겠지만 주로 아주 어릴 때부터 발전된다.

물론 인간의 상호작용에는 첫인상과 비언어적 행동만 있는 건 아니다. 진실한 존중과 유대감 같은 감정은 단번에 형성되지는 않는다. 또한 시간이 흐르면서 사람에 대한 이해가 한층 깊어지기도 한다. 우리는 타인에 대한 감정을 발전시켜나간다. 때로는 긍정적으로 때로는 부정적으로 혹은 둘 모두인 경우도 있다. 이는 또한 우리가 타인의 말에 얼마나 귀를 기울일지에 영향을 끼치기도 한다. 일반적으로 우리가 누군가를 존중하고 그에게 유대감을 느낀다면 그 사람의 말에 귀를 기울이고 그 말을 따를 가능성이 더 높아진다(이 규칙에는 수많은 예외가 존재하지만 그에 대해서는 뒤에서 살펴보겠다). 우리는 또한 우리가 내보내는 신호를 관리하는 법을 배울 수도 있다. 소위 커뮤니케이션 코치나 미디어 트레이너는 좀 더 긍정적인 인상을 주도록 말과 표현, 매너를 바꾸는 법을 우리에게 알려준다. 혹은 더 어려운 일이지만 스스로 자신을 표현하는 기술을 단련할 수도 있다. 하지만 미디어 코칭이나 자기계발로는 배울 수 없는 것도 있다. 따라서 유능한 메신저의 특징에 대한 광범위하고 흥미로운 학문적 설명이 필요하다. 그리고 사소하고 하찮게 보이는 신호에 의해 우리가 얼마나 자주 영향을 받는지도 깨달아야 한다.

하드 메신저와 소프트 메신저

1982년, 이름난 학자였던 에드워드 존스Edward Jones와 테인 피트먼Thane Pittman은 일종의 프레임워크(개념적 틀)를 고안해냈다. 여기에는 메신저가 자신에 대한 대중의 인식을 관리하는 도구로 사용할 수 있는 다섯 가지 전략들이 담겨 있었다.[15] 즉 메신저는 역량이 있거나competent, 도덕적으로 존중할 만하거나morally respectable, 위협적이거나intimidating, 호감을 주거나likeable, 혹은 불쌍한pitiful 모습 중 하나를 선택할 수 있다는 것이다. 또한 두 학자는 단 한 가지 전략만으로는 모든 상황에서 성공하기 어렵다는 점도 강조했다. 새 학기에 교실에 들어선 교사가 행동이 바르지 못한 학생에게 엄하게 주의를 주는 태도를 보이며 위협적인 전략을 취하는 것은 자신이 함부로 대할 수 있는 상대가 아니라는 신호를 보내는 것이다. 하지만 이와는 다른 상황에서 똑같은 전략을 택하다가는, 이를테면 애인의 부모님을 처음으로 만나는 자리라면 분위기를 망가뜨리게 될 뿐이다. 심지어 단 한 차례의 교류로 끝나는 상황일지라도 호감형 스타일에서 위협적 스타일로 혹은 역량 있는 스타일에서 불쌍한 스타일로 전략을 수정하는 일이 필요할 때도 있다. 상황이 그런 수정을 요구한다면 말이다.

존스와 피트먼의 메신저 프레임워크는 훌륭하긴 하지만 일부 불완전한 부분도 있었고 지난 40년간 이뤄진 연구들에 의해 대체되기도 했다. 이 책에서 우리는 좀 더 현대적이고 강력한 프레임워크를 제안한다. 이 프레임워크는 크게 두 가지 종류의 메신저, 즉 하드 메신저와 소프트 메신저로 구성돼 있다. 하드 메신저의 메시지가 대중에게 통하는 이유는 대중이 하드 메신저가 우월한 지위를 지니고 있다고 생각하기 때문이다. 반대로 소프트 메신저는 대중과의 유대감을 이용해 자신의 메시지를 관철시킨다. 앞으로 이 책에서는 이 두 가지 메신저 유형의 특징들을 순차적으로 살펴보고자 한다.

1부에서는 하드 메신저를 탐색한다. 하드 메신저는 '뛰어난 지위'를 소유하고 있거나 혹은 소유하고 있다고 여겨진다. 더 훌륭한 지위를 가진 메신저일수록 사회에 미치는 파장이 더 크다. 그 지위가 합의를 통해 공개적으로 획득된 것인지, 아니면 비공식적으로 주어진 것인지는 상관없다. 대중은 하드 메신저가 그들 주변 사람들에게 가치 있는 권력과 자질을 갖고 있다고 믿기 때문이다. 정당의 지도자나 스포츠팀 주장을 떠올려보라. 또 일반적으로 직장의 위계를 곧 '지위'라고 여기지 않는가. 우리가 그렇게 생각하는 이유는 명확히 규정된 조직 구조의 상층부에 위치한 사람들은 중요한 결정을 내리고 회사의 주요 자원들을 제어하며 급여도 가장 많이 받는 사람들이기 때문이다. 그런 지위에 올라 있다는 바로 그 사실 때문에 더 많은 존중을 받고 조직에 실제 기여하는 것 이상의 평가를 받는다고 여겨질 수도 있는데 말이다. 이러한 신분 계급 질서는 직장에만 국한되지 않는다. 학교에서도 가족 내에서도 친구와 동료들 간에도 지역 커뮤니티나 사회 전반에 걸쳐서도 같은 현상이 드러난다. 우리는 개별적으로 또는 조합을 통해 '자격을 중시하는 메신저'의 성공에 기여하는 네 가지 요인들, 즉 사회경제적 지위socio-economic position, 역량competence, 지배력dominance, 매력attractiveness을 탐구해볼 예정이다.

2부는 소프트 메신저에 대한 탐구에 집중한다. 부유하거나 유명하다고 영향력 있는 메신저가 될 수 있는 건 아니다. 혹은 어떤 분야의 전문가이거나 지배력이 뛰어나거나 엄청난 매력의 소유자여야 하는 것도 아니다. 소프트 메신저의 가장 두드러진 특징은 대중과의 유대감이다. 인간은 사회적 동물이며 서로 유대를 형성하고 타인과 연계하여 협력하려는 강력한 욕구를 지녔다. 사람들이 정보를 구해야 할 때 늘 전문가나 CEO를 찾지는 않는다. 때로는 친구들, 자기가 신뢰하는 사람들, 자신을 좋아해주는 사람들의 의견을 듣는 쪽을 택한다. 5, 6, 7, 8장에서는 역시 개별적으로 또는 조합을 통해 소프트 메신저의 성공에 기여하는 네 가지 요인들, 즉 온화함warmth, 취약성vulnerability, 신뢰성trustworthiness, 카리스마charisma를 들여다볼 것이다.

이어지는 결론에서는 하드 메신저와 소프트 메신저가 일으키는 다양한 효과들 사이의 상호작용을 살펴보면서 자격 중심의 '딱딱한' 메신저가 선호되는 상황과 유대감 중심의 더 '부드러운' 메신저가 승자가 되는 상황을 구분해보려 한다. 그다음 이러한 메신저 효과가 미치는 직업적 · 정치적 · 사회적 영향력에 초점을 맞출 것이다. 이런 메신저 효과가 근본적으로 우리 사회의 구조, 우리가 지향하는 가치, 우리가 지지하는 정당, 우리가 믿는 인물, 우리가 가입하거나 거부하는 집단에 영향을 끼친다는 점을 인정한다면 이 거대한 영향력을 관리하기 위해 우리가 할 수 있는 일은 무엇이겠는가? 우리는 이 책의 결론에서 정책 결정자들, 중대한 사회적 대화를 설계하는 전문가들, 그리고 교육자와 부모들을 포함한 다양한 집단에 도움이 될 두 가지 중요한 아이디어를 제안할 것이다. 우리의 주장은 논쟁을 위한 것이 아니다. 그보다는 누구에게 귀를 기울여야 할지를 결정하는 중요한 요인들이 무엇인지에 대해 대화를 시작해보자는 것, 오직 그 목적 하나다.

이 사회의 메신저가 가진 특징을 파악해야 하는 이유는, 그들이 **'우리가 누구의 말에 귀를 기울여야 하는지, 우리가 무엇을 믿어야 하는지, 또한 우리가 어떤 사람이 될지'**에 이르기까지 근본적인 영향력을 행사하고 있기 때문이다.

1부

하드 메신저

트위터Twitter는 매력적이다. 누구나 전 세계 사람들과 (글자 수는 제한돼 있지만) 의견을 교환할 수 있고, 정리하기 편해시 게시물에 사용된 해시태그에 따라 트윗을 주제별로 체계화하여 분류할 수 있다. 또한 어느 사용자가 게시물을 통해 드러낸 관점에 동의하는 사람들은 '좋아요'를 누름으로써 자신의 의사를 표현할 수 있으며 댓글을 달아서 참여할 수도 있다. 물론 해당 게시물을 리트윗하여 자신의 팔로워들과 공유하는 것도 가능하다. 그러면 트윗은 마치 산불처럼 번져나간다. 소셜네트워크와 소셜미디어 플랫폼들을 통해 전 세계의 수백만 명이 같은 게시물을 볼 수 있다. 이런 통로가 아니고서는 접촉할 가능성이 전혀 없을 법한 메신저가 쓴 게시물을 말이다.

정말 믿기 힘들 정도로 민주적이라 하겠다.

그러나 트위터는 입이 가볍기로도 악명이 높다. 누군가가 어떤 메시지를 교류하고자 결정함으로써 시작되지만 그 메시지가 반드시 특정한 사상을 담고 있을 필요는 없다. 감동적이거나 신랄하거나 냉소적이거나 웃겨야 하는 것도 아니다. 또한 이제는 거의 체념하게 됐다시피, 내용이 정확하거나 진실이어야 하는 것도 아니다. 단지 사람들의 관심을 끌 수 있기만 하면 그만이다. 아주 잠깐이라도. 트위터를 사람에 비유하자면 부모가 건네는 장난감을 있는 대로 집어 던지는 세 살짜리 어린애쯤 될 것이다. "이게 다예요? 딴 걸 내놔봐요. 어서 날 재밌게 해보라고요"라고 말하는 듯한 눈빛을 보내는 애정 결핍 아동인 셈이다.

2017년, 콜로라도대학교의 하샤 강가다바틀라Harsha Gangadharbatla 교수는 트위터의 소프트웨어 엔지니어인 마쇼드 발라파Masoud Valafar와 함께 연구팀을 구성하여 트위터상의 정보가 사람들의 신념과 의견에 어떤 영향을 끼치는지 점검해보고자 했다.[1] 연구진은 트위터를 자주 이용하는 사용자 30만 명을 무작위로 선별하여 한 달간 그들의 게시물과 활동을 추적했다. 트위터 사용자들이 TV, 신문, 온라인 기사 등의 대중매체에 영향을 받고 있는지 아니면 특정 유형의 메신저가 전파하는 메시지에 단순히 반응하는지 여부를 확인해보기 위함이었다. 그리고 연구 결과는 후자 쪽인 걸로 드러났다. 트위터상에는 여론을 주도하는 오피니언 리더들이 서로를 팔로우하면서 일종의 긴밀한 커뮤니티를 구축하고 있고 이들은 자신들이 소비하는 미디어 콘텐츠에 기반하여 형성된 신념과 태도를 게시한다. 그러면 다른 사용자들은 이런 게시물을 지켜보고 반응한다. 마치 샴페인 잔을 계속 쌓아 올려 맨 위에 술을 부으면 아래까지 전달되는 샴페인 분수처럼, 선택된 트윗들이 모두의 잔을 채울 때까지 폭포수처럼 흘러내리는 것이다.

강가다바틀라와 발라파의 연구가 중요한 이유는 전통적인 미디어와는 달리 진입 장벽이 없다시피 한 정보 공유 플랫폼에서는 특정한 메신저가 메시지 전달에 있어 매우 거대한 권력을 갖는다는 점을 보여주기 때문이다. 간단히 설명하자면 다른 사람들의 태도와 사고에 가장 큰 영향을 끼치는 사람들, 리트윗되는 사람들은 특별히 통찰력이 뛰어나거나 재미있거나 현명하지 않아도 된다. 대신 그들은 단지 어떤 '지위'를 소유한 경우가 대부분이다.

2017년 8월 12일 오후 4시 59분에 로비 맥헤일Robby McHale이 널리 입소문, 즉 바이럴viral을 기대하며 올렸던 트윗이 바로 이 점을 잘 보여주고 있다. 이 게시물에는 몇 가지 장점이 있었다. 첫째, 타이밍이 꽤 훌륭했다. 트위터 게시물이 사람들의 관심을 잡아끌 가능성을 조금이라도 갖기 위해서는 타이밍이 정말 중요하다. 언제 그리고 어떤 맥락에서 트윗이 게시되는지가 트윗 내용 자체보다 더 중요한 경우가 많다. 둘째, 맥헤일의 트윗은 미국뿐 아니라 전 세계 수백만 사람들이 관심을 갖고 대화를 나누는 샬러츠빌Charlottesville 폭동 사건을 소재로 삼았다. 그건 사람들을 잡아끌 만한 이야깃거리였다. 모두가 이 사건에 대해 얘기를 나눴고 페이스북 뉴스피드에서 이 사건을 지켜보며 토론했다. 셋째, 로비 맥헤일의 트윗은 아주 신중하게 작성된 것이었다. 도널드 트럼프의 대통령 선거운동 슬로건을 재치 있게 비틀어서 그는 미국이 다시 위대해지기 위해 필요한 것은 증오와 분열이 아니라 이해와 협력이라고 제안했다.

"이 나라를 위대하게 만들기 위해 미국인들은 인종에 관계없이 협력하고 단결하며 함께 노력해야 한다." 그는 이렇게 트윗을 올렸다. 그리고 #Charlottesville이라는 해시태그를 붙였다.

누군들 이 트윗이 담은 정서에 동의하지 않을 수 있겠는가?

미국인들에게 자신의 메시지를 보낸 지 13일이 지난 8월 25일 금요일까지 로비 맥헤일이 받은 응답은 단 하나였다. 한 사람이 그의 트윗에 댓글을 달았을 뿐이었다. 누구도 그의 게시물에 '좋아요'를 누르거나 리트윗을 하지 않았다. 트위터의 월 이용자 3억 3,000만 명 중 오직 한 사람만이 맥헤일의 트윗에 반응을 보였다. 그의 기민하고 시의적절한, 게다가 의심할 나위 없이 누구나 동감할 만한 메시지는 그야말로 버림받았다. 마치 세 살짜리 애정결핍 아동이 버린 장난감처럼. 맥헤일이 트윗을 게시한 지 딱 7분 후에 다른 사람이 트위터에 맥헤일과 매우 유사한 감정을 토로한 메시지를 게시했다. 그 게시물은 널리 퍼지지 않는 트윗의 온갖 전형적 특징들을 갖추고 있었다. 문맥이 특별히 명확하지도 않았고, 자신만의 표현을 사용한 맥헤일과는 달리 출간된 지 20년도 넘은 넬슨 만델라의 1994년 자서전 《자유를 향한 머나먼 길》의 글귀를 인용했을 뿐이었다. "누구도 피부색이나 배경이나 종교를 이유로 타인을 증오하도록 태어나지 않았습니다…."

그럼에도 불구하고 이 트윗은 즉시 바이럴되며 퍼져나갔다.

물론 이 두 번째 트윗에도 한두 가지 장점은 있었다. 트윗 게시자 자신이 쓴 건 아니었지만 문장이 감동을 주는 웅변조였다. 그리고 희망적인 사진 한 장이 함께 게시됐다. 다양한 인종의 아이들이 어울려 있는 창밖의 광경을 게시자가 미소를 띠며 내다보는 사진이었다. 그러나 이 트윗이 퍼져나간 결정적 요인은 바로 그 사진 속 인물이었다. 전직 미국 대통령인 버락 오바마의 이 트윗은 2018년 초까지 무려 1,600만 회 이상 리트윗되었고 440만 명의 사용자들이 '좋아요'를 눌렀다. 트위터 대변인에 따르면 당시로서는 역대 가장 인기 있는 트윗이었다.[2] 아마 지금도 마찬가지일 것이다.

여전히 큰 인기를 누리는 진직 대통령의 트윗이 440만 명이 넘는 사람들의 반응을 얻어낸 반면, 로비 맥헤일은 단 1명의 반응을 받았을 뿐이라는 사실이 놀라운가? 분명 아니다. 버락 오바마의 트위터 팔로워는 1억 명이 넘는다. 그가 트윗을 올릴 때마다 트위터 전체 사용자 중 약 30퍼센트가 그의 메시지를 보게 될 수 있다는 뜻이다. 물론 로비 맥헤일의 트윗을 전직 미국 대통령이 썼다면 인기를 끌었을 것이다. 또는 미국 주택소유주협회의 전직 회장이 썼어도 그랬을 것이다.

겉으로는 민주적이고 누구나 접근하기 쉬워 보이는 트위터라는 플랫폼이 실제로는 얼마나 비민주적이고 위계적인지는 놀라울 게 없다. 트위터가 모든 메신저에게 발언할 기회를 주고 모든 목소리를 들을 수 있는 환경을 제공하는 건 사실이다. 그러나 이런 메신저 중 아주 일부의 목소리만을 들을 수 있다는 점 또한 사실이다. 그리고 이 목소리들은 일종의 '지위'를 갖고 있을 가능성이 높다.

지위는 강력한 '하드 메신저' 효과를 발휘한다. 높은 지위를 소유했다고 여겨지는 이들은 '수단적 가치'를 보유했다고 간주된다. 그들은 자신의 성공에 도움이 될 뿐 아니라 타인에게도 유용한 특징이나 자질을 소유한 것으로 보인다. 우리가 이들의 목소리에 귀를 기울일 가치가 있다고 여김에 따라 그들은 더욱 강력한 영향력을 행사하게 된다. 이것이 바로 사람들이 처음 만났을 때의 대화가 흔히 "자, 정확히 어떤 일을 하시나요?"라는 질문으로 시작되는 이유다.

어떤 사람의 지위를 알게 되면 우리는 그에 대해 여러 다른 특징들을 추론해낼 수 있다. 이런 추론은 때로는 정확하기도 하지만 때로는 틀리기도 한다.[3] 지위를 통해 우리는 아주 중요한 질문에 답할 수 있다. "이 사람이 내가 귀를 기울일 가치가 있는 사람인가?"

1부에서는 높은 지위를 가졌다고 인식되게 하는, 그 결과 타인의 관심을 얻기에 유리한 위치를 점하게 만드는 '하드 메신저'의 네 가지 중요한 특징을 다룰 것이다. 바로 사회경제적 지위, 역량, 지배력, 매력이다.

앞으로 이어질 네 개 장에서도 보게 되겠지만 단지 트위터뿐 아니

하드 메신저

라 우리가 접하는 대부분의 사회적 맥락과 상황에서 지위는 정말 중요하다.

프레임 1

사회경제적 지위

부, 명성, 위계

유명인이 된다는 건 생각만 해도 멋진 일이다. 모두가 자신을 알아보고 칭찬을 아끼지 않는 모습을 상상해보라. 하지만 유명인들 본인에게는 마냥 좋지만은 않은 일이다. 영화 〈퍼니 피플〉에 등장한 유명 래퍼 에미넴은 욕설을 섞어 유명인의 고단한 신세를 한탄한다. "나는 베스트바이(미국의 대형 전자제품 유통업체)에도 못 가. 빌어먹을 월마트, 케이마트에도 못 간다고. 젠장 아무 데나 대봐. 난 다 못 가. 이 빌어먹을 방 안에 있는 모두가 우리를 구경하거나 젠장할 사진을 찍고 싶어 한다고." 미국 코미디언 아지즈 안사리Aziz Ansari도 유명 라디오 팟캐스트 〈프리코노믹스Freakonomics〉에 출연해 스티븐 더브너Stephen Dubner와 인터뷰하면서 비슷한 지적을 했다.[1] 그는 먼저 유명인으로서 누리는 확실한 장점을 언급했다. "가장 좋은 건 누구든지 당신에게 정말 친절하게 군다는 겁니다. 모두가 당신에게 잘 대해주죠. 낯선 사람이 다가와서는 당신이 작업한 결과물을 잘 감상했다고 하는 겁니다. '당신 작품을 정말 좋아해요'라고요. 정말 멋진 일이죠." 하지만 곧이어 단점 또한 언급한다.

> ⋯ 어느 수준을 넘어서면 거리를 걸어가다가도 사람들이 알아보는 통에 매번 멈춰 서게 되는 겁니다. 사람들과 사진도 찍어줘야 하고요. 나도 예전엔 그랬지만 점점 성격이 더러워지기 시작하더군요. 심술을 부리게 되더란 말입니다. 여자친구와 있는데 자꾸 사람들이 다가온다고 생각해봐요. 내 지인들 중에 너무 유명해져서 더는 길거리를 걷지 못하게 된 사람들은 늘 검은 차 안에만 있어요. 어디를 가든 차 안에만 머무릅니다. 그 사람들은 보통 사람들처럼 행동하지 못해요. 나는 그러고 싶지 않아요. 평범하게 거리를 걷고 싶다고요. 그냥 사람처럼요.

안사리는 '유명해지는 건 좋은 일이지만 일정 수준을 넘어가면 그렇지 않다'고 말하려는 듯 보인다. 그 수준을 넘어서면 유명인이라 할지라도 문제가 된다.

유명인으로서 누릴 수 있는 장점은 분명하다. 우리는 대부분 남들에게 칭찬을 받고 인정과 환대를 누릴 수 있길 바란다. 흥미롭게도 연구에 따르면 많은 사람들이 근거가 부족한 칭찬이라 해도 기쁘게 받아들이는 것으로 나타났다.[2] 또 다른 연구에 의하면 그런 식의 아첨을 받은 사람은 자신을 추앙한 사람을 지지하는 경향을 보인다.[3] 유명인에게 같이 사진을 찍어달라고 요청할 때는 반드시 사진 찍기 전에 그의 최근 작품을 얼마나 좋아하는지 말해주라고 어느 팬 사이트의 명민한 논평가가 조언했던 이유가 아마 여기에 있을 것이다.[4]

영향력이 강해질수록 유명인으로서 감당해야 하는 단점 또한 더 분명해진다. 유명인이란 주변 사람뿐 아니라 대중의 관심을(또한 일반적으로는 존경까지) 충분히 받을 만하다고 인정받는 소수들이다. 사람들은 그들의 등장을 목을 빼고 기다린다. 그들은 최고 중의 최고라고 여겨진다. 그리고 그들에게 더 많은 주목과 관심과 방송 시간이 집중될수록 이러한 믿음은 더 깊어진다. 2009년 영국의 한 설문조사에서 열 살짜리 아이들에게 자라서 어떤 사람이 되고 싶은지 물었을 때 상당수가 팝스타, 스포츠 선수, 배우를 꿈꾼다고 답했다. 또 다른 영국의 조사에서도 역시 평균 연령이 열 살인 아이들 중 22퍼센트가 자라서 '부자가 되고 싶다'고 답했으며 19퍼센트는 '유명해지고 싶다'고 했다.[5] 이런 결과는 유명인들이 우리 사회에 끼치는 강력한 영향을 대변한다. 유명인들은 명성에 뒤따르는 관심을 싫어할지 몰라도 어쨌든 그로 인해 마땅한 자격을 훨씬 넘어서는 권력과 영향력을 부여받게 되는 것이다.

이 점을 감안하면 영화배우, 가수, 스포츠 스타, 또 때로는 국가 지도자를 포함한 유명인들이 강력한 메신저가 되는 건 별로 놀라운 일이 아니다. 우리가 그들에게 관심을 기울이기 때문이다. 그러나 우리가 그들에게 귀를 기울이는 이유가 단지 유명세 때문만은 아니라는 점을 명심해야 한다. 그 유명세의 필수 요소라 할 수 있는 사회경제적 지위에도 우리는 반응을 보인다. 단순하게 말하자면 우리는 그들이 계층 구조의 상부에 위치해 있기 때문에, 즉 지위를 소유하고 있기 때문에 그들의 말을 경청한다.[6] 그런데 이름만 대면 알 만한 사람이 아니어도 지위를 소유할 수 있다. 관심과 존경을 얻기 위해 꼭 유명해질 필요는 없다는 얘기다.

유명세를 치르지 않으면서 주목받는 법

1967년 어느 화창한 일요일 아침, 앤서니 두브Anthony Doob와 앨런 그로스Alan Gross는 각자의 차에 올라타 캘리포니아 북부의 팰로앨토Palo Alto와 멘로파크Menlo Park 주변을 운전했다. 각 차량마다 1명의 승객이 더 있었는데 이 승객은 뒷좌석에 누워 있어서 차 밖에서는 보이지 않았다. 이 은밀한 동승자들은 스톱워치 2개와 녹음기 1개씩을 갖고 있었다. 두브와 그로스는 대학생들이 흔히 하는 장난이라도 즐기려던 걸까? (스탠퍼드대학교가 근처에 있으니.) 아니었다. 그들은 어떤 흥미로운 질문에 대해 과학적인 답을 얻으려는 중이었다. 평균적으로 캘리포니아주의 운전자들은 교차로에서 차가 막혔을 때 얼마나 자주 경적을 울릴까?

앤서니 두브는 좁은 도로의 교차로 쪽으로 차를 몰아가서는 원래 계획했던 대로 일부러 적색 신호등이 들어오기 직전에 차를 멈췄다. 그래서 그의 차 뒤로 차량 몇 대가 행렬을 이루게 됐다. 시간이 지나 녹색으로 신호가 바뀌었지만 두브는 출발하지 않았다. 그저 시동을 켠 채 가만히 기다렸다. 한편 앨런 그로스는 시내로 들어가서 역시 교차로 신호등 앞에서 똑같은 행동을 취했다.

두브와 그로스는 자신들이 선택한 교차로의 녹색 신호가 평균 12초 지속된다는 점, 또 도로 폭이 좁아 자신들의 차 옆으로 다른 차가 통과하기 어렵다는 점을 미리 알고 있었다. 따라서 자신들이 초래한 정체가 뒤차들에게 혼란을 불러일으키리라는 점 또한 잘 알았다. 하지만 과연 얼마나 많은 사람들이 경적을 울려대는 것으로 그 짜증을 표출할까? 차 뒷좌석에 숨어 있던 공모자들은 녹음기를 켰고 그 답을 알아냈다. 68퍼센트의 사람들이 1번 이상 경적을 울렸다. 심한 경우 그중 몇몇은 아예 뒤 범퍼를 들이받기도 했다.

하지만 그런 상황에서 얼마나 많은 사람들이 경적을 울리는지 밝혀내는 건 이 실험의 목적 중 일부에 불과했다. 두브와 그로스는 사람들 앞을 막아선 차량의 종류에 따라 경적을 울리는 사람들의 태도가 달라질지 여부 또한 알고 싶었다.

그 일요일 아침, 그들은 각기 다른 제조사의 차량을 몰고 나갔다. 그중 하나는 검은색 신형 크라이슬러 크라운 임페리얼로 깨끗하고 반짝반짝 윤이 나는 고급 차종이었다. 다른 하나는 1954년형 포드 스테이션 웨건이었다. 어찌나 상태가 안 좋았던지 두브와 그로스는 몇 차례 실험 만에 그 차량을 교체해야 했다. 뒤에서 기다리던 운전자들이 실제로 차가 고장 난 줄로 여겼기 때문이었다. 그래서 이 포드 차량은 회색의 1961년형 램블러 세단으로 교체됐다. 꾀죄죄하고 더러웠고 광택도 없었다. 이 램블러는 그야말로 저급 차종이었다.

실험에 착수하기에 앞서 두브와 그로스는 심리학과 대학생들에게 물었다. 신호등 앞에서 멈춰 섰는데 앞 차량이 반짝반짝하는 고급차일 때와 고물 차인 경우 "신호가 녹색으로 바뀌었는데 특별한 이유 없이 앞차가 움직이지 않는다면 경적을 울리겠는가?" 그리고 또 하나의 질문을 덧붙였다. "경적을 울리기 전까지 얼마나 오래 기다릴 것인가?"

학생들의 대답은 한결같이 일치했다. 그리고 허세가 가득했다. 자신은 당연히 경적을 울릴 것이며 차종 따위는 가리지 않을 거라고 했다. 일부는 오히려 고급 차량일 때 더 빨리 경적을 누를 거라고까지 답했다. 그러나 이후 화창한 일요일 아침 도로 위에서 벌어진 현실은 학생들의 대답과 사뭇 달랐다. 뒤차 운전자 중 약 70퍼센트가 짜증을 내며 경적을 울렸지만 앞차의 차종에 따라 결과가 확연히 나뉘었다. 고급 차량 뒤에 선 운전자 중 경적을 울린 사람은 50퍼센트 미만이었고 저급 차량에는 84퍼센트가 경적을 울렸다. 차량의 지위는 이 캘리포니아 운전자들이 **경적을 울릴 가능성**뿐 아니라 **경적을 울리기까지의**

시간에도 영향을 끼쳤다. 높은 지위의 차량 뒤에 서 있을 때보다 낮은 지위의 차량 뒤에 서 있을 때 사람들은 더 빨리 경적을 울렸다. 대개는 두 차례 이상이었다.[7]

심리학 실험이란 건 진행되면서 제멋대로 흘러가게 마련이다. 또 이미 50년 전에 이뤄진 실험인 점도 감안해야 한다. 그러나 최근 또 다른 연구에서도 놀라우리만큼 비슷한 결과가 나왔다. 2014년 프랑스의 한 연구진이 발견한 바에 의하면 운전자들은 느리게 움직이는 앞 차량이 고급 차일 경우에는 훨씬 덜 추월하는 경향을 보였다.[8] 경적을 울릴 것인지 아니면 추월할 것인지를 결정하는 순간, 일부 운전자들은(확실히 모든 운전자가 그런 것은 아니다) 차의 지위, 나아가 그 소유자의 지위에 영향을 받는 듯했다. 아마도 이 때문에 잘 알려진 유명인들이 종종 자신의 차량을 검게 선팅해 정체를 숨기려 하는 것인지도 모르겠다. 아이러니하게도 이렇게 고급 차량 속에서 익명성을 유지하려는 시도는 처음에는 언뜻 양립 불가능해 보였던 두 가지 목적을 모두 이루게 해준다. 이를 통해 유명인들은 에미넴과 아지즈 안사리가 바랐던 대로 원치 않는 관심으로 인해 고통받지 않으면서도 자신들의 우월한 지위를 드러낼 수 있는 것이다. 안에 탄 사람이 누군지에 대한 궁금증은 차량 탑승자의 불가사의한 분위기를 더욱 끌어올린다. 사람들의 눈에 띄는 번거로움을 겪지 않으면서도 사람들의 주목을 유지할 수 있는 놀랍도록 효과적인 방법이라 하겠다.[9]

사회경제적인 위치는 여러 지위 중 한 형태에 불과하지만 가장 명백하고 두드러진다. 우리가 행하는 구매와 소비를 통해 쉽게 드러낼 수 있기 때문이다. 창문이 검게 선팅된 리무진은 '과시적 소비'의 한 예다. 이 과시적 소비라는 용어는 노르웨이계 미국인 사회학자 소스타인 베블런Thorstein Veblen이 창안한 것으로 그는 사회의 특정 구성원이 다른 구성원에게 깊은 인상을 남기고 자신의 사회적 권력과 명성을 과시하기 위해 재화와 서비스에 일부러 더 많은 비용을 지불하는 현상을 지적했다.[10] 따라서 사회경제적 지위는 자신의 수입만큼 사들일 수 있는 대상이다. 페라리 자동차, 백만 달러짜리 손목시계, 강이 내려다보이는 최상층 펜트하우스. 이 모두가 구입한 사람의 지위와 부를 과시하도록 도와줌으로써 다른 사람들의 응대 방식을 변화시키는 것들이다.

그러나 사회경제적 위치를 드러내는 신호는 사람들이 호사스럽다고 여기는 소비에만 국한되지 않는다. 사회경제적 지위를 잘 드러내기만 한다면 티셔츠 한 장도 영향력을 발휘할 수 있다. 2011년, 네덜란드 심리학자들이 두브와 그로스의 연구와 여러 면에서 유사한 실험을 수행했다. 단 실험 도구가 차량이 아니라 티셔츠란 점이 달랐다. 혼잡한 쇼핑몰에서 쇼핑객들에게 다가가서는 설문이 끝나면 음료를 보상으로 주겠다며 간단한 설문에 참여해달라고 부탁했다. 부탁을 받아들인 사람들은 피케셔츠를 입은 한 젊은 남성의 사진들을 본 다음 그 남성의 사회경제적 지위가 어떤 수준일지 평가하게 되었다. 그 사진들은 지위를 드러내기 위해 남자가 입은 피케셔츠에 상표를 디지털 프린트했다는 점 외에 모두 동일했다. 사람들은 남자의 셔츠에 프리미엄 브랜드의 상표가 찍혀 있는 사진을 봤을 때 같은 옷이라도 덜 비싼 상표가 찍혀 있거나 아예 상표가 없는 경우에 비해 그 남자가 지위가 더 높고 더 부유하다고 평가했다.[11] 팰로앨토의 교차로에서는 전혀 모르는 사람의 사회경제적 지위를 강화시키기 위해 고급 차량이 필요했다. 네덜란드의 쇼핑몰에서는 타미힐피거 로고가 그 역할을 담당했다.

두브와 그로스의 연구에서 고급 차량이 뒤차의 운전자가 경적을 울리기 전까지 참는 시간에 영향을 미칠 수 있다는 사실 또한 발견했다는 점을 떠올려보자. 셔츠에 새겨진 프리미엄 브랜드의 로고가 비슷한 영향력을 발휘했을까? 예를 들어 자신을 붙잡고 시간을 잡아먹는 요구를 할 때 긍정적으로 대응할 가능성에 영향을 끼쳤을까? 똑같은 네덜란드의 쇼핑몰에서 이번에는 다른 쇼핑객들에게 연구진 중한 명이 클립보드를 들고 다가가 얼굴을 바라보며 몇 가지 질문에 답해줄 수 있는지 물었다. 그중 절반의 경우 연구진의 녹색 점퍼에 타미힐피거 로고가 찍혀 있었고, 나머지 절반은 그렇지 않았다. 결과가 보여주는 차이는 확연했다. 로고가 없는 점퍼를 입고 부탁했을 때는 13퍼센트의 사람들만 승낙했던 반면, 사회경제적 지위가 브랜드 상표에 의해 과시됐을 때는 52퍼센트가 부탁을 받아들였다. 그 영향력은 단지 사소한 부탁에 대한 승낙을 용이하게 해주는 데 그치지 않는 듯하다. 이 네덜란드 연구진은 또 다른 연구에서 심장 재단을 위한 자선기금을 마련하기 위해 모금자들을 각 가정으로 보냈다. 이중 절반은 고급 상표(이번에는 라코스테였다)가 붙은 셔츠를 입었고, 나머지 절반은 아무 로고가 없는 셔츠를 입었다. 이번에도 사람들은 높은 지위의 메신저를 더 호의적으로 대했고, 그 결과 상표가 달린 셔츠를 입은 모금자들의 모금액이 2배 더 많았다.[12] 각 경우마다 메시지나 요구는 다르지 않았다는 점을 주목하라. 다만 메신저의 드러난 사회경제적 지위만이 달랐을 뿐이었다. 그들의 지위가 곧 메시지가 되었던 것이다.

우리 모두는 지위를 추구한다

이와 같은 '비싼 신호' 효과는 부자나 유명인 등 지위가 높은 인간 사회의 개인들에게만 국한되지 않는다. 동물의 왕국에서도 역시 발견되는 현상이다. 예를 들어 공작새는 전형적인 비싼 신호 발신자다.[13] 수컷 공작은 꼬리를 최대한 크고 아름답게 펼쳐서 주변의 암컷에게 자신의 좋은 유전자를 과시하는 신호를 보낸다. 물론 여기에는 일정한 위험이 뒤따른다. 유명인이 비싼 신호와 과시적 소비로 인해 원치 않는 스토커의 관심에 노출될 우려가 있듯이 야생에서의 비싼 신호도 공작을 위험에 빠뜨릴 수 있다. 그리고 물론 공작의 포식자는 단지 셀카나 사인 정도로는 만족하지 않을 것이다. 꼬리가 크면 클수록 외부의 잠재적인 공격으로부터 도망치기는 어렵지만 그럼에도 불구하고 암컷 공작의 관심을 끌기 위해서는 충분히 감수할 만한 가치가 있는

하드 메신저

위험이라는 진화적인 계산이 마무리된 듯하다.

　수컷 공작이 자신의 지위를 과시하기 위해 기꺼이 과중한 비용을 감내하려는 이유는 쉽게 이해할 수 있다. 그의 생식 가능성이 거기에 달려 있기 때문이다. 인간에게도 똑같은 원칙이 적용된다. 메신저가 자신의 부와 지위를 드러내는 능력은 주변 사람들의 시선과 대접에 영향을 끼친다. 그런 과시를 천박하다고 여기는 사람도 있겠지만 그런 사람조차도 과시적 신호에 면역이 돼 있다고 하기는 어렵다. 두브와 그로스의 심리학과 학생들은 고급 차량이라고 해서 마음이 흔들리는 일은 없을 거라 여겼다. 오히려 고급 차에 더 가혹하게 굴 거라고 장담하는 학생도 있었다. 그러나 실험 결과는 달랐다.

　지위가 높은 사람에게 주어지는 각종 혜택들을 보면 왜 사람들이 고급 제품과 사치품을 기꺼이 사려고 드는지 이해가 된다. 이런 태도는 대개 실제 지불 능력과는 관계없이 주로 타인과 비교해서 자신의 사회경제적 지위를 드러내고자 하는 필요에 의해 나타난다. 개발도상국의 저소득층이라도 고급 브랜드 상품은 웃돈을 주고서라도 구입하려 든다. 한 연구진이 볼리비아의 저소득층 가정에 상표만 다를 뿐 내용물은 똑같은 두 가지 향수를 제시하자 대부분은 일반적인 상표가 붙은 제품 대신 캘빈 클라인 상표가 붙은 제품을 선택했다.[14] 경제적으로 어려운 상태이고 향수 가격도 더 비쌌지만 자신의 지위를 높일 기회가 눈에 띄자 덥석 붙잡았던 것이다. 지위가 낮은 가난한 집단에서조차 대부분의 사람들은 지위를 높여줄 상품을 구입하려 든다.

물론 모든 사람이 자신의 지위를 과시하고 높여줄 배지와 상품을 얻으려고 하는 건 아니다. 그러나 우리 중 다수는 그렇다. 이 근본적 진실은 심리학자 브래드 부시먼Brad Bushman의 연구에서도 잘 드러났다. 겉으로 보기엔 쇼핑몰을 찾은 사람들을 위한 땅콩버터 시식 행사였으나 사실 참가자들이 깨닫지 못하는 사이에 더 많은 것을 알려주도록 설계된 실험이었다.[15] 참가자들은 네 종류의 땅콩버터 중 하나를 무작위로 받았다. 각각에는 가격이 더 비싼 상표와 값싼 상표가 붙어 있었다. 샘플을 맛본 다음 사람들은 맛이 어땠는지, 돈을 주고 살 의향이 얼마나 되는지 답했다. 또한 "나는 보통 좋은 인상을 주려고 노력한다"나 "나는 다른 사람들이 나를 어떻게 생각하는지 신경 쓴다" 같은 문장에 얼마나 동의하는지 물어보는 질문에 답함으로써 공적 자의식을 측정하는 테스트도 함께 치렀다.

병 속의 내용물은 똑같았지만 대부분의 쇼핑객들은 고급 상표가 붙은 병에 담긴 땅콩버터가 더 맛있다고 답했다. 공적 자의식 테스트 점수가 높은 사람일수록 이런 경향이 두드러졌다. 이들은 고급 상표가 붙은 병에 강한 호감을 보이는 것에 그치지 않고 저가 상품에 대해서는 뚜렷한 반감을 드러내기까지 했다. 자신의 사회경제적 지위를 드러내려는 동기가 강한 사람일수록 공적 자의식에 대한 민감도가 대단히 높은 것으로 나타났다. 이들은 자신이 어떤 모습으로 대중에게 비치는지 걱정하기에 자신의 지위를 드러내기 위해서라면 기꺼이 더 많은 비용을 들일 준비가 된 사람들이다. 그럼으로써 타인들로부터 호의적인 반응을 얻을 수 있는 가능성이 높아지고 결과적으로 사람들에게 끼치는 사회적 영향력이 높아질 수 있다면 말이다.

자동차, 셔츠의 로고, 심지어 병에 붙은 프리미엄 상표마저도 개인의 사회경제적 위치를 높여줄 수 있다면 지위 상승의 열망을 가진 이들이 그 방법을 취하는 건 놀라울 게 없다. 어떤 사람들은 자신이 갈망하는 지위를 얻기 위해서라면 순간적인 당혹감쯤은 얼마든지 견뎌내기도 한다. 연구에 의하면 명품 판매에서 특히 좋은 성과를 내는 메신저의 유형은 지위를 높여줄 수 있는 제품에 대해 잘 모르는 잠재적 구매자를 멸시와 짜증 어린 시선으로 내려다보는 거만하고 냉담한 사람이라고 한다.[16] 아이러니하게도 사람들은 이런 멸시와 무례를 겪으면서도 등을 돌려 상점을 나가기는커녕 오히려 구매 욕구가 더 높아지는 경험을 한다. 부시먼의 공적 자의식 점수가 높은 사람일수록 이러한 경향이 뚜렷하게 나타났다. 플로리다주립대학교 연구진은 브랜드 의류를 입거나 허세를 부리거나 도도하게 행동하면서 높은 사회적 지위를 드러내는 판매원은 잠재적 고객들에게 차갑고 비호감인 인상을 주기가 훨씬 쉽다는 점을 증명했다. 그러나 고객들 편에선 자신이 싫어하는 바로 그 사람과 동등한 지위를 얻기 위해 경쟁하고 돈을 내려는 욕구가 증가하기 때문에 그 단점은 상쇄되고도 남는다.[17] 판매원에게 호감을 갖는 고객이 더 많은 돈을 쓰리라는 통념이 일반적으로 퍼져 있지만 자신의 지위를 불안해하는 고객이 지위를 높여줄 수 있는 제품을 구입하는 문제에서는 그 통념이 적용되지 않는 것이다.

자신이 판매원의 인정을 충분히 받을 만한 사람이라는 신호를 드러내고자 하는 욕구가 더 크기 때문이다. 그러기 위해서는 지갑을 활짝 여는 것만큼 좋은 방법이 없다.

한 사람의 지위를 드러내는 물건을 '위치재'라고 한다. 지위 체계상의 위치를 높여주기 때문이다. 위치재의 두드러진 특징은 말 그대로 두드러진다는 것이다. 다른 상품들에 비해 위치적 가치가 높은 특정 상품들이 존재한다. 2005년 미국 경제학자 사라 솔닉Sara Solnick과 데이비드 헤멘웨이David Hemenway가 이 점을 잘 보여준 바 있다. 그들은 사람들에게 타인들과 비교해서 좀 더 나은 경우와 주변 사람들보다는 좀 못해도 절대적인 기준으로는 좋은 편인 경우 등 여러 상황을 생각해보라고 요구했다.[18] 예를 들면 다음 중 어느 편을 더 선호하는지 사람들에게 물었다.

- 방이 7칸짜리인 집에서 살지만, 이웃들 집은 방이 10칸인 경우
- 방이 5칸짜리인 집에서 살지만, 이웃들 집은 방이 3칸인 경우

단순히 공간만을 중시한다면 사람들은 절대적인 방의 개수를 주된 기준으로 삼을 것이고 따라서 첫 번째 경우를 선택해야 마땅하다. 그러나 지위욕을 중시한다면 첫 번째 경우로는 만족하지 못할 테고 방의 개수가 더 많다고 해도 타인들과 비교해 상대적으로 더 못하기 때문에 두 번째 경우를 선택할 것이다. 솔닉과 헤멘웨이가 정작 실험

을 해보니 참가자 중 대략 3분의 1가량이 더 작더라도 이웃들보다 형편이 더 나은 집에 사는 쪽을 선택하겠다고 답했다. 소득의 절대적·상대적 증가 중 어느 쪽을 선호하느냐에 대해서 비슷한 질문을 던졌을 때는 반응이 50 대 50으로 갈렸다.

위치재에 대한 사람들의 태도는 상대적일 뿐 아니라 무엇이 걸려 있느냐에 따라 다양하게 나뉘기도 한다. 솔닉과 헤멘웨이의 연구에 따르면 사람들은 여가 생활보다 소득을 통한 지위 상승에 대한 관심이 더 크다. 급여, 직급, 직책 등 위계에 따른 직장 내 혜택은 한 사람의 지위를 높여줄 수 있는 기회를 주므로 그 사람을 좀 더 영향력 있는 메신저로 만들어줄 수 있다. 1883년으로 돌아가보면 프랑스의 사회주의 운동가였던 폴 라파르그Paul Lafargue는 저서 《게으를 권리The Right to be Lazy》에서 기계가 "인류의 구원자가 될 것이며 신은 인간을 고용을 위한 노동에서 해방시켜주고 여가와 자유를 허락해줄 것"이라고 적었다.[19] 수많은 미래학자들이 받아들인 생각이기도 했고 21세기에 이르러서는 실제 삶과 일에서 여가 시간이 더 늘어나기도 했다. 그러나 우리는 여전히 이러한 지위를 직장이 우리에게 부여하는 것이라고 여긴다. 특히 지위를 둘러싼 관심과 그에 수반되는 위계상의 돈, 직함, 위치를 여가 추구보다 훨씬 강조한다. 사회경제적 지위를 드러내는 신호로서 마치 고급 상표처럼 직장을 '착용'하는 것이다.

한 메신저가 사회경제적 지위를 드러낼 수 있는 방법은 구매 선택과 과시적 소비뿐만이 아니다. 먹는 음식의 종류, 자주 방문하는 시설,

참여하는 활동, 소속된 집단과 모임을 통해서도 가능하다.[20] 이 모두가 다른 사람들이 거의 즉각적으로 반응하는 신호를 내보낸다. 한 연구에서 페이스북 프로필 사진을 여러 장 본 참가자들은 그 메신저의 사회경제적 특징들을 매우 정확히 추측하는 데 성공했다. 이 특징들에는 과거와 현재의 소득, 사회적 계급과 심지어 부모의 교육 배경까지 포함돼 있었다.[21] 이들은 신체적 매력도(사회경제적 지위를 추론하는 데 사람들이 사용하는 또 다른 신호) 같은 요소를 점검하는 것이 아니라[22] 배경을 살펴봄으로써 그 사람의 특징을 추측했다. 어디서 찍은 사진인가? 사진을 같이 찍은 이 사람은 누구인가? 이러한 작은 신호가 크게 공명했다. 이 연구를 통해 페이스북에서 타인의 사진을 자주 들여다보고 그에 따라 사회적인 비교를 하게 되는 자연스러운 경향이 질투라는 감정과 소위 '페이스북 우울증'을 유발할 수 있다는 점이 밝혀졌다.[23]

낯선 사람과 교류하려는 동기가 얼마나 강한지를 살펴봄으로써 그 사람의 지위를 추론하는 것도 가능하다. 사회경제적 지위가 낮은 사람일수록 사교적인 성향이 강한 경우가 많다. 그러나 일단 자신이 받아들여지고 인정받는다고 느끼게 되면 새로운 사람이나 집단과 소통하고 연결되고자 하는 욕구는 급격히 감소한다. 아마도 사회적 욕구가 이미 충족되었기 때문일 것이다. 그리고 점점 더 낯선 사람과 교류하기를 꺼리게 된다.

이는 예일대학교 경영대학원의 마이클 크라우스Michael Kraus와 UC버클리의 대커 켈트너Dacher Keltner가 수행했던 연구에서 잘 드러난다. 이 연구에서는 경제적·사회적 배경이 각기 다른 참가자들을 대기실에 모은 다음, 실험 과제를 시작하기 전에 서로 대화를 나누게 하고서 그 모습을 녹화했다. 사실 실험은 이미 진행되고 있었다. 크라우스와 그의 연구진은 누구도 자신들을 쳐다보지 않는다고 여길 때 이 낯선 사람들이 어떻게 행동하는지 궁금했다. 시간이 지나자 연구진은 부유함과 교육 수준에서 사회경제적 지위가 더 높은 사람들이 사교적인 행동을 덜 나타낸다는 점을 포착했다. 사회경제적 지위가 낮을수록 자신의 대화 상대 쪽을 쳐다보면서 상대가 뭘 하는지 살폈고 더 친근하게 굴었다. 또한 동의의 표시로 고개를 끄덕이거나 상대의 농담에 웃어주는 모습도 더 많이 보였다. 반면 비교적 특권층에 속하는 참가자들은 자신의 휴대폰을 들여다보며 딴짓과 자기 치장에 더 많은 시간을 쏟았다. 크라우스와 켈트너는 이러한 이질적 행동이 각 개인들이 가진 연결과 인정에 대한 욕구의 차이를 반영하는 것이라고 결론지었다.[24]

새로운 참가자 집단에 이 영상 중 일부만을 짧게 보여주자 이들은 영상에 등장하는 사람들의 사회경제적 지위를 매우 금방 파악해냈다. 음성이 없는 영상인 데다가 서로 논의하는 것조차 금지되었음에도 말이다. 누가 참여하려고 노력하고 누가 그러지 않는지를 보면서 그들은 아주 쉽게 상대적인 사회경제적 지위를 추론해냈다. 지위가 낮은 사람들은 소속감을 느끼고 인정받기를 원했다. 지위가 높은 사람들은 둘 다 필요로 하지 않았다.

그렇다고 높은 사회경제적 지위를 가진 사람들이 반드시 덜 온화하다는 의미는 아니다. 그보다는 그들은 이미 사회적이며 지위상의 욕구가 충족된 상태이기 때문에 굳이 서열상 더 아래인 사람들의 방식대로 어울릴 필요를 느끼지 못한다고 보는 게 맞다. 여기에 흔한 직관적 역설이 적용된다. 친구를 사귀고 다른 사람들에게 좋은 인상을 남기려고 너무 애쓰다가는 오히려 반대의 결과를 낳기 쉽다는 것이다. 그 이유는 단지 그들의 초조함이 매력적이지 않기 때문만이 아니라 그로 인해 의도치 않게 하락한 지위가 두드러지게 되기 때문이다.

지위의 순기능

왜 우리는 자연스럽게 계층에 따라 행동할 정도로 계층의 노예로 사는가? 이 질문을 다루는 데 가장 좋은 시작점은 또 하나의 질문을 던지는 것이다. 사람들은 왜 종종 입고 있는 옷이나 타고 있는 차를 통해 높은 사회경제적 지위를 과시하는 사람들의 요청을 그런 특징들이 없는 사람들의 요청보다 더 쉽게 들어주는가? 이런 사치품을 가지고 다니는 사람들은 오히려 남들의 도움이 그리 절실하지 않을 텐데도 말이다. 옳은 지적이긴 하지만 이런 식의 사고에는 맹점이 있다. 지위 계층화의 목적은 밑바닥에 위치한 사람들을 지원하는 데 있지 않다. 꼭대기에 오른 사람들에게 노력을 더 북돋고 보상을 제공하는 게 목적이다. 가장 뛰어난 신체적·정신적·물질적·사회적 자원을 보유한 개인들, 즉 최상의 수단적 가치를 가진 이들이 추종자들로부터 더 많은 관심과 복종을 얻을 것이라는 점을 보증하는 게 목적이다. 그래서 궁극적으로는 갈등을 방지하고, 반복되는 경쟁으로 인한 비용을 줄이려고 한다. 우리는 사람들로 하여금 전략적으로 결정하게 하고 집단적 규범을 세우게 하고 서로를 가르쳐 공동체 단위의 목표에 공헌하도록 만들 필요가 있다. 그리고 물론 최고의 인재들에게 이러한 책임을 맡기고 싶어 한다.[25]

위계는 거의 모든 영역에 존재한다. 사회와 직장, 심지어 스포츠에서도 마찬가지다. 농구선수가 외곽슛을 쏠 다른 선수에게 패스할 때는 그 경기에서 컨디션이 가장 좋은 선수가 아니라 팀에서 가장 몸값이 비싸거나 가장 유명한 선수에게 볼을 넘긴다. 즉 선수의 능력이 아니라 선수의 지위에 따라 반응하는 것이다. 조직에서도 똑같다. 경력이 화려하고 업계에서 명성이나 직책이 높은 사람일수록 의사 결정에 더 큰 영향력을 끼치게 된다. 이렇게 지위가 높은 개인의 의견에는 많은 사람들이 귀를 기울이고 중요한 가치를 매긴다. 또한 그렇지 못한 사람에 비해 존중과 인정을 많이 받고 더 중요한 사람으로 여겨진다. 줄여 말하자면 이들은 메신저로서 더 큰 관심을 얻으며 사람들은 이들의 의견을 더 자주 듣게 된다.[26]

지위를 추구하고 존중하는 것이 인류의 보편적인 현상이긴 하지만 사회 내의 위계를 어느 정도나 원하는지에 대해서는 개인차가 있으며, 문화권마다 평등권에 대한 생각도 다르다.[27][28] 예를 들면 호주

북부의 어보리진Aborigines 원주민같이 현재에도 유지되는 수렵-채집 사회는 사회구조가 매우 평등하다. 이들 집단의 리더들이 담당하는 역할은 CEO보다는 조력자에 가깝다. 지휘하고 지시하기보다는 회의를 조직하고 모두의 의견을 칠판에 정리하는 쪽이다. 자신의 의견을 내세우고 집단의 결정에 영향력을 행사하며 구성원 간의 논의를 촉진하는 역할을 하지만 다른 사람들의 의견을 내치거나 자신의 이익을 더 중시하지는 않는다. 그랬다가는 저항이 일거나 배제당할 위험이 있다. 이로써 1만 3,000년 전 홍적세Pleistocene 시대에 우리 선조들이 어떻게 살았는지를 대충 짐작해볼 수 있다. 이후 농업의 발명과 공동체의 확장과 함께 조직적 복잡성이 증가하면서 리더들에게 더 큰 권력과 자원을 부여할 필요가 생긴 것이다.[29]

사회경제적 지위가 강력한 메신저 효과를 갖는 또 다른 이유는 사회가 재능과 고된 노력에 대한 대가를 보상해준다고, 즉 세상은 능력주의로 운영된다고 사람들이 믿고 싶어 하기 때문이다. 높은 지위를 차지한 개인들에게 그럴 만한 자격이 있다고 흔히 믿게 되는 이유가 이것이다. 미국의 사회심리학자 멜빈 러너Melvin Lerner는 이 현상을 설명하기 위해 이른바 '공정한 세상 가설Just-World Hypothesis'을 고안했다.[30] 이 가설의 핵심 주장은 고위층 인사들이 높은 지위와 그에 따르는 관심과 존경과 존중을 마땅히 누릴 만하다고 사람들이 믿는 이유가 바로 그들이 고위층 인사라는 점 때문이라는 것이다. 우리가 이 책에서 사용하는 표현대로 말하자면 그들은 더 강력한 메신저가 될 만하다. 반면 그보다 지위가 낮은 사람들은 노력과 실력, 결단력이 부족하다고 추정되므로 비난과 사회적 처벌을 받는 게 당연하다. 이미 높은 사회경제적 지위를 차지한 보수적 성향의 사람이나 개인일수록 한 사람의 역량을 사회적 지위를 통해 추론해내는 경향이 강하다는 점을 보여주는 증거가 존재한다.[31]

이러한 '공정한 세상'에 대한 마음가짐은 매우 일찍부터 형성된다. 아이들은 물건을 쥘 수 있을 때부터 이미 여러 '법칙들'에 대해 배운다. 어떻게 나누고 차례를 정하는지, 다른 사람들에게 어떻게 되돌려주는지, 어떻게 공정하게 놀 것인지에 대해. 또한 일과 노력에는 정당한 보상이 뒤따른다고도 배운다. 그런데 재미있는 사실은 이러한 메시지들은 아이들이 이미 직관적으로 이해하고 있는 점을 더욱 강화시키는 것뿐이라는 사실이다.

2012년의 한 연구에서는 생후 19개월 유아들에게 두 기린 인형 간의 상호작용을 보여주면서 아이들이 시선을 집중하는 시간을 관찰했다. 놀라운 일에 대한 유아의 기대치와 반응 수준을 측정하기 위해 발달 연구에서 흔히 사용되는 방법이었다. 연구의 첫 번째 실험에서 두 인형은 공연 한 편을 선보인 후 마지막에 쿠키를 하나씩 받았다. 19개월 유아들의 평균 주시 시간은 13.5초였다. 두 번째 실험에서는 한쪽 인형에게 쿠키 2개를 모두 주고 다른 인형에게는 주지 않았다. 그러자 유아들의 평균 주시 시간은 6초 더 길어졌다. 아직 만 2세가 채 되지 않은 아이들이지만 두 인형이 동등한 자격이 있음에도 한 인형에게만 모든 보상이 주어지는 광경을 놀라워했다. 걸음마 시기의 유아에게조차 그 광경은 결코 '공정한 세상'이 아니었던 것이다![32]

후속 연구에서도 같은 결과가 확인되고 더 확장됐다. 이번에는 생후 21개월 유아들에게 장난감을 가지고 노는 어린이 두 명을 지켜보게 했다. 그리고 몇 분이 지난 다음, 어른이 방에 들어와 어린이들에게 이제 정리해야 할 시간이라고 말했다. 연구의 첫 번째 실험에서는 두 아이가 모두 어른의 말에 복종하고 서로 도왔다. 그리고 두 번째 실험에서는 한 아이만 열심히 일하고 다른 아이는 빈둥거렸다. 그러나 두 실험 모두에서 두 아이가 다 스티커를 보상으로 받았다. 이제 질문이다. 이 모습을 지켜보던 유아들은 두 번째 유형이 부당하다는 것을 눈치챘을까? 물론이다. 두 아이가 일을 똑같이 나눠서 했던 경우와는 달리 빈둥거리던 아이와 열심히 일한 아이가 동일한 보상을 받은 경우에 유아들의 평균 주시 시간은 무려 28초나 더 길었다. 공정한 세상의 사례를 직관적으로 포착해내는 능력은 어릴 때부터 우리에게 깊게 각인돼 있는 듯 보인다. 일반적으로 우리는 보상이 사회적인 평등보다는 가치의 측정에 기반하여 주어지리라고 기대한다. 그렇게 기대하기 때문에 높은 지위를 누리는 사람들이 그런 지위를 누릴 자격이 있다고 여기는 것이다.

즉 우리가 그런 사람들을 확실하게 구별해낼 정도의 수준을 갖추고 있다고도 말할 수 있다. 예를 들면 부자나 유명인으로 여겨지는, 높은 사회경제적 지위를 가진 사람들은 매우 바람직한 배우자로 여겨진다. 그러나 그들의 장래 파트너가 그들을 어떻게 보는가는 그들이 부를 어떻게 축적했는가와 관련이 있다. 자기 힘으로 직접 돈을 번 사람과 다른 방법(상속, 복권 당첨, 횡령 등)으로 부를 축적한 사람 중 누구를 배우자로 선택할 것인지 묻자 거의 모든 경우에 운이나 불법으로 돈을 번 사람보다는 자수성가한 백만장자 쪽을 더 선호했다. 특히 여성의 경우 선호 비율이 더 높았다.[33] 그리고 실험 참가자들에게 하룻밤 파트너로서가 아니라 장기적인 배우자로서의 매력도를 측정해달라고 요구했을 때 자수성가한 부자가 운 좋은 복권 당첨자에 비해 유난히 더 좋은 점수를 얻었다. 우리가 어떤 유형의 부자 메신저를 좋아하는지 정리해보면 비도덕적이거나 노력이 결여된 방법보다는 고된 노력과 끈기와 결단력을 통해 스스로 돈을 버는 사람들을 더 선호한다고 할 수 있다.[34]

공정한 세상의 렌즈를 통해 보면 스스로의 힘으로 돈을 번 사람은 또 다른 바람직한 특징이나 능력을 지녔을 가능성이 높다. 그런 지위에 있는 데는 그럴 만한 이유가 있다. 그들은 돈 외에도 지능, 적극성, 끈기, 야망과 추진력 등 수단적 가치를 제공해주는 속성들 또한 가지고 있다. 이런 요인들은 단지 부자로서뿐만이 아니라 더 나은 장기적 파트너로서 그들을 빛나게 해준다. 설령 돈줄이 말라버린다 해도 예전과 같은 부를 복원하는 데 바로 이 속성들이 기여하게 돼 있다. 부를 축적했던 입증된 기록이야말로 미래의 성공 가능성을 점쳐줄 매우 훌륭한 신호로서 작용하는 것이다. 이와는 반대로 만약 메신저가 사회경제적 지위를 불법적으로 성취했다고 생각되는 경우에는 그가 가진 지위와 메신저로서의 효율성 간의 연결고리가 끊어져버릴 수 있다. 정당한 자격을 넘는 지위를 누리고 있다고 여겨지는 메신저는 시기, 나아가 악의적인 분노라는 감정을 불러일으킬 가능성도 있다.[35] 그러면 청중들은 메신저에게 무대를 양보하기는커녕 그의 토대를 무너뜨려버리고 말 것이다.

따라서 부와 명성이 제공하는 지위란 완전히 고정돼 있지 않으며 여러 요인들에 의해 형성될 수 있는 성질을 가졌다. 그럼에도 불구하고 우리에게 내재된 위계에 대한 복종심 덕분에 일반적으로 지위는 처음에 그 소유자에게 부와 명성을 제공했던 자질들마저 초월할 정도로 강력한 영향력을 행사한다. 간단히 말하자면 거의 연관성이 없는 완전히 다른 상황에서조차 다른 사람들이 그 지위가 신뢰할 만한 가치를 지녔다고 쉽게 추론해버릴 정도로 엄청나게 강력한 메신저가 된다는 얘기다.

먼로 레프코비츠Monroe Lefkowitz의 고전적인 무단 횡단 실험이 이 현상을 완벽하게 보여준다. 그는 (빨간 신호등에 교통법규를 어기며) 도로를 무단횡단하는 남자를 뒤따르려는 보행자의 의사가 무단횡단자가 입고 있는 의복에 영향을 받는지 여부에 관심이 있었다. 실험 결과, 동일한 남성이 청바지를 입었을 때보다 정장을 착용했을 때 사람들이 그 남성을 따라간 경우가 3배나 되었다.[36] '건너도 안전하다'는 메시지 자체는 두 경우 모두 동일했다. 다만 그 메신저가 입고 있는 옷만이 달랐을 뿐이다. 정장을 입었다는 건 그가 사업을 하는 사람이라는 사실이나 조직 내 사다리를 오르는 능력을 암시할 수는 있겠지만 빨간 신호등에 길을 안전하게 건너는 능력과는 아무런 상관이 없다는 건 너무나 당연하다. 그러나 그 양복이 내보내는 지위에 관한 신호는 다른 사람들을 충분히 설득해냈다. 삶의 어느 한 영역에서 (아마도) 성공을 거둔 사람이라면 분명 길을 건너는 데도 전문성을 가졌을 것이기 때문이었다.

레프코비츠의 실험은 일회성에 그치지 않았다. 2008년 메이너 Maner, 드월DeWall과 게일리엇Gailliot은 연구 참가자들이 컴퓨터 스크린에서 각기 다른 남녀 사진들(일부는 정장, 다른 일부는 평상복 착용)을 보는 동안 눈의 움직임을 추적했다. 첫 4초(이미지가 제시된 후 참가자들이 각 사진을 의식적으로 처리하기 전) 동안 참가자들의 눈은 평상복을 입은 남성들보다는 고급 복장을 차려입은 남성들의 사진 쪽으로 향했다(반면 여성의 경우엔 그렇지 않았다). 우리가 어떤 메신저에게 주의를 기울여야 하는지 숙고하여 결정하기도 전에 더 높은 지위를 가진 사람들을 먼저 처리하는 자동 인지 프로세스가 작동한다는 점을 알 수 있다.[37]

광고에 유명인이 등장하는 이유

메신저가 특정 영역에서 우월한 사회경제적 지위를 가졌다고 일단 인식된 후에는 완전히 무관한 다른 영역에서조차 대중이 가치를 인정한다는 레프코비츠의 통찰은 2016년 미국 대통령 선거 결과를 설명하는 데 도움이 될지 모르겠다. 당시 반대론자들은 트럼프가 한 국가를 경영하기에는 법과 도덕적 복잡성에 대한 이해가 너무 부족하여 도저히 넘을 수 없는 장벽에 막혀 있다고 주장했다. 그러나 트럼프가 자신의 부와 사업적 성공을 끊임없이 사람들에게 각인시킴으로써 이 메시지는 관심 밖으로 밀려난 듯 보였다. 사회경제적 지위의 관점에서 보자면 그가 공공연히 자신의 지위를 드러낸 신호가 부분적으로는 최종 투표 집계에 기여했다는 점을 의심할 수 없을 듯하다. 트럼프만이 아니다. 2018년 초 중국 보건 당국은 인플루엔자 백신의 효과에 관한 소문을 잠재우기 위해 동분서주해야 했다. 광둥어 팝 가수 셰안치Kay Tse On-kei가 왓츠앱에 백신을 접종받은 사람 중 90퍼센트가 바이러스에 감염됐다고 주장했기 때문이었다.[38][39] 연예인이라는 지위가 의료 전문가들의 전문성을 몰아내버리기에 충분했던 것이다. 유명하지만 제대로 된 정보를 갖추지 못한 메신저가 끼치는 부정적 영향은 드문 일이 아닐뿐더러 의료 분야에만 국한되지도 않는다.

영향력 있는 유명인은 흔히 볼 수 있으며 그들이 가진 힘은 오랜 세월에 걸쳐 인정돼왔다. 특히 지난 150년간 유명인을 이용해 자신들의 제품과 서비스를 지지하게 만들었던 광고주들과 마케터들 사이에서 더 두드러지게 드러난다. 이들이 구매 여력이 충분히 있는 소수의 집단에게 값비싼 제품들을 공짜로 제공함으로써 다수의 사람들이 자신이 힘들게 번 돈을 지불하도록 유인한다는 건 어쩌면 역설적으로 보일지 모른다. 그러나 마케터들에게 유명인이란 '가치가 변하지 않는 선물'과도 같다. 유명인들이 등장하는 광고의 숫자가 점점 늘어나는 걸 보면 기업들은 오히려 그들에게 점점 더 많은 돈을 기꺼이 지출하려는 듯하다.

유명인의 강력한 끌어당김은 제품이나 서비스 판매에서만 일어나는 일이 아니다. 정치인, 공공 보건 정책 입안자, 그리고 NGO 단체가 실행하는 캠페인의 메시지를 전달할 메신저로서도 유명인이 활용된다. 이렇게 유명인사들의 지지를 얻기 위해 매년 수십억 달러가 소요된다. 미국의 모든 광고 중 유명인이 출연하는 광고는 약 25퍼센트로 추정되며 일본에서는 이 추정치가 40~70퍼센트에 달한다.[40]

유명인 지지자들은 두 가지 효과를 낸다. 자신들의 사회경제적 지위에 수반되는 관심을 얻고 또한 정장을 입은 무단횡단자와 마찬가지로 사람들로 하여금 자신들을 따르게 만든다. 스타라는 그들의 지위가 그들이 관련된 브랜드로 옮겨가는 셈이다. 실제로 광고 시청자들은 어떤 제품을 광고하는 유명인들과 일방적인 관계를 발전시키는 일이 종종 발생하는데 이럴 때는 일상적인 인간관계에서 경험하는 것과 매우 유사한 감정이 나타난다. 그러나 모든 관계가 그렇듯이 여기에도 미묘한 차이가 존재한다. 좋아하는 유명인과 싫어하는 유명인이 갈리는 것이다. 따라서 마케터가 자신의 메시지와 영향력 있는 메신저를 짝지으려 할 때의 관건은 대상 고객이 선호하는 유명인이 누구인지 파악한 후 그를 제품, 서비스, 혹은 정치인과 연결 짓는 능력이다. 이러한 접근법은 인지도가 높은 유명인을 무작위로 골라 임의의 제품을 홍보시키는 방법보다 훨씬 더 큰 성공을 거둘 수 있다.

동시에 이 역학 관계는 일방통행이 아니라는 점을 기억해야 한다. 이목이 집중되는 유명인과 제품 간의 긍정적인 연관성이 소비자의 긍정적인 반응을 끌어낼 수 있는 것과 마찬가지로 둘 간의 부정적인 연결은 자칫 한 브랜드를 파괴해버릴 수도 있다. 2011년, 32세의 노르웨이인 아네르스 베링 브레이비크Anders Behring Breivik는 우퇴이아Utoya섬에서 10대 69명을 포함해 77명을 살해하는 충격적인 사건을 벌였다. 이 비극을 다룬 언론 보도 영상에서 살인자가 라코스테의 독특한 악어 로고가 새겨진 옷을 입고 등장하는 일이 잦았다. 이 달갑지 않은 연상 효과를 저지하기 위해 이 프랑스 패션 브랜드 업체가 브레이비크가 그들의 옷을 입고 나오지 못하도록 노르웨이 경찰에 로비를 벌인 것은 충분히 이해할 만한 일이었다. 프랑스 일간지 〈리베라시옹Libération〉은 이렇게 보도했다. "이 상황은 프랑스에서 가장 유명한 의류 회사에게 분명 악몽이다."[41]

여기서 중요한 것은 합치성이다. 일반적으로 메신저와의 연결이 강압적이지 않은 경우 메시지가 처리되기 훨씬 쉬워진다. 인지도가 똑같다고 가정한다면 미용 제품 홍보에는 가수나 스포츠 스타보다 매력적인 모델이 더 적합한 메신저일 수 있다. 그렇다고 완벽히 들어맞아야 한다는 말은 아니다. 어쨌거나 트럼프가 과시한 사업적 성공이 힐러리 클린턴의 정치적 경험을 눌렀으니 말이다. 그러나 적어도 명백한 불일치는 피하는 것이 중요하다. 이것 역시 흥미로운 현상인데, 드러내놓고 어떤 제품을 선호하는 이유를 밝히기보다는 암시적으로 추천하는 유명인이 더 영향력 있는 메신저가 되는 경향이 있다. 유명인이 제품을 직접 옹호하는 것보다 둘 간의 연관성에 더 집중하는 광고가 드물지 않은 이유가 여기에 있다. 21세기 대중은 유명인들이 제품을 추천하는 건 금전적 보상이 따르기 때문이라는 사실을 알 정도로 현명할지는 몰라도 한편으로는 여전히 지배당하는 군중이기도 하다. 즉 유명인들의 상품 배치나 다른 암시적인 메시지를 보면서 자신도 모르게 마음속에서 일어나는 무의식적인 연상 작용까지 충분히 경계하기는 어렵다. 따라서 부자와 유명인들이 온갖 브랜드를 걸치고서 등장하고 동네 카페에서 커피를 마시고 특정 호텔 체인에 체크인하고 어느 스포츠 행사장에서 선호하는 브랜드의 맥주를 마시는 등의 수많은 영화와 온라인 영상들이 모두 신호가 되는 것이다.

물론 아무리 지위가 높은 메신저라고 해도 영향력을 잃을 위험이 없는 건 아니다. 우리는 그들의 위계상 지위에 동요되기는 하지만 우리가 그들로부터 기대하는 것보다 너무 동떨어진 행동을 하거나 특별히 신임을 잃게 된다면 분명 의심하기 시작할 것이다. 카니예 웨스트가 좋은 예이다. 웨스트는 어떤 기준으로 봐도 대단한 유명인이다. 그는 성공한 래퍼이자 소셜미디어 거물로 3,200만 장의 앨범을 팔아치웠고 그래미상을 21번이나 수상했다. 그러나 이렇게 존경할 만한 특징들에도 불구하고 대중은 기꺼이 그를 쓰러뜨리는 데 열중해왔다.

이런 적대감은 2005년 세계에서 가장 유명한 음악 축제 중 하나인 글래스턴베리Glastonbury의 피라미드 스테이지Pyramid Stage에서 잘 드러났다. 엄청난 군중이 모였고 공연은 순조롭게 진행되고 있었다. 하지만 무대 중간쯤에서 군중 가운데 누군가가 깃발을 치켜들었다. 바로 웨스트의 아내 킴 카다시안과 그녀의 예전 연인이었던 레이 J와의 유출 섹스 테이프 스크린샷이 인쇄된 깃발이었다. 그리고 깃발에는 "엎드려, 아가씨, 고개를 숙이라고"라는 말이 함께 적혀 있었다. 아무렇게나 지어낸 말이 아니었다. 다름 아닌 웨스트의 곡 '골드 디거Gold Digger'의 가사였다.

한 사람의 사회경제적 지위가 보통 존경과 존중을 불러일으킨다는 점을 감안한다면 콘서트에 참석한 다른 사람들이 관심을 끌려는 한 개인의 행동을 꾸짖고 카니예 웨스트를 옹호하지 않은 이유는 무엇일까? 만약 폴 매카트니나 롤링 스톤스의 공연장에서 누군가 이와 유사한 소동을 벌였다면 분명 사람들은 그렇게 대응했을 것이다. 어쩌면 일대 소동이 일어났을지도 모른다. 그러나 웨스트에 대한 모욕은 아무런 제지를 받지 않았다. 왜일까?

글래스턴베리의 토요일 밤에 웨스트가 받은 모욕을 유명인 세계의 두 가지 핵심 규범을 어긴 그의 공공연한 역사에 비춰 고려해보면 답을 떠올릴 수 있다. 그중 첫 번째는 시상식에서 동료 아티스트가 수상하는 순간에 결과를 기꺼이 받아들여야 한다는 불문율이다.[42] 웨스트는 그런 태도를 취하지 않는 걸로 유명했다. MTV 유럽 뮤직 어워드에서 자신의 노래 '터치 더 스카이Touch the Sky'가 최우수 뮤직비디오 상을 수상하지 못했을 때 그는 그러거나 말거나 무대에 올라 자신이 상을 받아야 한다고 공개적으로 발언했다. 웨스트는 2009년 MTV 비디오 뮤직 어워드에서도 비슷한 광경을 연출했다. 테일러 스위프트가 최우수 여성 뮤직비디오 상을 받는 순간 그는 초대받지 않았음에도 또다시 무대에 올라 비욘세의 '싱글 레이디스Single Ladies'가 훨씬 더 훌륭하다고 주장했다.

카니예 웨스트가 위반한 유명인으로서의 에티켓 중 다른 한 가지는 자신의 능력과 지위를 공공연하게 자랑한 일이다. "나는 역사상 나의 위치가 이 시대의 목소리라는 점을 깨달았습니다. 최근 10년 동안 나는 가장 드높은 목소리로 기록될 겁니다." 2008년 AP통신과의 인터뷰에서 그는 이렇게 말했다.[43] 2013년에 발매한 앨범 〈이저스Yeezus〉에는 '나는 신이다 I Am a God'라는 노래가 담겼고 웨스트는 〈W매거진〉에 이렇게 설명했다. "나는 내가 신이기 때문에 이 노래를 만들었어요.… 그 외에 달리 설명이 필요 없을 것 같네요."[44] 〈뉴욕타임스〉에 실린 존 카라마니카Jon Caramanica와의 인터뷰에서는 자신이 세계적인 수준의 래퍼라고 믿을 뿐 아니라 남들보다 우월한 지성과 능력을 지녔다는 걸 확신한다는 점을 분명히 했다. "나는 수십억 달러의 가치가 있는 회사의 리더가 될 겁니다. 내가 그 방법을 알고 있기 때문이고 문화를 이해하기 때문이죠. 내가 바로 핵심인 겁니다."[45]

이러한 행동을 규정할 수 있는 방법이 몇 가지 있다. 웨스트의 경우는 분명히 자아도취적 측면이 보인다.[46][47] 그러나 사람들이 적대적인 반응을 보이게 만드는 건 단순한 자아도취 탓이 아니다. 그보다는 훨씬 근본적인 문제가 있다. 메신저가 허용된 행동 기준을 넘어서거나 무능하거나 열등하거나 어리석은 모습을 보인다면 그것은 그들에게 우월한 지위를 부여할 가치가 없다는 뜻이며 따라서 그들에게 허용됐던 특권이 순식간에 철회될 수 있다. 카니예 웨스트의 도를 넘은 일탈 때문에 많은 이들이 그를 자기 주제를 알아야 할 필요가 있는 한심한 사람으로 여기게 된 것이다. 그리고 군중들이 메신저에 대해 이런 감정을 갖게 되면 메신저는 곧바로 소중한 지위를 잃어버린다. 이것이 바로 2015년 6월의 토요일 밤, 글래스턴베리가 웨스트에게 전한 메시지였다. 심지어 전직 대통령 버락 오바마조차 그를 '멍청이jackass' 라고 부를 정도였으니까.

유명하고 부유할수록 영향력은 강력해진다

사회경제적 지위가 여러 지위 중 하나에 불과하다는 점을 명심할 필요가 있다. 일부 집단과 문화권에서는 겸손이나 관대함 같은 특징을 지닌 개인에게 지위를 부여한다. 반면 육체적 기량에 따라 지위를 결정하는 곳(주로 전쟁이 잦은 역사를 가진 곳)도 존재한다. 수많은 종교(특히 불교)에서는 사람은 무릇 자기중심적 욕구를 극복하기 위해 노력해야 하며 이타적이고 자선적이고 자비로운 행동을 취해야 한다는 개념

하드 메신저

에 기초하여 지위가 부여된다.

이러한 사회에서는 다른 곳에서라면 지위를 높여주는(그리고 메신저로서의 효과를 높여주는) 돈이나 사치품 같은 신호를 발산하는 특징들이 악의 근원으로 여겨질 때가 많다. 그러므로 메신저의 어떤 특징이 해당 사회에서 높은 지위와 연관되는지를 결정하는 중요한 요인은 그 사회가 따르는 이데올로기나 그 기초가 되는 문화라고 할 수 있다.

좀 더 광범위하게 보자면 지위란 타인들이 부여하는 중요성, 관심 및 존경에 따라서 그리고 자원 배분, 갈등 해결 및 집단적 의사결정에 끼치는 영향력을 기초로 하여 한 집단 내에서 누군가가 갖는 상대적 위치를 말한다. 이번 장에서 살펴봤듯이 높은 사회경제적 지위를 가진 사람들은 실제로도 주변으로부터 높은 평가를 받는다. 그들은 우월한 능력과 지식, 중요한 자원에 대한 통제력을 가졌다고 여겨지며 따라서 타인들에게 비용을 부과하고 혜택을 줄 수 있는 능력의 소유자로도 인식된다. 그러므로 유명인이나 일류 메신저가 그에 어울리는 메시지를 전달하도록 올바르게 선택된다면 그 결과 강력한 설득력을 지닐 수 있다. 광고 효과가 매우 큰 날(예를 들면 미국 슈퍼볼 당일)에 모든 광고의 절반 이상에 유명인이 등장하는 이유는 분명 우연이 아닌 것이다.

2011년에 그 유명인은 바로 에미넴이었다. 그는 베스트바이 광고에 출연하지 않았다. 케이마트나 월마트 광고에도 마찬가지였다. 그런 장소에 갔을 때 자신이 겪게 되는 어려움에 대해 최근 한탄을 늘어놨다는 점을 고려하면 별로 놀라운 일이 아닐지도 모른다. 그 대신 그는 신형 크라이슬러 200 광고에 출연했다. 검은색 고급 하드톱 차량. 가장 뜨거운 불길이 최고의 강철을 만들어내는 그의 고향 디트로이트에서 생산됐다. 자연스러운 검은색으로 선팅된 창문. 눈에 띄지 않으면서 주목받으려는 부자와 유명인이 몰기에 완벽한 자동차였다.

프레임 2

역량

전문성, 경험, 잠재력

메신저의 사회경제적 지위가 (그것이 명성, 재산, 검게 선팅된 창문, 유명 상표, 혹은 무엇을 통해 얻어진 것이든 상관없이) 메시지의 힘을 부풀리거나 영향을 끼칠 수 있다면, 그 메시지에 담겨 있을지 모를 지혜와는 상관없이 메신저의 인식된 역량 또한 똑같은 영향을 끼칠 수 있을 것이다. 여기서 '인식'이라는 표현이 중요하다. 자신이 무슨 말을 하는지 잘 아는 사람들의 말에 귀를 기울이는 건 분명 합리적인 선택이다. 그러나 높은 사회경제적 지위를 과시하는 메신저를 뒤따르는 경향이 우리에게 있는 것과 마찬가지로 우리는 또한 자신이 전문가라는 신호를 내보내는 이들을 기꺼이 따를 준비도 되어 있다. 다음에 다룰 사례가 선명히 보여주듯 그런 일은 메시지 자체가 합리적인지 여부와 상관없이 발생할 수 있다.

　의약품안전관리연구소ISMP는 병원에서 일어나는 투약 과실을 줄이려는 목적으로 설립된 미국의 비영리 기관이다. 1975년에 병원 약사들을 위한 학술지 형태로 처음 시작된 이래, 병원에서 발생했던 크고 작은 실수들을 익명으로 설명하는 자료를 의사와 약사들에게 제공하여 동료의 실수로부터 배울 수 있도록 해왔다. 이 평범하고 작은 칼럼은 유용하고 신뢰할 만하며 경종을 울리기도 한다는 평판을 얻었다. 이러한 인기 덕분에 교과서 한 권을 만들기에 충분한 사례들이 금세 모일 수 있었다.[1]

　ISMP의 회장인 마이클 코언Michael R. Cohen과 동료 약사 닐 데이비스Neil Davis가 엮은 《투약 과실들: 원인과 예방법Medication Errors: Causes and Prevention》이라는 책은 1981년 처음 출간된 이래 여러 차례 수정과 개정을 거쳐왔다. 이것은 이런 유형의 출판물이 지닌 가치는 물론이고 그만큼 병원에서 발생하는 과실이 많다는 증거일지도 모른다. 700쪽이 넘는 가장 최근 개정판에서는 권장안 및 규정과는 반대로 처방·조제·투약되는 의약품들을 사례별로 제시하고 있다. 다른 것들에 비해 특히 자주 발생하는 과실들이 있다. 예를 들어 엉뚱한 약을 처방받는 환자들이 많다. 우려스럽지만 이해가 가기도 한다. 아무리 고도의 훈련을 받은 의료진이라 해도 압박감을 받게 되면 약품 이름을 혼동할 수 있으니까. ISMP 웹사이트에는 '혼동되는 약품 목록'이 게시돼 있다. 다른 약과 명칭 또는 발음이 매우 흡사한 약품들이 망라된 목록으로 600가지 이상이 등재돼 있다. Bidex와 Videx를 예로 들어보자. 둘 다 '비덱스'로 거의 똑같이 발음되며 철자마저 비슷하다. 하지만 유사성은 거기까지다. Bidex는 가래를 제거해주는 거담제로 기관지염이나 심한 감기 증상 같은 호흡기 질환을 치료하는 데 쓰인다. 반면 Videx는 뉴클레오시드 역전사효소 억제제NRTI다. HIV 바이러스와 에이즈AIDS 치료에 사용된다. 약물 처방 과실의 주요 원인 중 하나는 의사의 악필이다. 처방전에 약품 이름을 직접 쓰는 대신 타이핑하도록 권장하는 병원이 늘고 있다는 건 다행스러운 일이다. 그러나 일반적인 쿼티 배열식 키보드는 V와 B가 바로 옆에 위치해 있기 때문에 Bidex와 Videx에 대해서는 별 효과가 없는 방법이다.

자주 일어나는 투약 과실의 또 다른 유형은 환자에게 약은 제대로 처방했지만 양에서 잘못이 발생하는 경우다. 약의 종류와 양 모두 정확히 처방했으나 엉뚱한 환자에게 투약되는 경우도 있다. 그러나 이 세 가지 외에도 자주 일어나는 과실 유형이 하나 더 있다. 코언과 데이비스는 잘못된 약, 잘못된 양, 잘못된 환자에 이은 네 번째 과실에 '잘못된 경로 과실'이라는 명칭을 붙였다. 딱 맞는 약을 처방한다. 투약량도 권장량만큼 정확히 맞춘다. 그리고 환자도 똑바로 찾아간다. 그러나 사용된 행정적 경로에서 과실이 발생하는 경우다.

이 잘못된 경로 과실 유형 중 가장 흥미로운 사례는 '직장直腸 귓병'이라는 의문스러운 제목을 달고 학술지에 실렸던 칼럼일 것이다. 이 칼럼에는 오른쪽 귀 통증을 호소하며 병원을 찾은 환자를 의사가 진료한 과정이 서술돼 있다. 진찰을 마친 의사는 환자의 내이에 염증이 생겼다고 정확히 진단했으며 항염증제를 투약하라는 처방도 정확히 내렸다. 이 과정에서 이상한 점은 없었다. 다만 처방전에 '환자의 Right Ear(오른쪽 귀)에 투약'이라고 철자를 전부 쓰지 않고 약어를 사용하여 '환자의 R.Ear에 투약'이라고 적었을 뿐이었다('뒤쪽'을 의미하는 rear에는 '궁둥이'라는 뜻도 있다_옮긴이).

간호사는 환자를 옆으로 돌려 눕게 하고 가슴팍까지 무릎을 올리고 '자세'를 취하게 한 후, 의사의 지시대로 환자의 직장, 즉 항문부에 항염증제를 세 방울 투여했다. 환자의 병증을 생각하면 말도 안 되는 치료였다. 그러나 간호사가 의사의 처방에 의문을 품을 지점은 전혀 없었다. 심지어 환자마저도 간호사의 처치에 의문을 갖지 않았다. 메시지는 전혀 무관한 다른 것으로 바뀌어버렸다. 메신저에 의해 다른 것으로 대체돼버렸기 때문이었다. 저명한 사회심리학자 로버트 치알디니Robert Cialdini가 명저《설득의 심리학》에서 날카롭게 지적했듯이 "적합한 권위자가 이미 발언한 상황에서 그와 다른 주장을 내는 건 대부분 적절치 않은 것이 된다."[2]

이 사례는 사소하게 보일지도 모른다. 하지만 높은 지위의 개인이 자신의 하급자에게 미치는 불균형적 영향력을 인지하지 못한 사례 그리고 전문성에 대한 인지와 존중이 재앙으로까지 이어진 사례가 역사에는 가득하다. 1977년 테네리페 공항의 KLM과 팬암Pan Am항공기 충돌 사고 그리고 1982년 워싱턴에서 발생한 에어 플로리다 항공기 추락 사고는 높은 지위의 사람(기장)이 잘못된 판단을 내렸으나 그보다 낮은 지위의 사람(부기장)이 잘못을 교정하지 않았던 사례들이다. 에어 플로리다 추락 사고의 경우엔 기장이 이륙하기 전 눈보라가 치는 상황에서 엔진 내부의 결빙 방지 시스템을 작동시키지 않았고 그로 인해 항공기의 압력 측정기가 고장 났다. 부기장이 계기 판독이 정확하지 않은 것 같다고 수차례 얘기했음에도 기장은 그의 우려를 무시했다. 결국 비행기가 이륙하긴 했지만 30초도 지나지 않아 추락해 워싱턴 DC의 14번가 다리에 충돌하고 말았다. 이와 마찬가지로 의료에서도 자격을 갖춘 사람(간호사)이 더 높은 자격을 갖춘 사람(의사)에게 의문을 제기하지 못하는 경우 '직장 귓병'보다 훨씬 심각한 문제가 발생한다. 지위의 격차에 대한 인식은 잘못된 판단에 대한 지적조차 묵살해버린다. 이것이 마이클 코언과 닐 데이비스가 700쪽짜리 책을 투약 과실 사례로 꽉 채울 수 있는 이유다.

우리가 귀를 기울이게 되는 메신저를 향한 경로 중 하나가 그들의 인식된 사회경제적 지위라면, 또 하나의 중요한 경로는 추정된 역량에서 파생된 지위다. 뛰어난 능력을 갖췄거나 해당 분야의 전문가라고 여겨지는 메신저는 도구적 가치를 지닌다. 자신들 그리고 잠재적으로는 더 넓은 공동체의 목표 달성을 도울 노하우, 경험, 기술과 지식의 보유자로 간주되는 것이다. 또한 그들은 이런 특성들을 ('문화적 계승'의 과정을 통해) 남들에게 전수할 위치에 있기도 하다.[3] 따라서 사회에서 차지하는 그들의 역할은 핵심적이다. 또한 능률을 높이는 데도 도움이 된다.

인생의 복잡한 과제들을 성공적으로 수행하고자 한다면 모든 일에 대해 기본 수준의 지식을 갖는 방식을 택할 수도 있지만 특정한 재능이나 전문 지식을 갖춘 사람들을 따르는 편이 훨씬 더 합리적이다 (게다가 훨씬 쉽다). 우리는 부족한 지식을 보충하고 또 시간을 절약하기 위해서도 농부, 배관공, 정비공, 의사, 회계사를 필요로 한다. 2000년 전 로마 시인 베르길리우스가 말했듯이 우리는 "전문가를 믿어야만 한다."

여기에는 다른 이유도 있다. 만약 우리가 스스로 결정을 내리고자 한다면, 또 그럴 만한 능력이 있고 관련 정보에 접근도 가능하다면 전문가 메신저의 필요성은 감소한다. 그러나 인생의 결정들 대부분은 막대한 투자를 감내해야 할 만큼 어려우며 우리가 원하는 올바른 결론에 다다르기 위해서는 생각할 시간, 선택지 간의 비교, 올바른 질문 제기, 결과 예측 등에 정신적·신체적 자원을 들여야 한다. 이러한 과제들에 직면했을 때 가장 쉬운 선택지는 능력 있는 타인의 조언을 구하고 전문성을 가진 메신저를 따르는 것이다. 그래야 정신적·신체적 노력도 줄일 수 있다.

이 단순한 진실은 우리가 돈과 관련된 일련의 결정을 내릴 때 뇌 속에서 어떤 일이 벌어지는지를 fMRI(기능적 자기공명영상) 스캐너로 측정한 실험을 통해 명백하게 드러났다. 그 결정이란 1) 당장 보장된 지불금을 받는 경우 또는 2) 기다렸다가 더 클 수도 있지만 훨씬 적을 수도 있는 돈을 받는 경우의 가치를 따지는 일이었다. 외부의 도움 없이 스스로 계산하게 한 참가자들은 확률 가중치와 관련된 뇌 부위의 활동이 뚜렷하게 증가했다. 반면 재정 전문가로 소개된 메신저로부터 무작위로 조언을 받은 참가자들의 경우엔 해당 뇌 부위의 정신적 활동이 훨씬 적었다. 결과적으로 이 대조군 참가자들 대부분은 '전문가'의 말을 따라 결정을 내렸다.[4] 이들은 뇌의 셔터를 내리고 전문가가 그 역할을 대신하게 둔 셈이었다. 그리 놀랍지 않은 일이다.[5] 현대의 삶에는 우리의 제한된 주의력을 쏟아야 할 아주 흥미로운 일들(유튜브 영상이나 고양이 짤 등)이 많기에 훨씬 중요할 수는 있지만 대개는 따분한 일에 정신을 쏟기 어려울 수 있다. 이런 맥락 때문에 능력을 갖췄다고 인식되는 메신저는 우리가 신뢰를 갖고 찾는 사람이 된다.

여기서도 핵심적인 단어는 '인식'이다. 정보가 과부화되고 빠른 속도로 움직이는 현대 사회의 특징 때문에 우리에게는 어떤 메신저의 전문성이 진짜이며 적합한지 충분히 따져볼 시간과 자원이 부족하다. 대신 그저 능력이 '있어 보이는' 사람의 제안을 따르는 데 만족해야 한다. 그렇지 않으면 다른 우선순위에 투자해야 할 소중한 시간과 자원을 낭비하게 된다. 하지만 우리는 누군가가 능력이 '있어 보이는지'를 어떻게 판단할 수 있는가? 특히 요즘처럼 우리의 관심을 끌기 위해 각자가 자신이 전문가라고 주장하는 이런 시대에 말이다.

옷이 날개다

위 질문에 대한 하나의 대응 방법으로, 높은 사회경제적 지위에 있는 이들을 평가할 때와 마찬가지로 우리는 메신저가 적합한 전문가임을 드러내는 즉각적이고 단순한 신호를 찾는다. 여기서도 다시금 의복과 지위가 매우 강력한 신호를 발산할 수 있다. 저 악명 높은 스탠리 밀그램Stanley Milgram의 복종 실험에서 나타났던 충격적인 행동들을 설명해줄 수 있는 요소이기도 하다.[6] 밀그램은 평범한 사람이라도 예일대학교 과학자가 지시하기만 한다면 얼마든지 다른 실험 참가자에게 450볼트의 전기 충격을 가할 수 있다는 점을 보여줬다. 그 참가자가 고통으로 울부짖으며 제발 멈춰달라고 벽을 내리치더라도 말이다. 그 희생자는 사실 전혀 고통받거나 위험에 처하지 않았고 도움 요청과 고통스러운 외침은 사전 녹화된 것으로, 모두 일부러 꾸민 연극이었지만 이런 점들이 실험 결과가 밀그램 본인과 과학계 전반에 끼친 충격을 상쇄해주지는 못했다.

원래는 사람들이 그토록 끔찍한 결정을 내리는 데 연구진의 흰 가운과 유명 대학이라는 지위가 기여하는 요인들을 더 잘 이해해보려는 의도로 고안된 밀그램의 실험들은 과학 저널과 모든 언론에 널리 소개됐다. 그러나 밀그램의 첫 실험과 유사한 또 다른 실험이 도심의 한 황량한 사무용 건물에서 진행됐다는 사실은 그리 널리 알려지지 않았다. 이 연구의 참가자들은 대학 연구소가 아니라 일반 상업 리서치 회사에서 진행하는 실험이라는 설명을 들었다. 이러한 환경 변화는 커다란 차이를 만들어냈다. 전문 과학자들이 시장 조사원으로 바뀌자 실험 참가자들이 전기 충격을 가하려는 경향이 훨씬 줄었다. 이 책의 핵심 주제처럼 메시지 자체는 전혀 바뀌지 않았음을 주목하라. 단지 메신저가 바뀌었을 뿐이다. 과학자의 흰 가운이 권력을 휘두른 것이 었다.

의복만이 이런 영향력을 행사하는 것은 아니다. 장신구도 똑같은 기능을 할 수 있다. 예를 들면 담당 의사가 청진기를 걸치고 있을 때 환자들이 의사의 조언을 기억할 가능성이 그렇지 않을 때에 비해 더 높은 것으로 나타났다.[7] 의사가 청진기를 사용했는지 여부는 상관없 었다. 청진기는 의사의 전문성을 판단하는 요소였을 뿐이다.

회사 건물 프런트에서 주로 눈에 띄는, 전 세계 수도의 현재 시각 을 나타내는 시계들도 마찬가지다. 뉴욕이나 런던에 있는 기업의 사 무실에 방문하는 일반적인 사람이 자카르타나 홍콩의 현재 시각을 급 히 알아야 할 필요가 생길 거라고 보기는 어렵다. 하지만 그 시계들이 그곳에 존재하는 이유는 다른 데 있다. 방문객들에게 이 회사가 전 세 계적인 연결망을 갖고 있으며 중요성을 갖췄다는 지위와 전문성을 발 산하기 위함인 것이다. 시간을 알려주는 기능은 부차적인 것에 불과 하며 이 회사가 제대로 굴러가는 기업이란 걸 알려주는 게 먼저다.

기업 중역들이 사무실 근처를 배회할 때 움켜쥐고 있는 서류철과 중요해 보이는 서류들 마찬가지다. 물론 그것들을 손에 쥐고 있어야 할 마땅한 이유가 있을 가능성도 있지만 휴게실이나 화장실에도 들고

가는 모습이 관찰된다는 점을 고려하면 늘 그런 경우라고 보기는 어렵다. 중역들은 자신이 중요한 인물이라는 인식을 강화하고 싶어 하는데, 그 목적을 달성하는 데 중요한 서류를 들고 있는 것만큼 쉬운 방법이 없기 때문이다.[8] 시트콤 〈프렌즈〉에서 사무실에서 집으로 돌아온 챈들러는 서류 가방을 손에 들고서 외친다. "거의 1년 전에 이미 잊었던 조합인데? 이거 그냥 들고 다니는 거야." 자신의 도구적 가치와 지위를 드러내 보일 필요를 느꼈기 때문이었다.

하지만 시계, 복장, 의사의 청진기, 회사원의 서류 가방, 건설업자의 화물차처럼 관련성 있는 도구들만이 메신저의 역량에 대한 인식을 높여줄 수 있는 유일한 신호들은 아니다. 역량은 '얼굴'에도 나타난다.

유능해 보이는 얼굴

우리는 대개 얼굴이 나타내는 표정 신호를 감정과 관련지어 생각한다. 예를 들면 누군가가 눈꺼풀이 조이고 눈가에 주름이 잡히는 천진난만해 보이는 미소를 지으면 우리는 그 미소를 행복의 표현으로 받아들인다(현대 신경학의 창시자라 불리는 프랑스 신경학자 기욤 뒤셴Guillaume Duchenne의 이름을 따서 '뒤셴 미소'라고 부른다). 또한 누군가 화가 났을 때도 우리는 알아차릴 수 있다. 눈가가 부풀어 오르고 눈썹을 내리깔며 보통 입술은 굳게 닫혀 있다. 두려움도 얼굴에 자주 드러나는 감정이다. 커진 동공과 벌어진 입은 두려움이 착각으로 밝혀졌을 때는 종종 웃

음거리가 되기도 한다.[9] 얼굴은 관찰자들에게 해독할 수 있는 풍부한 정보를 제공하며 따라서 우리는 계속 얼굴에 주목한다. 그러나 단지 기분만 추론할 수 있는 게 아니다. 성격과 개인적 특성에 대해서도 판단을 내린다. 심지어 표정으로 역량을 평가하기도 한다.

전산 모델링 기술로 인해 능력 있는 사람의 얼굴은 성숙하고 매력적으로 보인다는 사실이 밝혀졌다. 보통은 일반적인 얼굴보다 덜 둥글고 광대뼈가 더 솟아 있고 턱은 더 각지고 눈썹과 눈 사이의 거리가 더 짧다. 이 법칙은 남성과 여성 모두에게 적용된다.

왜 사람들은 이러한 얼굴 신호로 능력을 추측하는 걸까? 아이들은 성숙해 보이는 어른이 부드러운 표정의 아이보다 역량이 더 뛰어나다는 점을 금방 배우게 된다. 따라서 능력과 연관된 전형적인 신체 특징들이 아이들의 마음속에 고정되고 이를 기반으로 실질적 능력과는 관련 없는 얼굴의 성숙도로 어른을 평가하는 깃으로 보인다. 이것은 단순히 엉뚱한 심리적 기벽에 그치지 않는다. 얼굴에 기반하여 내리는 잘못된 능력 평가는 심각한 후속 결과로 이어지는 일이 잦다.

이런 결과가 잘 드러난 연구가 있다. 실험 참가자들에게 CEO 사진을 50장 보여준다. 이들 중 절반은 포춘 1000대 기업 최상위권 회사의 임원이었고, 나머지 절반은 최하위권 회사의 임원이었다. 사진을 본 참가자들은 사진을 보고 그들의 개인적 특성을 예상해보라는 질문을 받았다. 결과는 놀라웠다. 참가자들이 가장 능력 있을 거라고 평가한 얼굴들이 실제로도 수익성 좋고 성공적으로 운영되는 기업의 CEO

였고, 반대로 능력이 떨어질 거라고 판단한 얼굴들은 상대적으로 성공도가 낮은 기업들의 CEO였다.[10] 남성과 여성 CEO 모두 마찬가지였다.[11] 여기서 흥미로운 질문을 하나 던져볼 수 있다. CEO들이 최고의 위치에 오른 이유는 그럴 만한 능력을 갖췄기 때문일까, 아니면 그런 능력을 갖춘 것처럼 **생긴** 외모 덕일까? 당연히 그들은 외모만으로 그 자리에 오른다는 건 어불성설이라고 항변할 테고 그 항변은 마땅한 근거가 있다. 그러나 뛰어난 잠재력을 갖추고 있는 사람이 혹시라도 단지 외모가 따라주지 못해서 능력 있는 CEO로 인정받지 못한 경우는 없을지 의문을 품는 사람도 있을 것이다. 또 같은 이유로 일부 CEO는 능력이 다소 떨어지지만 신체적 외양 덕에 그 자리를 지키고 있을 거라고 믿고 싶은 유혹도 생긴다.

사람들이 고위직으로 여기는 사람들에 대해 이렇게 할 말이 많다는 점을 생각하면 누구에게 표를 던질 것인지 결정하는 문제에 관해서도 비슷한 태도를 취하리라는 점은 전혀 놀랍지 않다. 여기서도 다시금 '누군가 능력 있어 보인다면 그 사람은 틀림없이 능력이 있다'는 믿음이 진실로 받아들여진다. 그리고 이 믿음은 대단히 빠르게 강화된다.

프린스턴대학교에서 실시한 한 연구에서 (참가자들이 알아볼 가능성은 적지만) 미국 주지사 선거 경선에 출마했거나 출마한 정치인들의 사진을 보여준 후 이 정치인들 각각에 대해 직관적으로 역량을 평가해 보게 했을 때 실험 참가자들의 인상 점수는 실제의 선거 결과에 거의 근접했을 뿐 아니라 단 100밀리세컨드(0.1초) 만에 이뤄졌다. 승자를 제법 정확하게 추정하는 데 단지 후보들의 얼굴을 슬쩍 보는 것만으로도 충분했던 것이다.[12] 얼굴을 전혀 모르는 타국의 정치인을 평가할 때도 같은 결과가 나타났다. 예를 들면 다섯 살짜리 스위스 어린이들은 2002년 프랑스 국회의원 선거 결과를 정확히 예측해냈다.[13] 흥미롭게도 사람들에게 후보자의 사진을 살펴볼 시간을 더 주고 심사숙고하여 결정을 내리게 한 경우엔 승자를 예측하는 능력이 급격히 감소했다. 이는 외모를 보고 선거의 승자를 예측하는 능력이 이성적 판단이 아니라 본능적 감각에서 비롯된다는 점을 시사한다.[14] 마치 "누가 가장 능력 있는 후보자일까?"라는 질문을 좀 더 쉽고 직관적인 형태로 대체해버린 듯싶다. "누가 가장 능력 있는 후보자처럼 생겼지?"

자신감과 유능함

역량을 소유한 메신저가 자신감 또한 넘치리라는 것은 직관적으로 충분히 그럴 듯하다.[15] 흥미로운 건 이 역학 관계가 반대로도 작용한다는 점이다. 실질적인 전문성이 부족할지라도 자신감을 드러내는 것만으로 그 메신저가 유능하다고 추정하게 되는 경우가 자주 발생한다. 자신감은 한 사람이 자신의 능력, 기술, 지식에 대해 갖는 믿음의 척도다. 따라서 자신감을 표현하는 사람은 일종의 추정된 전문성을 발산하는 셈이다. 자신이 말하는 바가 옳다고 강력하게 믿는다는 뜻이기 때문이다. 하지만 그 외에 제시할 마땅한 근거가 없는 경우, 예를 들어 그 믿음 자체가 오해이거나 심각하게는 망상일 경우에도 청중은 그 사람의 얼굴을 보고는 그 사람의 주장을 실제 가치보다 더 중요하게 받아들일 수도 있다.

예를 들어 사람들이 '파울러스 과도주장 설문Paulhus Over-Claiming Questionnaire, OCQ'이라고 알려진 설문조사에 응하는 모습에 대한 연구 결과를 살펴보자. 이 설문은 다양한 주제와 소재에 대한 자신감을 측정하기 위해 특별히 고안된 퀴즈다. 응답자는 역사적 인물, 유명인, 브랜드명, 최근 사건 등 여러 항목들에 대한 자신감, 지식, 친숙도를 평가해야 한다. 그런데 이들 항목 대부분은 진짜지만 일부는 실제 존재하지 않는 것들이다. 후자에 대해 알고 있다고 주장하는 사람은 전형적으로 자신을 과신한다고 볼 수 있을 것이다. 실제 존재하지도 않는 것을 이해한다고 주장하고 있으니 말이다. 테스트 결과 많은 사람들이 자신의 지식 수준을 과장해서 인식한다는 건 별로 놀라울 게 없다. 주목해야 할 점은 이런 추정된 지혜가 그 사람들 주변에 끼친 영향력이다. (그들의 주장을 반박할 증거가 없는) 다른 사람들은 이 동료 참가자의 자신감을 보고는 '저 사람은 자기가 무슨 말을 하는지 알고 있구나' 하고 추론해버린다. 그리고 우리는 자신감 있는 사람이 유능하다고 생각하기에 참가자들은 주장이 강한 사람에게 더 높은 지위와 더 강력한 영향력을 부여한다.[16] 여기에는 우리 모두를 위한 교훈이 담겨 있다. 한 집단 내에서, 특히 토론 초기 단계에서 자신감 있게 목소리를 높이는 사람들을 경계하라. 이들은 대개 자연스럽게 더 지위가 높아질 것이고 이들의 의견 또한 실제 효과와 상관없이 더 그럴듯하게 받아들여질 것이다.

우리는 자신감과 능력이 함께 간다고 기대하기 때문에 누구를 따를지 결정할 때 이 두 가지 요인의 조합 여부를 찾게 된다. 우리는 정상에 선 사람들이 현대 세계라는 위험하고 불확실하며 변덕스러운 환경 속에서 우리를 안전하게 인도해줄 답을 가진 듯한 목소리를 내주기를 자연스럽게 바란다. 자신감이 결여된 리더는 연약해 보인다. 흥미도 떨어지고 대체 가능할 것 같고 심지어 무능해 보이기까지 한다. 정치뿐 아니라 비즈니스에서도 메신저는 자신의 아이디어, 발명, 혁신을 효과적으로 전달하기 위해 자신감을 드러내야 한다.

그러나 지나친 자기 과신은 상상력이 부족한 부분을 감추거나 사람들의 눈을 가림으로써 그 외 다른 성공의 방법을 직시하기 어렵게 만들 것이라는 회의론이 제기될 수 있다. 물론 이 회의론은 옳다. 스타트업 사업은 대부분 몇 년 안에 실패한다. 그러나 완벽한 자신감을 전달하지 못하는 메신저는 자신의 제안에서 결점이나 약점의 징후를 찾으려 드는 회의적인 청중들의 관심을 잃을 위험이 있다. 따라서 많은 메신저가 자신의 아이디어를 뒷받침할 근거보다는 그 아이디어에 대한 자신감을 전달하는 데 중점을 두는 것이다. 그리고 자신감을 곧 역량을 나타내는 신호라고 인식하는 많은 청중들은 이런 메신저의 주장에 더 무게를 두고 그를 신용한다. 이런 현상은 특히 청중이 메신저가 가진 지식에 대한 확신이 없을 때 발생한다. 더 우려스러운 경우는 청중이 올바른 생각이나 행동이 무엇인지를 확신하지 못할 때다.

메신저 입장에서 자신의 메시지를 자신 있게 전달하는 게 과연 늘 좋은 방법일까? 꼭 그런 것만은 아니다. 자신감에 찬 주장이 결국 틀렸다는 게 밝혀지면 평판에 손상을 입고 신용도가 감소하여 영향력이 줄어들게 된다.

그렇다면 메신저는 대체 메시지에 자신감을 실어야 하는가, 말아야 하는가? 이에 대한 답은 현재 상황이 어떤지에 따라 크게 좌우된다. 현재 자신에게 크게 귀 기울이는 사람이 없지만 자신의 아이디어에 강점이 있다고 믿는다면(초보 기업가, 정치 신인 등), 혹은 일단 불확실성을 제압하는 게 주된 목적이라면 자신의 메시지에 그래야 마땅하다고 생각하는 것 이상의 자신감을 표출해야 청중의 마음을 얻을 수 있다. 반대로 이미 잘 알려져 있거나 상당한 영향력을 가진 경우, 혹은 불확실성을 감소시키는 것보다는 자신이 내놓는 진술의 정확성에 더 집중하는 경우라면 굳이 과장할 필요가 없다. 이 경우는 과한 자신감을 내비쳐서 얻을 수 있는 이익은 적은 반면에 자칫 틀렸다는 게 밝혀지면 감당해야 할 몫이 더 큰 상황이다. 그러므로 자신의 제안이나 생각을 드러내는 데 훨씬 조심스럽게 접근하는 편이 낫다.[17]

조심스럽게 주장하는 방법에는 또 다른 장점이 존재한다. 2010년에 수행된 일련의 연구에 의하면 전문가가 자신의 조언과 의견에 약간의 의심을 갖고 있을 때 청중이 그 주장을 실제로 더 믿게 된다고

한다. 사안에 대해 객관적으로 명확한 하나의 정답이 존재하지 않을 때 특히 이런 경향이 두드러진다.[18]

정리하면, 이미 능력을 갖췄다고 인식된 메신저가 불확실성을 표현하면 약간은 역설적이지만 청중은 이렇게 생각한다. 저렇게 불확실성을 인정할 정도로 자신의 분석과 판단에 자신감이 있다면 저 메신저는 분명 믿을 만한 사람이라고. 어쩌면 2000년 전 '전문가를 믿으라'고 한 베르길리우스의 현명한 조언은 이제 바뀔 때가 됐는지도 모른다. '확신이 없는 전문가를 믿으라'라고.

자기 홍보의 딜레마

이제껏 우리가 다뤄온 능력을 나타내는 모든 신호들, 즉 특정한 기술, 전문가적 지식, 과거에 이룬 성취, 사무실 벽에 걸린 시계, 의식적인 걸음걸이나 자신감 있는 모습 등은 개별적으로든 각각의 조합을 통해서든 외적으로 인식되는 메신저의 도구적 가치와 지위를 상승시킬 수 있다. 그러나 여기에는 한계가 있다. 자신의 역량을 과신하는 이들은 다른 사람들을 적으로 만들 위험이 있다. 이러한 신호들은 지나치게 으스대지 않으면서 절제되고 은밀하게 드러나야 한다. 이 점은 메신저와 청중 모두가 암묵적으로 이해하고 있는 듯 보인다. 일부 메신저의 경우 적극적인 자기 홍보를 성공의 발판으로 삼기도 하지만 일반적으로는 능력을 좀 더 은밀하게 드러내는 편이 더 안전하다. 영향력 있는 메신저라면 적당한 순간에 자신이 소유한 기술이나 특성을 언급하면서 대화에 무심코 끼어드는 방법을 택한다. 적절한 예시를 들거나 현재 자신이 책임지고 있는 일 또는 과거의 성취를 가볍게 버무릴 수도 있다. 혹은 눈에 띄지 않으면서도 주목받을 수 있도록 검게 선팅된 차를 타고 시내를 돌아다니는 유명인들과 유사한 전략을 따름으로 사람들이 자신의 역량을 인식하게 만들 수도 있다. 소위 '겸손한 자랑'이라는 방식은 자기 자랑을 자기 비하로 위장하는 접근법이다. "멍청하게도 아침에 알람 맞춰놓는 걸 깜빡하는 바람에 하마터면 총리와의 약속에 늦을 뻔했지 뭐야." 하지만 이 겸손한 자랑은 위험한 전략이다. 진실하지 못한 사람으로 비칠 우려가 있기 때문이다. 그보다 더 큰 문제는 호감도를 떨어뜨릴 수 있다는 것이다.[19] 겸손한 자랑꾼이 능력을 과시해서 얻은 유익은 그에 상응하여 따스함과 신뢰성을 잃게 만듦으로써 결국 무용해진다.[20]

'직설적 자랑' 또한 위험하기는 마찬가지다. 앞서 등장했던, 수많은 투자자들이 금융위기 이전 서브프라임 시장의 하락에 베팅하도록 해냈던 도이체방크의 모기지 트레이더 그레그 리프먼이 좋은 예다. 그는 사람들에게 자신이 어떻게 서브프라임 채권 시장을 '공매도' 할 것인지 그리고 그 결과 어떻게 돈벼락을 맞을지 열렬히 설명하고 다녔다.[21] 그런 다음 노련한 낚시꾼처럼 잠재 고객들에게 자기 급여의 대략적인 범위를 알려준 후 과연 어느 쪽이 사실일지 추측해보도록 미끼를 던졌다. 그리고 이 고객들이 미끼를 물자 그는 진정한 낚시꾼

스타일대로 사람들이 추측한 숫자는 자신이 매긴 스스로의 가치에 대한 보상 규모에 턱없이 못 미친다고 떠벌렸다. 이런 행위는 일부 사람들에게 그를 존경과 믿음을 줄 만한 가치가 있는 사람으로 보이게 했으나 다른 사람들이 볼 때 그는 단지 비호감이고 믿을 수 없는 사람이었을 뿐이다. 리프먼과 가까이에서 일했던 사람들은 그를 가리켜 "그레그 리프먼이라는 이름의 개자식"이라 평했다고 한다.

리프먼이 거래했던 기업 중 프런트포인트 파트너스 LCC FrontPoint Partners LLC(모건스탠리가 지원하는 헤지 펀드)는 서브프라임 모기지 시장에 대해 리프먼과 완벽히 똑같은 평가를 내렸고 그의 주장을 믿었다. 그러나 또한 그들은 리프먼이 신용 디폴트 스와프credit default swaps 상품을 자신들에게 판매하려는 숨은 의도를 갖고 있는 게 아닌지 의심하기도 했다. 마이클 루이스는 논픽션이자 같은 이름의 영화 원작인 〈빅쇼트〉에서 리프먼에게만 좋은 일을 해주는 게 아닐까 염려한 프런트포인트가 그에게 자신들의 사무실에 와서 설명해달라고 세 번이나 요구했다고 묘사했다. 아마도 그들은 리프먼이 어떤 면에선가 약점을 드러낼 거라고 생각했던 모양이다. 그중 한 회의가 진행되는 동안 프런트포인트의 중역 한 명이 리프먼을 똑바로 쳐다보면서 이렇게 말했다고 전해진다. "그레그, 오해하지 말고 들으시오. 하지만 나는 지금 당신이 우리를 어떻게 엿 먹이려고 하는지 알아내려는 중이오." 리프먼은 끊임없는 자기 홍보 탓에 그를 전형적인 월스트리트 사기꾼으로 보았던 프런트포인트에게 신뢰를 심어주기 위해 너무나 힘겨운 싸움을 벌여야 했던 것으로 보인다.

그럼 대체 뭐가 맞는 걸까? 우리가 사람들의 주장을 액면 그대로 평가하려는 경향이 있다면 이러한 주장을 겸손으로 가장하거나 뻔뻔한 태도로 밀어붙이는 경우엔 왜 또 갑자기 회의적인 태도를 취하는 것일까? 우리는 이미 앞에서 자신감이 역량의 강력한 대용품이 될 수 있다는 점을 살펴봤다. 그렇다면 메신저가 분명한 자신감을 갖고 있을수록 그에 대한 신뢰 또한 더 깊어져야 하는 것이 아닌가? 그러나 인생은 그렇게 간단치가 않다. 본래 더 높은 사회경제적 지위의 소유자라고 인식되는 대상을 추종하려고 하거나 흰 가운처럼 일말의 전문성을 갖고 있는 메신저의 충고를 따르려고 하는 경향이 인간에게 있는 건 맞다. 그러나 뒤에서 좀 더 자세히 살펴보게 될 내용에 의하면 겸손과 겸양 또한 매우 가치 있는 인간의 자질이다. 지위를 강화하기 위해 자기중심적으로 굴거나 젠체하다가는 역풍을 맞고 유대감이 감소해버릴 수 있다. 능력을 내보이면 엄청난 장점이 뒤따르지만 과도한 자기 홍보는 전달하려는 메시지를 몰아내고 파괴해버릴 수 있다.

그렇긴 하지만 자기 홍보에 내재된 위험을 피할 수 있는 방법이 있다. 홍보에서 자기 자신을 제거하면 된다. 스탠퍼드대학교 경영대학원 교수 제프리 페퍼Jeffrey Pfeffer, 크리스티나 퐁Christina Fong, 로버트 치알디니, 레베카 포트노이Rebecca Portnoy는 메신저의 중개자가 메신저에 대해 긍정적으로 표현할 경우에는 사람들이 그 말을 자기 홍보로 받아들이지 않는다는 점을 증명해왔다.[22] 얼핏 보면 전혀 놀랍지 않은 사실이다. 어쨌거나 사람들은 제3자의 추천이나 보증에 한층 열린 태도를 취하지 않는가. 그러나 이 제3자가 아무 상관없는 방관자가 아니라 메신저의 옹호자라는 사실을 알고 있을 때도 사람들이 수용적인 태도를 취한다는 건 의외다. 옹호자의 발언 속에 숨어 있을지 모르는 편파적인 이익을 사람들은 잘 포착해내지 못하는 듯 보인다. 어떤 메시지이든 액면 그대로 받아들인다는 것이다. 즉 자기 홍보에 대해서는 냉소적인 태도를 취하면서도 **위임된** 자기 홍보는 지적하지 않는다고 할 수 있다.

이런 연구들에 대해 알게 된 지 얼마 지나지 않아 우리 두 저자 중한 명은 페퍼 교수의 스탠퍼드대학교 연구실에서 우아하게 입증됐던연구 결과를 실제 세상에서 테스트하는 자산 관리 및 부동산 세계의연구에 참여하도록 초대받았다.

다른 산입군과 마찬가지로 부동산 업계에서 일하는 사람들도 어려운 과제에 직면해 있다. 자기가 하는 그대로 경쟁자들이 따라 하고 있기 때문이다. 무리 속에서 차별화되기란 매우 어렵다. 대부분의 부동산 중개인이 거의 똑같은 비용을 받고 유사한 서비스를 제공하며, 어떤 회사를 선택하든 고객이 경험하는 것 또한 대개 비슷하다. 중개인이 누구든, 누구를 대리하든 한 부동산 중개인의 메시지가 다른 중개인들의 메시지와 거의 유사하다면, 만약 제3의 중개자를 통해 부동산 중개인의 능력을 소개하게 만들면 어떤 차이점이 발생할까?

굉장히 많은 차이점이 발생한다.

잠재 고객이 런던 소재의 부동산 중개 기업에 판매 또는 임대에 관해 문의하고자 연락한다면 보통은 먼저 그 회사의 접수 담당자와 연결될 것이고 연락한 이유를 확인한 후 적절한 담당자가 배정될 것이다. 이 과정은 순식간에 이뤄져서 접수 담당자가 동료의 능력, 전문성, 경험에 대해 고객에게 언급할 수 있는 순간은 전혀 없다. 그런데 우리의 제안으로 이 회사는 그 과정에 약간의 변화를 주었다. 전화를 바꿔주기 전에 동료의 능력에 대해 잠재 고객에게 설명하도록 한 것이다. "부동산을 파시겠다고요?" 접수 담당자는 이렇게 말하도록 지시받았다. "그렇다면 영업팀장 피터에게 연결해드리죠. 이 지역에서 부동산 판매업에 20년 동안 종사해왔어요. 이 문제에 대해 이야기를 나누고 조언을 얻을 최적의 인물일 겁니다." 그 결과는 즉각적이고도 인상적이었다. 회사로 걸려온 문의 전화 중에서 지명 약속으로 변경된 건수가 20퍼센트 늘었던 것이다. 실제 성사된 계약 건수 또한 상당한 진전을 보여 15퍼센트 올랐다.

이 전략에는 네 가지 눈에 띄는 특징이 있다. 첫째, 접수 담당자가 고객에게 동료의 경력에 대해 했던 모든 말은 진실이었다. 피터는 실제로 해당 기업의 영업팀장이었고 20년간 그 일에 종사해왔다. 그러나 만약 피터가 이 사실을 잠재 고객에게 직접 밝혔다면 그 즉시 그의 지위에 손상이 가해졌을 것이다. 유능한 사람이 아니라 우쭐대는 사람으로 취급받았을 가능성이 높다. 그야말로 전형적인 메신저의 난제다. '하드'한 메신저의 지위를 취함으로써 얻는 장점들은 좀 더 부드러운 쪽을 취하지 않아서 발생하는 단점 때문에 영향력이 발휘되지 않는 경우가 많다. 그런데 제3자가 자신의 역량을 소개하도록 만듦으로써 이러한 메신저의 딜레마를 깔끔하게 비켜 갈 수 있었다.

두 번째 포인트는 부동산 중개 기업의 접수 담당자가 공정한 제3자로 간주되는 것은 거의 불가능함에도 불구하고 고객들은 자신들이 받은 추천이 해당 중개인과 명백히 연관돼 있고 그 거래로 인해 직접 이익을 얻을 법한 사람으로부터 나온 것이라는 사실에 전혀 신경 쓰지 않았다는 점이다. 오직 의사에게 집중하여 일말의 의심 없이 귀에 넣어야 할 항염증제를 항문에 투약했던 간호사처럼, 부동산을 팔고 싶었던 고객들은 접수 담당자의 메시지에서 단 하나의 특징, 즉 동료의 업무 능력을 잘 안다는 점에만 주의를 기울였던 것이다.

이런 식의 위임된 자기 홍보는 드물지 않다. 특히 정치 영역에서 그렇다. 왜 대선 후보 토론이나 전당대회에서 대통령 후보자를 유권자들에게 소개하는 사람은 하나같이 후보자와 가장 가깝고 또한 후보자의 성공으로 인해 가장 이득을 볼 수 있는 개인인 걸까? 바로 후보자의 배우자 말이다. 그럼에도 이 전략은 효과를 낸다. 프린스턴대학교 정치홍보학과의 연구에 따르면 배우자는 다른 소개자들보다 더 개인적인 인상을 줄 수 있는 친근함을 갖고 있다. 로렌 라이트Lauren Wright는 자신의 저서《대통령을 대신하여On Behalf of the President》에서 남편의 집회에 등장했던 멜라니아 트럼프의 존재는 특히 무당파층 유권자들로부터 트럼프를 향한 많은 지지를 이끌어냈음을 보여줬다.[23]

마지막으로 이 전략의 네 번째이자 가장 흥미로운 특징은 대부분의 경우 사실상 이것을 아무 비용 없이 구현할 수 있다는 점이다.

잠재력 대 현실

부동산 사무실에서 발견한 결과는 인상적이긴 하지만 이 소개 전략을 활용하려고 할 때 사람들이 마주하게 될 명백한 과제가 있다. 만약 메신저에게 경험이 부족하다면 어떻게 될 것인가? 수십 년의 경험과 전문적 훈련, 수백 건의 계약 이력을 가진 전문가를 그럴듯하게 소개하기는 쉽다. 반면 아직 높은 지위에 오르지 못했거나 충분한 성공의 역사가 뒷받침되지 않은 사람을 소개하는 것은 어렵다. 그러나 방법이 없는 건 아니다. 실제로 단지 잠재력밖에 가지지 못한 메신저가 확실한 경험과 검증된 역량을 갖춘 메신저를 능가할 수 있는 환경이 존재한다.

스포츠에서는 경험이 거의 없어도 미래의 가능성을 기대하고 수백만 달러에 선수를 계약하는 사례가 풍부하다. 이와 마찬가지로 젊은 아티스트와 뮤지션에게는 '차세대 거물'이라거나 '밝은 미래'가 예정돼 있다는 표식이 달린다. 정치 분야에서도 역시 경험이 거의 없는 신인이 경력이 입증된 사람들에 비해 흥미를 끌 수 있다. 2017년 5월, 아직 40세 생일에서 7개월이 모자라는 에마뉘엘 마크롱은 사실상 무명이었음에도 프랑스 대통령에 선출됐다(이 경험 없는 새 대통령은 프랑스 역사상 최연소 대통령이기도 했다). 캐나다인들 역시 젊은 쥐스탱 트뤼도의 유망한 잠재력에 이끌려 2015년 11월 그를 총리의 자리에 앉혔다(하지만 전임 총리 피에르 트뤼도의 장남이기에 그는 잠재력과 더불어 경험에의 접근성 또한 소유한 경우였다). 리얼리티 TV쇼 스타인 도널드 트럼프에게는 마크롱이나 트뤼도가 가진 젊음은 없었지만, 당시 미국 정치에서 소외감을 느끼던 많은 사람들은 경험이 아니라 가능성을 보고 트럼프를 지지했다.

이런 사례들은 우연의 산물을 입맛에 맞게 고른 것에 불과하다고 여겨질지도 모른다. 하지만 스탠퍼드대학교의 재커리 토말라Zakary Tormala와 제이슨 지아Jayson Jia가 하버드대학교 경영대학원의 마이클 노튼Michael Norton과 공동으로 수행한 연구는 잠재력이 실제로 입증된 성취를 넘어설 수 있다는 점을 밝혀냈다. 그중 한 실험에서는 대기업의 재무 분야 고위직에 지원한 두 명의 후보자들에 대한 정보를 인사담당자들에게 제공했다.[24] 두 후보자의 배경과 자격 요건은 거의 똑같았다. 둘 중 한 사람은 2년간의 경력이 있었고 리더십 '성취' 테스트에서 더 높은 점수를 받았으며, 다른 한 사람은 경험은 전혀 없었지만 리더십 '잠재력' 테스트 점수가 더 높았다는 점이 달랐다. 각 후보자에 대한 정보를 살펴본 인사담당자들은 경험을 가진 쪽에 비해 잠재력을 가진 쪽을 훨씬 바람직하고 흥미로운 인물로 평가했다. '성취'란 적어도 기간의 측면에서는 이미 지나버린 것이다. 흘러간 역사에 불과하다. 반면 우리의 관심은 이미 다음 해결책을 찾는 쪽으로 넘어갈 준비가 돼 있다. 바로 이때 잠재력에 매달리게 된다. 그 불확실성과 모호성 때문에 마치 마약처럼 관심을 키우고 정신적 처리 과정을 증가시켜주기 때문이다.

연구진은 소셜미디어를 볼 때도 비슷한 결과를 발견했다. 페이스북 사용자에게 한 코미디언이 등장할 예정인 TV 프로그램의 광고들을 보여주었다. 그중 절반은 잠재력에 중점을 둔 광고였고('평론가들은 그가 차세대 스타가 될 거라고 말한다' '내년 이맘때쯤에는 모두가 이 남자에 대해 이야기할 것이다') 나머지 절반은 현실에 중점을 둔 광고였다('평론가들은 그가 차세대 스타가 될 거라고 말해왔다' '모두가 이 남자에 대해 이야기하고 있다'). 코미디언의 잠재력을 전달하는 광고를 본 사람들은 코미디언의 실제 성취에 대한 광고를 본 사람들에 비해 훨씬 큰 관심(클릭 비율로 측정)과 호감(팬페이지 '좋아요'로 측정)을 보였다.

잠재력을 선호하는 경향은 평가 대상이 메신저 자체가 아니라 메신저의 창조물일 때조차 적용될 정도로 강력하다. 실험 참가자들에게 한 아티스트는 대단한 잠재력을 지니고 있고 다른 아티스트는 주목할 만한 업적을 이뤘다고 알려준 후 특정한 예술 작품을 얼마나 좋아하는지 보고하도록 했을 때 참가자들은 잠재력이 높은 아티스트의 작품을 더 선호했다. 물론 예술 작품은 고정돼 있고 시간이 지나도 변하지 않는다. 따라서 눈앞에 있는 대상을 가지고 판단하는 것이 당연했지만 사람들의 평가는 어느 아티스트가 더 위대한 작품을 만들어낼 것인가 하는 예측으로 인해 왜곡됐던 것이다.

조직에서도 마찬가지다. 2017년 4월 경제지들은 테슬라의 시장 가치가 제너럴 모터스의 시장 가치를 10억 달러(1조 1,800억 원) 이상 능가했다는 뉴스로 도배됐다. 이것은 세 가지 사실에도 불구하고 이뤄진 일이었다. 첫째, 제너럴 모터스는 1908년 설립된 이래(즉 테슬라보다 한 세기 앞서) 계속 자동차를 제조해왔다. 둘째, 지난 분기에 제너럴 모터스가 230만 대의 차량을 판매한 것에 비해 테슬라는 단 2만 5,000대를 팔았다. 셋째, 테슬라의 주식시장 가치가 제너럴 모터스보다 더 높았지만 테슬라의 15년 역사 중에서 수익을 냈던 분기는 단 두 번에 불과했다. 테슬라의 실적과 주가 사이의 불일치를 지켜보던 기술 분야 애널리스트 월트 모스버그Walt Mossberg는 트위터에 이렇게 적었다. "이것은 주식시장 가치가 현실을 반영하지 않는 이유를 보여주는 10억 번째 예다."[25] 모스버그가 옳았다. 사람들은 종종 잠재력을 과대평가한다.

사람들이 언제나 확정된 성취에 비해 불확실한 잠재력을 선호한다는 의미는 아니다. 그러나 잠재력을 가진 메신저에게 더 큰 주의와 관심을 주게 될 수는 있다. 승자가 명확하게 갈리는 많은 일회성 경쟁과 마찬가지로 선거에서는 더 큰 주의와 관심만으로도 결과가 충분히 바뀔 수 있다. 2016년에는 공화당원도 민주당원도 힐러리 클린턴이야말로 가장 경험 많고 자격을 갖춘 대통령 후보라고 입을 모았다. 당시뿐만 아니라 그 어느 선거와 비교해본다고 해도 말이다. 이와 극적으로 대조되는 도널드 트럼프는 평생 공직생활을 단 하루도 해본 적이 없었다. 선거운동 기간 동안 현직 대통령이었던 버락 오바마는 트럼프가 "끔찍할 정도로 (대통령이 될) 준비가 안 돼 있고""심각한 사안들에 대한 기초적인 지식조차 갖추지 못했다"라고 경고를 날렸다.[26] 클린턴은 정통성을 가지고 자신의 수많은 과거 업적들을 내세울 수 있었다. 반면 트럼프는 오직 자신의 잠재력만을 내세울 수 있었을 뿐이다.

덕분에 그는 더욱 흥미로운 인물이 됐음에 틀림없다.

역량을 무시하지 말 것

외모, 설득력 있는 소개, 잠재력, 자신감 넘치는 매너나 그럴듯한 직함 등을 통해 메신저가 능력을 나타내는 신호를 발산하면 다른 사람들이 메신저를 대하는 방식은 드라마틱하게 바뀔 수 있다. 1977년 KLM과 팬암 항공기 충돌 사고, 1982년 워싱턴의 에어 플로리다 항공기 추락 사고, 의사가 실수할 수 있다고 믿었을 때조차 의사가 내린 우스꽝스러운 지시에 의문을 제기하지 못했던 간호사. 각 사례에서 결과에 영향을 미쳤던 것은 메시지가 아니라 메신저였다. 지위가 높은 사람이 내린 지시를 지위가 낮은 사람이 무조건적으로 따름으로써 발생한 결과였던 것이다.

명확히 하자면 영향력 있는 메신저가 청중들에게 효력을 발휘하기 위해 반드시 지위를 통한 권력을 갖고 있을 필요는 없다. 지위가 높은 메신저가 능력 또한 갖췄다고 여겨지는 탓에 능력과 지위를 통

하드 메신저

한 권력으로 인한 영향력이 조화를 이루긴 하지만 말이다. 이 중요한 두 가지 힘은 그 외의 이유로는 도저히 설명할 수 없는 현상을 발생시킬 수 있다. 환자의 귀에 넣어야 할 항염증제를 항문에 투여한다든가, 마이클 코언과 닐 데이비스로 하여금 끝없는 투약 과실이 이어지는 700쪽짜리 책을 채우게 한다든가 하는 일들 말이다.

영향력 있는 메신저라고 해서 남들을 능가하거나 힘으로 강제해야 하는 것도 아니다. 영향력 있는 메신저에게 주어지는 지위는 그들의 우월한 기술, 지혜, 경험으로부터 혹은 그러한 자질들을 보유했다는 **인식**으로부터 나온다. 이들이 판을 장악하는 건 소유하고 있는 재능이 존경을 받기 때문이고, 유용한 지식과 배울 가치가 있는 정보의 원천으로 여겨지기 때문이다. 유능한 메신저는 자신의 청중들에게 정보를 알려줄 뿐 자신에게 귀를 기울이라고 **요구**하지 않는다. 주의를 기울이라고 요구하는 쪽은 완전히 다른 유형의 동물이다. 이들은 **지배력**을 발휘한다.

프레임 3

지배력

- - - - - - - - - - -

권력, 우월성, 남성성

2016년 미국 대통령 선거 첫 토론에서 공화당 후보 도널드 트럼프는 경쟁자인 민주당 힐러리 클린턴의 말을 51번 잘랐다.[1] 클린턴이 말하는 동안 평균 50초마다 한 번씩 끼어들었던 셈이다. 이후 토론에서 트럼프는 이 전술을 유지했을 뿐 아니라 힐러리를 육체적으로도 지배하려 들었다. 여러 차례 그녀를 불길하게 바라보면서 무대를 가로질러 말 그대로 스토킹했던 것이다.

경선 기간에 이미 주변 사람들을 모욕하고 존중하지 않으며 통제하려는 성향을 드러낸 오만한 후보를 현대 민주주의 국가에서 대통령으로 선출했던 이유는 무엇이었을까? 고도화된 사회라면 분명 사람들은 그들의 대통령이 '대통령다운' 모습이길 합리적으로 기대할 것이다. 매력적이고 협력에 익숙하고 온건한 사람, 적도 아군으로 만드는 재주를 가진 사람, 아군을 희생시켜 적으로 만들려고 하지 않는 사람 등. 반면 단순히 남을 지배하려는 목표를 가진 사람은 분명 현대 사회에서 받아들여질 수 없지 않겠는가? 그러나 이런 사고방식에는 슬픈 진실이 숨어 있다. 우리가 누구에게 귀를 기울일 것인가의 문제에 관한 한, 지배적이라고 여겨지거나 타인에 대한 지배력을 행사하는 메신저가 인식된 지위를 강화할 수 있으며 그에 따라 이익을 얻는 일도 자주 발생한다는 점이다.[2]

타인과의 경쟁에서 반드시 승리할 것

하드 메신저는 우선 자신이 지위를 가졌다는 점을 입증시켜 자신의 메시지가 수용되게 만든다. 그리고 사회경제적 지위 및 역량과 마찬가지로 지배력은 지위를 얻는 통로가 된다.[3] 그러나 연속체로서 존재하는 경향을 가진 사회경제적 지위 및 역량과는 달리 지배력은 이분법적이고 절대적이다. 기록 가능한 단일 결과로 가장 관련이 높다.

예를 들어 유전학에서 유전자의 한 형질 혹은 변이(대립유전자)는 우성 또는 열성이 된다. 완두콩에서 우성 유전자(R 대립유전자)가 2개일 때는 둥근 완두콩, 열성 유전자(r 대립 유전자)가 2개일 때는 주름진 완두콩이 된다. 그러나 R 유전자와 r 유전자가 하나씩 있는 경우에는 우성인 R 유전자의 영향으로 둥근 완두콩이 생겨난다. 완두콩의 경우 R

은 완전한 우성이고 r은 완전한 열성이다. R 대립유전자가 언제나 이긴다. 한쪽이 이기면 다른 쪽은 지는 제로섬 게임과 같다.

인간도 마찬가지다. 사회적 집단의 구조는 좀 더 복잡할 수 있지만 개인적 관계 중 다수가 지배적인 사람과 순종적인 사람으로 귀결되므로 사회적 집단 전반으로 보자면 리더와 팔로워로 나뉘게 된다. 사회적 지배력은 한 집단 내에서 개인의 순위나 위치에 의해 규정될 수 있으며 이 순위나 위치는 경쟁이나 대립 상황에서 타인을 능가하는 능력에 기반하여 형성된다. 그러므로 때로는 이기적인 방식으로 남을 희생하여 스스로를 내세울 때 지배력을 얻을 수 있다. 시합에서 승리함으로써 지배력을 얻을 수도 있고 원하는 것을 얻기 위해 혹은 자신의 목소리나 의견이 가장 크고 잘 들리는지 확인하기 위해 지배력을 얻으려 할 수도 있다. 지배적인 메신저의 핵심 목표는 타인을 이기는 것이다.

이는 스포츠와 경쟁 시합에 확연하게 적용된다. 1970년대와 1980년대 영국의 리버풀 축구팀을 생각해보라. 1990년대의 마이클 조던과 시카고 불스(농구), 2000년대의 로저 페더러(테니스), 2010년대의 뉴잉글랜드 패트리어츠(미식축구), 그리고 이 모든 시기를 호령했던 올 블랙스(뉴질랜드 럭비 국가대표팀)를 떠올려보라. 한 개인이나 팀이 상대편을 이길 때, 특히 확실한 차이로 누를 때 경기를 '지배했다'고 표현한다. 그와 동시에 그들의 상대는 지배력을 상실하고 패배를 지켜본 승자와 청중의 눈에 의해 지위가 하락하는 것이 확정된다.

그러나 지배력은 행동의 결과만이 아니다. 개인적 특성이기도 하다. 경쟁적으로 행동하고 자기주장을 공격적으로 펼치려는 경향을 가진 개인들은 지배적인 기질이 있다고 간주될 수 있다. 어떤 상황에서든 권력을 장악하고 유지하려는 사람들 또한 그렇게 볼 수 있다. 이러한 지배적 특성에는 '게임의 운영 방식보다 승리가 훨씬 더 중요하다'는 철학이 적용된다.[4] 지배적 특성을 소유한 메신저는 친근한 쪽보다는 호전적인 유형에 가깝다. 이들은 공감하거나 배려하는 성향을 보이지 않는다. 주요 관심사가 사리사욕을 채우고 타인에 대한 사회적 지배력을 유지하는 데 집중돼 있기 때문이다. 만약 그 목표를 경쟁자나 도전자를 희생시켜 달성할 수 있다면 훨씬 더 좋다. 지배적인 메신저에게는 금상첨화다. 실제로 지배적인 사람이 친근하고 예의 바른 행동을 보여준다면 우리는 그 사람이 **덜** 지배적이라고 인식하게 된다.[5] 그들은 권력을 장악해야 할 때 강인하고 단호한 모습을 드러내며 특정 집단을 다른 집단들의 상위에 두는 비非평등주의를 지지한다.[6] 일부 성격 분석 도구 및 평가 척도에서는 이러한 특성을 가진 사람들을 'D 유형 성격'으로 분류한다. 이들은 지배적이고dominant 까다로우며demanding 직설적이고direct 단호하다decisive.

우리 본성에 각인된 지배력 인식의 유전자

지위 체계의 한 형태로서의 사회적 지배력은 오래전부터 중요한

하드 메신저

기능을 수행해왔다. 계층 간의 협력을 장려하여 불필요하고 반복되는 갈등을 피할 수 있도록 돕는 기능 말이다.[7] 인간 외의 영장류에서는 여전히 사회적 지배력이 지위를 얻기 위한 주요 경로로 남아 있다. 히말라야원숭이rhesus macaque가 좋은 예다. 이른바 '구시대의 원숭이'라는 별칭으로 불리기도 하는 이 원숭이들은 카리스마가 넘치고 지능이 뛰어나며 호기심 많은 동물로 인도, 파키스탄, 아프가니스탄의 인구 밀집 지역에서 사람들과 인접하여 서식한다. 뿌리, 견과류, 씨앗, 나무껍질과 곡물류를 주식으로 삼고 특히 과일과 과일 주스를 좋아한다. 그리고 매우 사회적이며 위계적인 동물이다.

한 연구에서 소규모로 무리 지어 살던 목마른[8] 수컷 히말라야원숭이들을 한 마리씩 떼내어 대형 스크린 앞에 데려다놨다.[9] 원숭이들은 스크린의 방향이 어느 쪽을 향하는지에 따라 얻을 수 있는 과일 주스의 양이 달라진다는 점을 금세 알아차렸다. 스크린이 왼쪽을 향하면 풍부한 양의 달콤한 주스가 보상으로 주어졌다. 반대로 오른쪽을 향하는 경우엔 다른 원숭이 사진이 화면에 뜨고 더 적은 양의 주스를 받았다.[10] 실험을 통해 알아보려 했던 질문은 이것이었다. 과연 히말라야원숭이는 동료 원숭이들의 사진들을 보기 위해 더 큰 대가를 지불하려 할까?(과일 주스를 얼마나 많이 포기하느냐로 측정)

이 답의 일부분은 분명 그리 놀랍지 않을 것이다. 수컷 원숭이는 발정기 암컷 원숭이의 생식기를 보는 대가로 상당한 양의 과일 주스를 기꺼이 포기했다. 그러나 훨씬 더 주목할 만한 사실은 원숭이들이 지배적이고 지위가 높은 수컷 원숭이를 보는 데에도 역시 주스를 포기했다는 점이다. 동시에 자기보다 지위가 낮은 수컷을 보는 쪽보다는 '주스 프리미엄'을 선택했다. 자신의 상대적인 지위를 기준으로 자기가 보고 있는 원숭이의 상대적 지배력에 따라 가격을 지불하기도 하고 보상을 요구하기도 한 것이다. 이렇게 단단히 뿌리박힌 행동은 히말라야원숭이에게만 고유한 것은 아니다. 그들의 인간 사촌도 다르지 않다. 좋아하는 스타를 보느라 TV 앞에서 정신이 팔린 나머지 저녁 식탁에 올 생각이 없는 영장류 자녀에게 절망하는 부모라면 우리 인간 모두가 어떤 형태로든 원숭이식 유료 시청제에 빠져 있다는 점을 이해할 것이다.

인간과 원숭이는 특정한 사회적 환경을 탐색하는 데 매우 유사한 인지 메커니즘을 사용한다. 이러한 프로세스는 진화적 적응의 산물로서 우리의 공통 조상이 그들 주변에서 가장 중요한 개인에 대한 정보를 선별적으로 획득할 수 있게 해주었을 것이다. 그러나 이 프로세스는 단순히 누구를 바라봐야 하는지에 대한 지침을 제공하는 데 그치지 않는다. 우리가 현명한 결정을 내리도록 돕는 기능도 있다. 예를 들면 하급 침팬지는 집단 내에서 자신보다 우성인 개체가 음식이 숨겨진 곳을 알아냈는지 여부를 추적하여 그 지역에 언제 음식을 가지러 갈지 결정한다. 학교 폭력 피해자가 가해자에게 도시락을 뺏기지 않기 위해 도서관이나 양호실로 피하는 것처럼 하급 침팬지는 자신보다 지배력이 높은 동료가 음식이 숨겨진 위치를 알지 못할 때 음식을 구할 수 있는 확률이 높아지는 것이다.[11] 학생이나 침팬지 모두 이러한 정신적 프로세스를 통해 자신이 질 것 같은 잠재적 갈등 상황을 회피하기 위한 조치를 취할 수 있다.

지배력을 나타내는 신호와 그로 인한 반응은 인간에게 깊이 각인돼 있어서 생후 10개월만 되어도 알아볼 수 있다. 한 연구에서는 걸음마 단계의 유아 20~30명에게 두 명의 애니메이션 캐릭터가 등장하는 짧은 영상을 보여주었다. 이 중 하나는 눈과 작은 버튼 코가 달린 갈색 삼각형이었다. 이 삼각형은 작은 집 안으로 걸어가 그 안에 앉았다. 또 다른 캐릭터, 역시 눈과 코가 있는 파란 원이 등장해 삼각형을 집 밖으로 밀어내려고 하기 전까지는 행복해 보였다. 처음에는 삼각형이 저항했지만 괴롭히는 쪽인 파란 원의 힘이 더 셌다.

그다음 아이들은 두 번째 영상을 시청했다. 이번 영상에서도 두 형체가 등장하여 주변을 뛰어다니면서 나무에서 떨어지는 사과 등 하늘에서 내려오는 물건들을 주워 모았다. 그리고 마지막 장면에서 두 캐릭터는 마지막으로 남은 물체를 줍기 위해 달려들었다. 마치 명예를 건 권총 결투를 앞둔 영국 신사들처럼 갈색 삼각형과 파란 원은 마지막 보상을 앞에 두고 대결할 준비를 했다. 하지만 결말이 각기 다른 버전이 아이들에게 제시됐다. 그중 하나에서는 처음에 우세했던 파란 원이 마지막 물건을 집어 들었고 앞에서 복종했던 갈색 삼각형이 양보했다. 그리고 두 번째 버전에서는 둘의 역할이 바뀌었다. 앞서 복종했던 갈색 삼각형이 우위를 점하고 마지막 물건을 가졌으며 우세한 쪽이었던 파란 원이 양보했다.

앞서 언급했던 시선 주시 시간을 이용하여 아이들이 놀란 정도를 측정한 연구진은 예상 외의 결말을 지켜본 아이들 쪽이 전에 우세했던 캐릭터가 이기는 버전을 본 아이들에 비해 화면을 훨씬 더 오래 지켜봤다는 점을 발견했다.[12] 이처럼 걸음마 시기의 어린아이들도 어떤 캐릭터가 더 우세했는지 알 수 있을 뿐 아니라 미래의 결과를 예측할 수 있는 정보를 이용할 수 있다는 점은 인상적이다. 그러나 연구는 여기서 그치지 않았다. 또 다른 실험에서는 아이들이 각기 다른 메신저의 상대적인 지배력에 대한 이행추론 또한 내릴 수 있다는 점을 밝혀냈다. 예를 들면 A라는 사람이 B라는 사람과의 갈등에서 승리하는 모습과 비슷한 경쟁에서 B가 C를 이기는 모습을 지켜본 후에 생후 10개월짜리 유아들은 A가 C를 이길 거라는 점을 추론해낼 수 있었다.[13] 스탠퍼드대학교 학자 엘리자베스 엔라이트Elizabeth Enright가 시선 주시 시간을 이용해 수행한 다른 실험에서는 우세한 캐릭터가 더 많이 얻는 것이 아니라 우세한 쪽과 열세인 쪽이 동등하게 자원을 나눠 가졌을 때 아이들이 얼마나 놀라는지를 보여주었다.[14]

이렇듯 놀랍도록 아주 어릴 때부터 우리 모두에게 깊이 각인된 예측이 분명히 존재한다. 바로 '전리품은 승자가 갖는다'는 것이다. 인간으로서 우리에게는 지배력을 탐지하는 기능이 깊숙이 내장돼 있고 그 기능을 신호로 삼아 사회적 환경을 탐색하며 그 덕택에 더 높은 관심과 지위를 얻는다. 그러므로 지배적인 사람이 자주 영향력 있는 메신저가 되는 건 결코 놀라운 일이 아니다.

지배력을 드러내는 비언어적 신호

우리는 보통 지배력을 특정한 성격과 연관 짓곤 한다. 독단적이고 건방지며 심지어 공격적이라고. 언뜻 놀랍게 들릴지 모르지만 이러한 특징들은 꽤나 매력적일 수 있다. 과장되고 지배적인 자세로 찍은 사진을 게시한 남성이 덜 과장되고 순해 보이는 사진을 게시한 남성보다 틴더Tinder 등의 데이트 앱에서 더 인기가 좋다는 증거가 있다.[15] 이런 맥락에서 보면 러시아 대통령 블라디미르 푸틴이 상체를 탈의하고 지배적인 자세로 말에 올라탄 채 찍은 사진[16]이 널리 돌아다니는 이유에 대해선 의문을 가질 필요도 없는 것이다. 지배력 있어 보이는 외모의 남성이 온라인 데이트 시장에서 승리하는 것처럼 푸틴도 남성성을 과시하여 선거에서 승리를 거두고 있다. 그러나 사회적 지배력에는 노골적이고 원시적인 남성성 이상의 그 무언가가 존재한다.

사람들은 교류할 때 일반적으로 서로에게 보완적인 자세를 취하려는 경향을 보인다.[17] 그러나 지배적인 사람은 더 과장된 자세와 열린 몸짓을 취하려 든다. 즉 더 많은 공간을 차지하게 되는 것이다. 실제로 지배력을 과시하고자 하는 사람이 팔다리를 쫙 뻗어서 자신의 주변을 말 그대로 차지하려고 드는 모습을 드물지 않게 볼 수 있다. 훗날 미국 대통령을 역임한 린든 존슨Lyndon B. Johnson이 상원 다수당

당수였던 시절 자신의 정적들을 고압적인 자세로 대했다는 일화는 유명하다. 그는 보좌관에게 로비의 책임을 미루기보다는 직접 상원 복도에서 의원들을 찾아다니며 얼굴에 숨이 닿을 정도까지 몰아세우곤 했다. 1966년에 출간된 린든 존슨에 관한 책에서는 "그가 가까이 다가와 1밀리미터 앞에서 얼굴을 들이미는 바람에 커졌다 작아졌다 하는 눈동자와 오르내리는 눈썹까지 잘 보였다"라고 묘사했다. 그 바람에 상대는 실신 직전에 몰려서 거의 최면 상태에 빠졌다고 한다.[18] 존슨은 고전적인 지배적 신체 언어를 주로 사용했던 것이다. 이와는 대조적으로 유순한 상대는 반대로 행동한다. 더 온화하게 보이려고 다리를 꼬아 신체를 줄이는 쪽을 택한다.

우리는 이러한 신호를 의식적으로 기록하지 않아도 모두 알아차린다. 두 직원이 직장에서 대화를 나누고 있는 사진을 보여주었을 때 누가 더 직급이 높은지를 사람들이 얼마나 잘 알아맞히는지에 대한 연구 결과가 있다. 여러 장의 사진이나 영상은 필요하지 않았다. 특별하지 않은 배경으로 찍은 단 한 장의 사진으로도 필요한 신호를 얻는 데 충분했다.[19] 심지어 세 살짜리 어린아이조차도 이런 능력을 갖고 있다.[20] 자세, 시선, 고개 각도, 나이, 신체의 위치를 통해 아이들도 누가 상사인지 곧바로 알아맞힐 수 있다.

이러한 몸짓은 주로 메신저의 내적인 감정 상태와 연관된다. 지배적인 자세는 자부심을 가리키고 순종적인 자세는 수치심을 나타낸다. 영국 작가이자 신학자였던 C. S. 루이스C. S. Lewis는 《순전한 기독교》에서 "자부심은 뭔가를 소유하는 것으로서가 아니라 오로지 남보다 더 많이 갖는 것을 통해 즐거움을 얻는다"라고 했다.[21] 본질적으로 루이스는 자부심이란 경쟁적인 감정이라고 본 것이다. 진화 이론가라면 자부심(그리고 그 반대인 수치심)이 타인들과 비교된 개인의 사회적 계급을 전달하기 위해 진화해왔다는 점에 동의할 것이다.[22] 지배적인 침팬지가 라이벌을 물리친 후 가슴을 내밀고 고개를 뒤로 젖히며 과장된 자세를 취하듯이 인간도 이와 유사한 자세를 선보인다. 수치심은 정확히 반대되는 자세로 드러난다. 복종적인 자세로 고개를 아래로 늘어뜨리고 어깨와 가슴은 좁힌다. 다른 영장류와 마찬가지로 인간의 자부심과 수치심은 외견상으로 명백히 드러난다. 그리고 흥미롭게도 감정적 반응의 이러한 물리적 표현은 애초에 인간에게 내재돼 있는 듯하다.

심리학자 제시카 트레이시Jessica Tracy와 데이비드 마츠모토David Matsumoto가 수행한 흥미로운 연구에서는 유도 시합에서 방금 승리하거나 진 선수의 자발적인 비언어적 행동을 조사했다. 승리와 패배를 나타내는 징후는 뚜렷이 나타났다. 승자는 가슴을 펴고 곧게 서서 과장된 자세를 취하면서 거만한 미소를 띠었고 패자는 이와 대조적으로 의기소침한 자세로 어깨를 늘어뜨리고 고개를 처박았다.[23]

이러한 반응이 학습을 통해 배운 게 아니라 선천적인 것임을 어떻게 확신할 수 있을까? 분명히 이전 승자와 패자가 각각의 상황에서 어떻게 반응하는지를 보았을 텐데 단순히 그 모습을 따라 한 것일 수

자부심과 연관된 행동의 체계적 분석을 통해 정의된 자부심 표현의 원형적 모습. 옅은 미소, 약간 뒤로 젖힌 고개, 손을 허리에 대고 팔꿈치를 양옆으로 편 과장된 자세가 포함된다.[24]

도 있지 않은가? 트레이시와 마츠모토의 유도 연구에서는 확실히 그렇지 않았다. 이 실험에 참가했던 선수는 모두 선천적으로 시력을 잃은 장애인 올림픽 선수들이었기 때문이다. 그들은 살면서 단 한 번도 승자와 패자가 어떤 자세를 취하는지 관찰할 수 없었다. 다른 사람들을 모방하여 특정 감정에 따라 특정한 움직임을 일치시키는 법을 배울 수가 없었던 것이다. 그들의 반응은 그들 내부에 깊이 뿌리박혀 있던 반응이었다.

자부심의 원형적 표현만이 자동화된 과정인 것은 아니다. 그에 대한 청중의 반응 또한 그렇다. 자부심을 목격한 경우 우리의 마음은 의식적인 신중함이 거의 없이도 지배력과 지위를 신속하게 연결시킨다. 심리학자들이 서로 다른 개념들 간의 연관 강도를 측정하기 위해 흔히 사용하는 '암묵적 연관 검사Implicit Association Test, IAT'를 이용한 연구에서 이런 경향이 매우 강력히 나타났다.[25] 연구 참가자들은 자부심과 함께 놀라움, 두려움, 수치심, 행복감 등의 다른 감정을 드러내는 사람들의 사진들을 보고 반응해달라는 요청을 받았다. 이러한 사진들과 함께 명령, 지배, 중요, 권위 등 우월한 지위와 연관된 단어들 그리고 겸손, 사소, 순종, 허약 등 낮은 지위와 연관된 단어들을 제시받은 뒤 이 단어들을 분류해달라는 요청도 받았다. 연구진은 두 가지 일치하는 자극이 주어졌을 때, 즉 자부심을 드러내는 사진과 '지배'라는 단어가 함께 제시됐을 때 사람들이 빠르고 정확히 분류해낸다는 사실을 발견했다. 그러나 서로 불일치하는 자극끼리 분류된 경우, 즉 자부심을 드러내는 사진과 '허약'이라는 단어가 함께 제시된 경우에는 사람들이 올바른 반응을 보이려면 자연적인 연상 작용을 억지로 극복해야 했다. 마치 머리를 두드리면서 배를 문지를 때와 같은 정신적 강도가 필요했다. 이러한 검사가 서구의 동일 집단에게만 적용되는 건 아니라는 게 중요하다. 피지Fiji 주민들을 대상으로 실험했을 때도 유사한 결과가 나타났다. 한 인간의 일부로서 드러나는 자부심의 표현은 타인에 의해 추정되는 지위와 보편적으로 연결돼 있는 것이다.[26]

자부심은 매우 다른 두 가지 감정을 포괄한다. 한편에는 성취에 동반되는 진정한 자부심이 있다. 이것은 획득의 대상으로서의 자부심이다. 수년간의 훈련과 연습과 희생 끝에 금메달을 딴 올림픽 선수를 생각해보라. 그리고 다른 한편에는 스스로에 대한 편향되고 오만한 관점에서 비롯되는 자만심이 있다.[27] 자만심을 드러내는 사람은 자신에게 그럴 만한 권리가 있다고 믿지만 수여자와 수상자가 동일한 셈이다. 진정한 자부심은 그 소유자에게 순수한 자존감을 경험하게 한다. 그러나 자만심은 타인을 열등한 존재로 취급해도 된다는 내적 견해를 생성시키며 그 결과 종종 공격적·강압적·이기적·조작적인 행동으로 이어진다. 이처럼 큰 차이에도 불구하고 피상적으로는 이 두 가지 자부심이 거의 동일하게 보인다. 본질적으로는 한 감정의 일란성 쌍생아인 것이다. 이렇게 비록 외부적인 표현은 똑같아 보일 수 있지만 그럼에도 사람은 그들이 발산하는 두 가지의 메시지 중 무엇을 고를지 직관적으로 선택할 수 있다. 우리는 메신저가 자신이 성취한 것에 대해 자부심을 갖는지 아니면 단순히 우리보다 우월하다고 생각하는지 구별할 수 있으며 그에 따라 우리의 반응도 달라진다.

이 점은 학생들이 웹캠을 통해 청중들이 지켜보는 가운데 프레젠테이션을 하는 동안 학생들의 타액에서 스트레스에 반응하는 호르몬인 코르티솔cortisol의 분비량을 측정했던 연구에서 잘 드러났다. 프레젠테이션을 하는 동안 학생들은 주기적으로 세 가지 형태의 미소로 비언어적 피드백을 받았다. 다만 학생들은 몰랐으나 청중의 미소는 사전 녹화된 것이었다. 사용된 미소의 유형 세 가지는 다음과 같았다. 발표자가 잘하고 있음을 알리는 보상으로서의 미소, 전혀 위협할 생각이 없음을 알리는 친화적 미소, 그리고 발표자보다 평가자가 우월하다는

하드 메신저

인상을 주기 위한 오만하고 지배적인 미소. 친화적 미소나 보상으로서의 미소를 받았던 사람에 비해 지배적 미소를 받았던 발표자는 스트레스 수치가 급격히 증가했고 이 수치는 발표를 마치고 약 30분이 지날 때까지도 정상으로 되돌아오지 않았다.[28] 만약 누군가가 당신에게 미소를 지었는데 스트레스나 긴장감 같은 불편한 감정을 느낀 적이 있다면 순수한 자부심과 기쁜 마음에서 짓는 진정한 미소가 아니라 지배적인 성격의 사람이 짓는 오만한 미소를 맛봤기 때문일 수 있다.

지배적인 개인임을 드러내는 건 그들의 자세나 신체 언어만이 아니다. 지배력에도 얼굴이 있다. 그리고 이 얼굴은 각기 다른 문화권과 사회에 걸쳐 공통적으로 적용된다. 지배적인 얼굴은 사각형 턱, 더 두드러진 눈썹, 큰 코와 평균보다 종횡비縱橫比가 큰 얼굴형을 가진다. 실베스터 스탤론, 베이브 루스, 시진핑, 비니 존스Vinnie Jones를 떠올려보라. 이런 얼굴형의 특징은 지배력과 약간의 연관성만 지닌 게 아니다. 종횡비가 큰 얼굴을 가진 사람일수록 더 강력하고 지배적인 사람으로 인식된다는 연구 결과가 있다. 이러한 특징이 무작위로 나타나는 것도 아니다. 각기 다른 다양한 문화권의 사람들 모두가 얼굴을 통해 신체적 강인함을 정확히 유추해내는 데 뛰어난 능력을 보였다.[29] 심지어 얼굴의 종횡비를 통해 그 사람이 얼마나 공격적일지를 유효하게 예측해낼 수 있다는 점이 증명되기도 했다. 예를 들어 캐나다 연구진은 일부 프로 아이스하키 선수들의 얼굴 종횡비와 이 선수들이 과도한 공격적 행동으로 인해 얻은 반칙 시간 사이에 상관관계가 존재함을 발견했다.[30] 이와 유사하게 얼굴 종횡비는 UFC 같은 격투기에서 선수의 성공 가능성을 예측하는 데 유효하게 쓰인다.[31] 평균보다 높은 종횡비의 얼굴은 비즈니스에도 도움이 될 수 있다. 한 연구에서는 각진 턱을 가진 남성이 얼굴이 더 길고 둥근 턱을 가진 동료에 비해 보너스를 더 적극적으로 협상한다는 점이 증명됐다.[32]

이러한 신호들은 매우 이른 나이에 포착된다. 하버드대학교와 프린스턴대학교의 연구진이 함께 수행한 실험에서는 3~4세 아이들 수백 명에게 디지털로 조작한 얼굴 사진들을 보여준 다음 "이 사람들 중 누가 가장 못됐을까?" "이 사람들 중 누가 가장 착할까?" 같은 질문들을 던졌다. 거의 한결같이 아이들은 지배적인(더 각지고 얼굴 종횡비가 높은) 얼굴을 '못된' 사람으로 골랐으며, 둥글고 얼굴 종횡비가 낮은 얼굴은 '착한' 사람으로 선택했다.[33] 더 나이가 많은 아이들과 어른들의 결과도 거의 똑같았다. 이는 인간이 나이가 들면서 이러한 기본적인 신체적 신호를 계속 이용한다는 증거를 제공해준다.

특정 유형의 얼굴이나 자세만이 지배력을 발산하는 건 아니다. 키 역시 같은 기능을 한다. 우리 선조들의 사회에서는 신체적 강인함이 생존에 있어 필수 요소였던 점을 고려하면 별로 놀랍지 않은 일이다. 그러나 키와 지배력의 연관성은 우리 안에 너무나 고착화된 나머지 육체적 힘이 크게 요구되지 않는 현대의 역할에까지도 확장 적용된다. 예를 들면 다른 모든 점이 동등할 때 더 키가 큰 지도자가 더 작은 사람에 비해 선거에서 더 자주 선출되는 경향을 보인다.[34] 물론 나

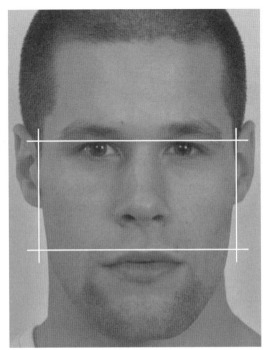

얼굴 종횡비를 측정하는 법[35]

폴레옹이나 처칠 같은 예외도 있지만 이들은 이례적인 경우다.[36]

상대적인 신장 차이가 지배력을 낳을 수 있고 때로는 지배력이 더 강화될 수 있다는 생각은 매일의 일상적 상황에서조차 예측 가능하며 정기적으로 발생한다. 이 점은 네덜란드 심리학자 연구진이 한 번에 오직 한 사람만 통과할 수 있는 슈퍼마켓 입구에서 쇼핑객들을 관찰한 연구에서 아주 잘 드러났다. 통로 벽에 미리 분필로 칠해둔 표시를 이용해 사람들의 상대적인 신장을 확인한 연구진은 두 사람이 통로에서 마주쳐서 누군가 양보해야만 했던 경우 키가 더 작은 사람이 더 큰 사람에게 양보한 비율이 67퍼센트였다고 밝혔다. 이 비율은 남성과 여성 모두 동일하게 나타났으며 총 1,000번 이상의 경우를 조사한 후속 연구에서도 같은 결과가 나왔다.[37] 물론 키가 더 큰 쪽에게 양보하는 게 네덜란드의 문화적 습성이라고 반론을 제기할 수는 있을 것이다. 하지만 다른 연구는 이 반론을 지지하지 않는다. 그 연구 프로젝트에서는 생후 10개월 유아들에게 두 사람이 좁은 공간에서 서로 지나치는 모습을 찍은 영상을 보여주었는데 이 아이들은 키가 더 작은 사람이 키가 더 큰 사람에게 양보했을 때 시선 주시 면에서 훨씬 덜 놀라는 모습을 보였다.[38]

아직 말을 배우기 전의 유아가 신장에 의거해 지배력을 추론한다는 사실은 우리에게 '크고 강함'과 '자기 뜻대로 하기'를 연관 짓는 성향이 있다는 점을 확인시켜주는 듯하다. 그리고 네덜란드 쇼핑객들의 행동은 이러한 마음가짐이 평생 이어진다는 점을 시사한다. 또한 중요한 결정을 내리는 데에도 영향을 끼친다. 우리가 비즈니스에서 리더를 선택하는 방식이 바로 그렇다. 우리는 키가 큰 사람을 선호하므로, 이에 따라 더 크고 강하게 생긴 메신저가 집단의 다른 구성원들이 규칙을 어기지 않도록 제지하는 데 적합하다고 생각하게 된다. 그리고 종횡비가 큰 얼굴을 가진 지배적인 외모의 메신저와 마찬가지로 우리는 키가 큰 메신저가 우리를 대신해 협상할 때 더 단호한 태도를 취할 거라고 믿는다. 심리학자 애런 루카제프스키Aaron Lukaszewski가 연구 참가자들에게 모두 비슷한 옷을 입고 마스크를 쓴 어느 비즈니스 컨설팅 업체의 남성 직원들 사진을 보여줬을 때 참가자들은 키가 더 큰 남자 쪽을 더 긍정적으로 여기는 경향을 보였고 더 힘이 세다고 인식했으며 팀원들에게 자신의 지시를 따르게 할 준비를 더 잘 갖추고 있는 듯 보인다고 보고했다. 또한 키가 큰 남자가 자신의 팀을 더 잘 대변할 것이라 믿었고 회사 내에서 더 높은 자리에 오를 것이라고 예측했다.[39]

이처럼 키가 큰 직원을 선호하는 편견은 키가 크면 경제적인 능력도 뛰어날 거라고 믿을 정도로 깊이 박혀 있다. 2004년에 수행된 유명한 연구에서 티머시 저지Timothy Judge와 대니얼 케이블Daniel Cable은 연령, 성별, 체중의 요소를 교정한다면 키가 큰 사람이 키가 더 작은 동료에 비해 경력 전반에 걸쳐 더 많은 돈을 벌 가능성이 있다는 점을 발견했다. 저지와 케이블은 심지어 키와 소득 사이의 수학적 상관관계를 수치화하기까지 했다. 키가 1인치(2.54센티미터) 더 클수록 수입은 매년 511파운드(83만원)~618파운드(100만원) 더 늘어난다고 말이다.[40] 뿐만 아니라 이들은 일반적으로 남성이 여성보다, 키가 큰 여성이 작은 여성보다 돈을 많이 버는 경향이 있다는 점도 발견했다. 이는 키와 소득의 상관관계에 대한 믿음이 두 성별에서 모두 유사하게 작동한다는 점을 강력히 시사한다.

지배력을 드러내는 언어적 신호

지배력에 대한 청각적 측면도 존재한다. 단순하게 말하자면 우리에게는 더 낮고 더 여유 있는 목소리와 높은 지위를 연결 지으려는 경향이 있다. 이것은 한편으로 음이 높은 목소리는 고통, 두려움, 긴장을 발산할 위험이 있는 반면(이 모두가 청자의 귀에는 지위의 감소를 암시한다), 낮은 목소리는 자신감과 확신의 표현으로 여겨지기 때문이다.[41] 생물학적인 이유도 있다. 낮은 음을 만들어내는 크고 두꺼운 후두는 그 사람이 체격이 크다는 점을 나타낼 뿐 아니라 그 사람의 신체에 남성 호르몬인 테스토스테론이 얼마나 흘러넘치는지를 나타낸다. 따라서 신체적 강인함이 더 클수록 지배력 또한 더 높다고 생각할 수 있다. 남성뿐 아니라 여성에게도 이 법칙이 적용된다. 목소리가 낮은 사람이 일반적으로 더 지배력이 강하다고 간주되는 것이다.

현재까지 영국의 유이한 여성 총리인 테리사 메이와 마거릿 대처가 낮고 강력하고 안정적인 목소리를 내기 위해 전문가를 고용했다는 사실은 유명하다. 특히 대처는 배우이자 연출가였던 로렌스 올리비에Laurence Olivier의 프로그램대로 런던 내셔널 시어터London's National Theatre에서 트레이닝을 받았다. 1975년 영국 보수당 콘퍼런스에서 다른 발표자가 아직 연설 중인 가운데 그녀는 깃털 먼지떨이를 꺼내 연단을 청소하기 시작했다.[42] 이후 일어서서 발언할 때 대처는 원래의 높은 톤의 목소리가 아니라 더 낮고 울림이 있는 목소리를 냈다. 일부 사람들의 시각처럼 새된 목소리를 내는 가정주부와, 자유 사회의 비전에 대해 낮은 목소리로 이야기하는 정치인이자 지위를 획득한 개인 간의 뚜렷한 대조를 그녀가 보여주고자 한다는 점이 여실히 드러났다. 이 순간이 대처가 영국 최초의 여성 총리가 되는 여정에 중추적인 역할을 했다고 여기는 사람도 있다.

그동안 다양한 연구들이 낮은 목소리가 가진 힘을 입증해왔다. 그중 한 연구에서는 사람들에게 선거에 출마한 남성 후보들의 연설을 들려주었다. 목소리를 일부러 높거나 낮게 조작해놓은 상태였다. 이후 참가자들에게 "당신은 누구에게 투표하겠는가?"라고 묻자 열 중 일곱은 낮은 목소리를 가진 후보자에게 표를 던지겠다고 답했다. 물론 메시지 자체는 새된 목소리를 쓴 그 후보자의 원래 연설과 정확히 같았지만 말이다.[43] 메신저가 말할 때 어떤 어조를 쓰는지도 중요하다. 문장 끝부분의 어조를 위로 높이는 상향 변곡은 해당 진술을 '질문'으로 바꾸는 효과를 발생시키는데 이는 지배적인 메신저에게는 별 도움이 되지 않는다. 이런 유형의 메신저가 내는 하향식의 낮은 억양은 청중들이 그 메시지를 사실로 받아들일 가능성을 높이는 결과를 가져온다.

하버드대학교 출신 정치학자 케이시 클로프스태드Casey Klofstad는 메신저의 어조와 목소리 높낮이가 발휘하는 영향력을 흥미롭게 세분화했다. 그의 연구는 "이번 11월에 저에게 투표하기를 바랍니다"라는 단순한 메시지를 발음하는 남성과 여성의 목소리를 각각 더 높이거나 낮춰서 목소리의 영향력을 측정하는 방식으로 진행됐다. 각 경우 모두 청자들이 낮은 목소리를 강력히 선호한다는 점이 그리 놀랍지 않게 발견됐다.[44] 흥미로운 것은 이런 선호가 여성 유권자에게 특히 강력했다는 점이었다. 이는 테리사 메이와 마거릿 대처가 받았던 목소리 코칭의 타깃이 남성 유권자보다는 여성 유권자였을 거라는 점을 시사한다. 다른 연구에서는 낮은 목소리를 가진 후보에 대한 선호가 일반적으로 민주당원보다는 공화당원에게서 두드러진다는 점을 밝혀냈다.[45] 보수주의자가 진보주의자에 비해 세상을 더 경쟁적이고 위협적이라고 판단하는 경향이 있으므로 추종자들을 옹호하고 갈등 상황에서 우위를 점할 수 있는 능력을 가진 것으로 보이는 후보자를 더 선호한다고 추론할 수 있다. 그렇다면 선거 후보자를 고려할 때 낮고 지배적인 목소리를 가진 사람은 정치 스펙트럼상 좌파보다는 우파의 유권자들에게 더 적절하고 인상적인 후보가 될 것이다.

그렇다고 현실의 정치 경쟁에서 목소리가 낮은 사람이 늘 이길 거라고 주장하는 건 터무니없는 일일 것이다. 실제로는 여러 다른 요인들이 작동한다. 그러나 크로아티아 연구진의 연구 결과에 의하면 목소리 높낮이의 영향력은 아마도 우리가 생각하는 이상으로 보인다. 이 연구진은 유튜브 게시물을 통해 각기 다른 국가에서 대통령 후보자 간에 벌어진 토론을 50건 이상 살펴봤다. 그 결과 더 낮은(더 지배적인) 목소리를 가진 쪽이 라이벌에 비해 더 자주 승리했다는 점을 발견했다. 그뿐만이 아니었다. 똑같이 승리한 경우라도 낮은 목소리의 승자가 높은 목소리의 승자에 비해 더 큰 표차로 상대방을 누르는 경향을 보였다.[46]

지배적 기질을 가진 사람들은 이기적이고 자기 집착이 강하고 타인을 위해 희생할 가능성이 훨씬 떨어지는 경향을 보인다. 가장 가깝고 소중한 사람들에게조차 이런 경향을 드러낸다는 증거가 있다. 지배적인 사람은 배우자의 요청에 기꺼이 따를 가능성이 훨씬 적으며 마치 말로 수류탄을 던지듯 공격적으로 의견을 제시할 가능성이 더 크다. 온순한 파트너는 지배적인 상대의 요구대로 따르다 보면 둘 사이의 관계에 대한 자신의 영향력이 점차 늘어날 거라고 믿을 것이다. 그러나 슬프게도 이런 믿음이 사실이 되는 일은 드물다. 둘의 관계에서 지배력이 불균등하게 나뉘어 있을 때 최종 결정권을 갖는 건 대개 지배적인 파트너 쪽이다. 뿐만 아니라 덜 지배적인 파트너가 더 지배적인 쪽의 견해와 감정을 받아들이게 되는 경우가 자주 발생한다.[47] 시간이 지나면 커플끼리 서로를 닮는다는 건 사실이지만 이보다 더 큰 진실은 덜 지배적인 파트너가 이 결과에 이르는 무게의 대부분을 감당한다는 점이다. 그들은 지배적인 파트너보다 훨씬 더 먼 거리를 이동하게 된다. 지배적인 메신저는 자신이 더 우월한 지위에 있다고 여기는 상대에게 웬만해서는 호혜적인 양보나 공평한 교환을 하지 않으려 한다.

더 형식적이고 구조적인 메커니즘을 통해 지배력을 얻을 수도 있다. 다른 동물과는 달리 인간은 위계 구조 형성에 독특한 방법을 사용한다. 고릴라는 위계상 승격에 도전하지 않으려 한다. 침팬지는 이미 계약이 체결된 다음에는 새로운 계약을 맺지 않는다. 영장류 사촌들과는 달리 우리는 남들과 권력을 두고 경쟁하기 위해서라면 절차적 장애물들을 기꺼이 뛰어넘는다. 이를 통해 얻을 수 있는 자원의 통제가 직접적인 공격과 갈등보다는 지배력을 얻기 위한 훨씬 더 문명화된 방법이라고 믿기 때문이다. 그러나 결과가 같지 않다고 말할 수 있을 정도는 아니다.

동물처럼 사람도 지위와 지배력을 가진 사람들에게 복종하려는 경향이 있다. 단지 의복을 갖춘 과학자들이 시켰다는 이유로 평범한 사람들이 다른 인간에게 강력한 전기 충격을 가할 수 있음을 스탠리 밀그램이 보여줬음을 상기해보라. 또한 밀그램이 역량을 나타내는 장식, 즉 과학자라는 직함과 흰 가운을 제거했을 때 복종 수준이 얼마나 떨어졌는지도 떠올려보라. 그러나 역량의 표시를 제거하는 것만으로는 지위를 통한 권력의 강력하고 보편적인 영향력을 완전히 무력화시킬 수 없었다. 그런 상황에서도 여전히 50퍼센트에 가까운 상당수의 사람들이 실험자의 요구대로 따랐다.

사회심리학자 레너드 비크먼Leonard Bickman이 수행한 연구는 역량이 추정되지 않는 상황에서도 지위를 통한 권력이 영향력을 발휘할 수 있다는 점을 증명해준다. 비크먼은 직함 명찰과 흰 가운을 눈에 띄는 재킷과 패딩 조끼로 교체했을 때도 밀그램의 실험과 유사한 결과가 발생함을 확인했다. 그는 연구원을 투입하여 행인에게 요청 사항을 따르도록 부탁하는 방식으로 연구를 진행했다. "저기 버려진 쓰레기를 주우세요." "버스 정류장의 특정 위치에 가서 서 계세요." "주차 미터기 요금을 낼 잔돈을 주세요." 메신저와 메시지는 늘 동일하게 유지됐다. 다만 메신저가 입고 있는 의상만 바뀌었다. 때로는 평범한 일상복을 입었고 어떨 때는 보안요원 유니폼을 입었다. 심지어는 우유배달원 복장을 할 때도 있었다. 사전 설문조사에서 사람들은 대부분 요청하는 사람의 복장이 자신들의 반응에 영향을 끼치지 않을 것이라고 답했다. 그러나 비크먼의 실제 연구 결과는 완전히 달랐다. 예를 들면 일상복을 입은 경우에 비해 보안요원 유니폼을 입은 경우 전혀 모르는 낯선 사람에게 돈을 주는 사람들의 숫자가 2배나 더 많았다.[48] 이 연구의 참가자들이 보안요원이나 우유배달원이 쓰레기를 어떻게 처리해야 하는지 자신보다 더 잘 알고 있다고 생각해서 그들의 말을 따른 건 아니었다. 다만 그들이 입고 있는 유니폼이 누가 책임자인지 알려주는 신호를 발산했기 때문이었다.

잠시 상상해보자. 당신이 인간의 질병을 치료하기 위한 최첨단 신약과 치료법을 연구하는 대기업에서 일한다고 치자. 당신의 회사가 보유한 약품은 비록 효과는 좋지만 부작용의 위험이 상당히 높다. 당신이 이런 약품의 마케팅을 담당한다면 얼마나 마음이 편할 수 있겠는가? 유타대학교에서 비즈니스 윤리학을 가르치는 아서 브리프Arthur Brief 교수에 따르면 당신의 마음 상태는 이 문제의 윤리성보다는 지배적 지위를 차지한 한 개인의 영향력과 더 관련이 깊을 수 있다.[49] 만약 기업 회장이 이 위험한 약품을 마케팅하는 데 찬성하고 약품 판매가 금지되지 않도록 필요한 법적·정치적 조치를 취하려는 경우라면 어떻게 하겠느냐는 질문에 MBA 학생들 중 단 33퍼센트만이 이사회 회의에서 약품을 회수하는 쪽에 표를 던지겠다고 답했다. 반대로 회장이 약품이 고객의 건강에 미칠 영향을 우려해 약품 회수를 바라는 경우라면 76퍼센트가 그 의견에 동의하는 표를 던지겠다고 답했다.

지배적 지위를 가진 임원은 기업 스캔들의 중심에 놓이는 경우가 많다. 예를 들면 2007년, 미국 퍼듀 제약Purdue Pharma의 고위 임원 세 명(회장, 고위직 변호사, 전직 임상개발 전무)은 옥시콘틴OxyContin이라는 약품의 중독성을 규제기관 및 의사와 환자에게 제대로 알리지 않았다고 기소된 데 대해 유죄를 인정했다.[50] 영업사원에게 과학적 도표를 조작하고 이를 의사들에게 배포하도록 시킨 임원진의 전략을 포함해 지배력을 이용한 방식이 사용되었다. 이 사건은 담배가 건강에 끼치는 해악에 대한 거대 담배 회사들의 역사적 은폐와 비견될 정도였다. 금융계의 '퍼듀 사태'는 2014년 리보LIBOR 위기라는 형태로 찾아왔다. 런던 여러 은행의 수많은 담당자들이 은행 간 대출에 사용되는 금리인 '리보 금리London Interbank Offered Rate'를 조작하기로 공모했던 것이다. 이 스캔들에 대한 후속 수사를 통해 고위직 직원들이 개입한 정황이 드러났다. 이들은 고전적인 지배 스타일을 행사하여 자신들의 지위와 수입을 높이기 위해 후배들에게 잘못된 데이터를 입력하도록 압력을 가했다. "그래, 나한테만 맡겨두면 아무 문제도 없을 거야." 이 말은 리보 금리 제출자와 선임 직원 간의 거래를 살펴보던 수사관이 녹음한 내용 중 하나였다.[51] 이것은 위계 구조상 윗선으로부터 압력을 받는 경우 후배 직원이 평소라면 도덕적으로 비난받을 수 있으며 선을 넘어섰다고 여길 만한 행동을 실행에 옮길 수 있게 만드는 전형적인 사례다. 그리고 규제와 정부기관의 감시에도 불구하고 이 문제는 완전히 사라지지 않았다.

지배력과 복종

어디에나 존재함에도 불구하고 지배력은 아마 현대 서구 사회에서 지위를 얻는 통로 중 가장 과소평가되어 있을 것이다. 예를 들어 사회적 소수자들이 그 외의 사람들보다 더 시끄럽고 강하게 소리치기 때문에 과도하게 관심을 얻는다는 생각은 많은 사람들을 불쾌하게 만든다. 우리는 현대 민주주의 사회에서는 어떤 목소리든 발언할 기회가 주어지고 그중에서 가장 뛰어난 아이디어가 살아남을 거라고 믿으려 한다. 가족 내에서든 집단적 네트워크나 지역사회, 학교나 직장 또는 한 국가 전체에서든 가장 합리적인 쪽이 아니라 가장 목소리가 큰 쪽이 대개 더 많은 관심을 받는다는 사실을 인정하기란 어려운 일이다. 또한 비협력적이고 이기적인 행동에 처벌보다는 주로 보상이 따른다는 점, 남을 괴롭히는 사람들이 자기 멋대로 한다는 점을 직시하는 것도 마찬가지다. 뿐만 아니라 우리는 우리에게 지배적인 사람들의 뜻을 따르려는 경향이 있다는 점 또한 인정하고 싶지 않아 한다.

그렇게 인정해버리면 우리 자신의 정체성에 대한 자부심이 약화될 것이다. 우리는 우리가 타인의 의지에 따라 움직인다고 생각하는 것 자체를 싫어한다. 그렇게 되면 우리의 지위는 강등되고 타인의 지위가 오를 것이기 때문이다. 다른 누군가의 희생양이 되고 싶어 하는 사람은 아무도 없다.

사회심리학자 로버트 치알디니의 초기 연구는 지배력 행사에 복종하는 데 미묘한 영향을 미치는 요인들을 다뤘다.[52] 지배적인 메신저는 자신에게 복종하는 이들에게 호감을 갖고 더 높은 지능을 부여하려는 경향을 띤다. 이에 따르자면 교수에게 전화를 걸어 과제 제출 기한을 늘려달라고 요청하는 학생은 지배적인 자세보다는 순종적인 자세를 취하는 게 좋다. 반대로 복종하는 사람을 목격하는 이들은 그 복종 행위로부터 낮은 지위를 유추하여 복종하는 사람을 훨씬 더 가혹하게 대하는 경향을 보인다. 그러므로 친구와 동료 앞에서 제출 기한 연장을 부탁하려는 학생이 지위를 유지하고자 한다면 무례한 표정과 몸짓을 사용해야 할지도 모른다.

치알디니가 지적했듯이 대부분의 사람들이 이런 흐름을 잘 이해하고 있기 때문에 지나치게 순응적으로 보이지 않으려고 한다. 적어도 다른 사람들 앞에서는 말이다. 반면 개인적으로는 상황이 꽤나 달라지는 경우가 많다. 많은 전문가를 놀라게 만드는 미국, 영국, 브라질 같은 국가들의 선거와 투표 결과를 설명할 수 있는 건 아마도 '역학 관계'일 것이다. 사람들은 지배적인 메신저에 대한 자신의 지지를 공개적으로는 인정하려 들지 않을 수 있다. 그러나 투표는 개인적으로 이뤄진다. 그리고 일단 결정을 내린 다음에는 어차피 분명 그 결정대로 일이 진행됐을 것이라고 우리 행동을 정당화하기 쉽다. 지배적인 메신저에 대한 우리의 수용성을 인정하지 않으려 한다 해서 그 메신저의 효력이 줄어드는 건 아니다. 사실은 지배적 행동의 역학을 인정하지 않으려는 태도가 오히려 감시도 도전도 받지 않은 채 지배력이 활동하게 만들어주는 것이다.

지배력의 역학을 인정하지 않으려는 우리의 태도는 왜 가장 극단적으로 드러나는 집단적 괴롭힘이 역사적으로 소홀히 다뤄져왔으며 오늘날에도 여전히 주로 오해되고 있는지 설명하는 데 도움을 준다. 집단 따돌림의 가장 생생한 형태는 주로 학교 학생들 사이에서 발견된다. 예를 들면 이 책의 저자 중 한 명(스티브)은 어린 시절 약 2년 반 동안 따돌림을 당했다. 처음엔 여러 남자아이들 사이에서 혼전 양상을 보이며 무해하고 재미있기까지 한 '밀고당기기' 게임 형태로 시작됐다. 시간이 지나면서 이 난투극의 발생 빈도와 난폭성이 점점 높아졌고 밀고당기기 게임 대상이 한정돼갔다. 곧 소수의 소년들이 '특별한' 관심의 수혜자가 됐다는 점을 알아차렸다. 다른 아이들에게 둘러싸인 채 다양한 강도의 펀치를 받아들여야 했던 것이다. 이후 언어적인 모욕과 위협, 수업 직전의 물리적 공격이 금세 따라왔다. 추가적인 조롱을 피하려면 피해자가 고통을 억눌러야 했다는 뜻이다. 소지품을 빼앗는 데도 거리낌이 없었다. 아침 신문 배달로 번 돈, 저녁 사 먹을 돈, 축구 스티커, 그리고 무엇보다 (저녁 먹을 돈의 대안으로 샌드위치를 싸 오는 게 가장 바람직한 방법이었으므로) 점심 도시락을 가장 많이 뺏겼다. 결국 스티브는 복종하는 영장류들의 특징적 행동을 따라야 했다. 어디서든지 가능하면 지배적인 패거리들을 피하고, 음식을 빼앗기지 않고 먹을 수 있는 안전한 장소를 찾는 것 말이다. 그는 가해자들에게 점심을 빼앗기지 않기 위해 학교 도서관이나 관리실 벽장에 숨어들어야 하는 아이였다.

슬프게도 이런 폭력을 경험한 사람이 많을 것이다. 과거에 이런 일을 우리가 잘못 해석했었다는 사실이 더욱 안타깝다. 집단 괴롭힘에 대한 초기 연구는 이렇게 주기적으로 타인을 지배하는 이들을 감정 조절 능력이 부족한 사회 부적응자 유형이라고 판단했다.[53] 자극을 받으면 공격적으로 행동하고 남을 때리는 거라고 말이다. 하지만 더 최근의 연구에 따르면, 분명 감정 조절 능력이 부족한 공격적 성향의 희생자가 존재하기는 하지만 일반적으로 괴롭히는 가해자는 잔인한 멍청이가 아니라는 점이 밝혀졌다. 오히려 정확히 그 반대다. 괴롭힘은 지배력을 과시하려는 전략적이고 도구적인 전술이다. 뿐만 아니라 가해자로 지목된 아이들은 대개 인기가 많은 아이이기도 하다. '반에서 가장 인기 좋은 아이'인 경우가 많고 괴롭히는 대상을 고도로 특정하는 경향도 눈에 띈다. 표적형 괴롭힘은 주도적으로 이뤄진다. 이전의 괴롭힘으로부터 비롯된 결과가 아니라 보상에 의해 동기화되는 것이다. 가해자가 피해자를 괴롭히는 이유는 지배력과 그에 따르는 전리품, 지위와 영향력의 상승을 추구하기 때문이다.[54] 괴롭힘이 강함이 아니라 약함에서 비롯된다고 생각하는 건 그저 마음에 위안을 주기 위한 해석에 불과하다. 그런다고 사안이 덜 심각해지는 게 아닌데도.

이와 마찬가지로 지배적인 표적형 가해자의 관심을 끌기 좋은 사람들은 대개 순종적이고 자신감이 낮으며 사회적으로 서투르다. 인종적 소수자, 비만인, 성소수자와 같이 비표준적 특성을 가진 사람들 또한 고통받는다. 가해자들에게 이 피해자들은 자체적인 지배적 특성이 결여된 '안전한 표적'이다. 안타깝게도 괴롭힘을 당하는 피해자들은 자신이 표적이 된 이유를 자신이 가진 약점 탓으로 돌리는 경우가 많다. 피해자가 자신이 '약해서' 괴롭힘을 당했다고 보고하는 건 드문 일이 아니다. 따라서 부당한 괴롭힘은 순환적 과정이 된다. 불안감과 우울증이 괴롭힘을 예측하는 특징일 뿐 아니라 괴롭힘의 결과로 증가할 수도 있다는 것이다. 비록 쉽게 받아들일 수 있는 생각은 아니지만 집단 괴롭힘을 통해 사회적 지배력을 얻을 기회를 어떻게 매력적인 제안으로 여길 수 있는지 이해해볼 수 있다. 본질적으로는 지배력과 도덕성 간에 일종의 비용-혜택 거래가 이뤄지는 것이다. 위계 구조가 지배력을 기반으로 하는 학교 혹은 비슷한 배경인 곳에서 더욱 그렇다. 이런 곳에서는 반사회적 행동을 기꺼이 수행하는 이들이 지배력을 얻는다. 그 결과 자신들의 지위가 올라간다. 그리고 괴롭힘 가해자가 승인과 통제의 욕구가 더 높다는 몇몇 연구 결과를 고려하면 가해자가 됨으로써 정말 더 많은 이익을 얻게 될지도 모른다. 잃는 것도

별로 없이 말이다.[55]

다행히도 괴롭힘 가해자들이 뭐든지 자기 맘대로 하는 것은 아니며 괴롭힘만이 사회적 지위를 추구하는 10대들에게 주어지는 유일한 통로는 아니다. 마크 밴 라이진Mark Van Ryzin과 앤서니 펠레그리니 Anthony Pellegrini는 '남을 잘 괴롭히지 않지만 지위는 높은' 10대가 '남을 괴롭히면서 지위가 높은' 10대에 비해 더 인기가 많다는 연구 결과를 내놨다.[56] 전자에 해당하는 10대들은 뛰어난 소통 능력과 사회화에 대한 욕구를 통해 친사회적 행동에 적극적으로 뛰어듦으로써 지위를 얻는다. 즉 우월성보다는 인기를 통해 지위를 추구하는 쪽이다. 타인에게 지배력을 행사하려는 전형적인 괴롭힘 가해자가 있다면 그에 대항하여 덜 적대적이고 괴롭힘을 용납하지 않으며 감정적 지성이 탁월하여 사회적 행동을 통해 자신의 지위를 높이는 천적이 존재하는 것이다.

지배력보다는 명성을 기초로 위계 구조를 구축하려는 이러한 아이들을 학교, 지역단체, 정책결정자가 적극적으로 장려하기 위해 수단과 방법을 아끼지 말아야 할 이유가 여럿 있다. 첫째, 집단 괴롭힘을 의미 있게 줄이는 모든 활동은 장려할 가치가 있다. 둘째, 이를 통해 메신저의 지위가 단지 지배력에 의해서가 아니라 바람직한 행동에 의해서 상승하게 된다.

지배적 기질을 가진 메신저는 자연히 칭찬을 받거나 눈에 잘 띈다. 그러나 그렇다고 반드시 호감을 얻는 건 아니다. 청중에 비해 우월한 지위에 오르게 되면 청중과의 접점이 부족해진다. 지배적인 메신저는 사랑보다는 공포, 신망보다는 권력을 통해 통치한다. 그들은 상승된 지위에서 비롯되는 하드 메신저의 혜택을 얻기 위해 온화함(5장)과 취약성(6장)이라는 소프트 메신저 효과를 포기한다. 지금 여기서 우리가 지배력과 온화함은 절대 화해할 수 없이 대립한다고 주장하지는 않지만(이후에 다양한 메신저 효과 간의 상호작용에 대해 더 다룰 것이다), 자신의 의지를 관철시키려는 동시에 호감도도 유지하려고 애쓰는 수많은 사회 지도자들과 선출직 공무원들에게 이 문제는 풀기 어려운 과제다. 우리가 각자의 사무실 동료들에게 "공직자 중에서 지배력도 있어 보이고 호감도 가는 인물의 이름을 대보라"고 청했을 때 분명하게 드러난 문제이기도 했다. 합의를 이루지 못했을 뿐 아니라 합의에 부치지조차 못할 정도로 거론된 이름이 몇 없었던 것이다.

지배력의 필요성

현대 사회에서 우리는 정말 지배력을 발산할 리더, 보스, 정치인을 원하는가? 무엇보다 통치의 성공 여부가 권투 시합에서 상대를 때려눕히는 능력에 달려 있을 것 같지는 않아 보이는데 말이다. 이 질문에 대한 답은 그 시기에 달려 있는 듯하다. 안정적인 시대에는 온화하고 조화로운 메신저의 가치가 올라간다. 반면 갈등과 불확실성의 시대, 즉 사람들이 불안해하고 역경을 경험하며 안전에 위협을 받을 때는 지배력 있는 리더를 찾고자 하는 동기가 올라간다. 사람들은 이런 부정적 요소들에 대항하여 확실성을 실현해줄 사람을 찾는다. 동시에 지배적 기질을 가진 사람이 위기 대응에 분명히 필요한 어려운 결단을 내리고 단호하게 행동하며 규칙과 가치를 준수하도록 채찍을 휘두르는 데 더 적합할 것이라고 생각한다.[57]

여기에 또 하나의 요인, 이른바 '개인 성공 가설individual success hypothesis'도 개입한다.[58] 우리는 일군의 후보자(리더, 주장, 지도자 등)가 가진 각각의 장점을 고려할 때 평가자들(투표자, 모집인, 스포츠팬 등)은 팀의 구성원으로서보다는 후보자 개인으로서 얼마나 잘 할 것인지에 중점을 두는 경향이 있다. 최종 선출된 리더가 지도력을 발휘하기 위해서는 지지자를 비롯한 수많은 타인과 협력하고 그들로부터 도움을 받아야 한다는 사실은 종종 무시된다. 청중들은 그보다는 한 사람이 앞으로 성공할지 여부가 온전히 그가 가진 재능과 능력에 달려 있다는 생각에 빠지기 쉽다. 이런 생각은 잠재적 후보자가 직접적인 연관이 없는 다른 분야나 무대에서 지배력을 가진 경우에 더욱 유혹적으로 다가올 수 있다. 이 현상은 스포츠 스타 출신 감독이 왜 그토록 많은지를 설명해준다. 선수로서 경기장을 주름잡을 수 있었던 기술은 선수에게 동기를 불어넣고 관리하는 데 필요한 능력과는 다름에도 불구하고 말이다. 독일 분데스리가 축구팀들을 분석한 결과 이 사실을 뒷받침해주는 증거가 나왔다.[59] 전직 슈퍼스타가 감독을 맡은 팀들은 감독이 최고의 선수가 아니었던 팀들에 비해 성적이 좋지 않았다. 감독

이라는 역할에는 선수 시절의 수상 여부가 별 영향을 끼치지 못하는 듯해 보인다.[60]

네빌 체임벌린Neville Chamberlain과 윈스턴 처칠은 상황에 따라 각기 다른 리더십 스타일이 필요하다는 점을 알려주는 영국의 전형적 사례다. 체임벌린은 1930년대에 재무장관직을 매우 성공적으로 수행했으며 인기 있는 총리였다. 외교 문제에서 나치 독일의 야망을 잘못 해석했을지는 모르나 당시로서는 전쟁을 회피할 수 있을 것으로 보였던 만큼 그를 지지하는 사람도 많았다. 이와 달리 처칠의 평시 성적은 결코 고르지 못했다. 1920년대에 그는 재무장관직을 잘 수행하지 못했고, 그의 견해 중 다수가 과도하게 호전적이거나 강경하다고 평가받았다.

하지만 전쟁이 발발할 가능성이 대두되자 메신저가 가진 영향력의 무게 중심은 화친파인 체임벌린보다 강경파인 처칠 쪽으로 기울어졌다. 체임벌린은 히틀러를 상대하며 지배력 게임의 법칙을 잘못 이해했고 강경한 접근법보다는 협상과 협력이 먹힐 거라고 추측했다.[61] 반면 소위 '불독' 정신으로 무장한 처칠은 힘겹고 불확실한 시대를 맞이한 사람들에게 강인함과 확실함이라는 인상을 심어주었다. 1939년 9월 1일, 히틀러가 폴란드를 침공하자 체임벌린은 자신의 간청과 양보가 이용당했음을 인정할 수밖에 없었다. 이듬해, 지배적이고 도전적이며 전설적인 결단력을 소유한 처칠이 국민들의 자유와 안전을 위한 싸움의 지휘봉을 넘겨받았다.

여기서 얻을 수 있는 교훈은 좀 까다롭다. 지배적인 침략자를 다룰 때 주로 협력과 회유에 중점을 두는 전략은 역효과를 낳기 쉽다. 게임 이론가들은 이 점을 이해하고 협력이나 갈등 상황에 따라 각 전략의 장점을 강조한다. 상대가 협력할 때만 협력하라. 상대가 공격적인 입장을 취하면 보복하라. 보복 전략에 문제가 없다는 얘기는 아니다. 어느 쪽도 뒤로 물러서지 않는 상황은 잔인하고 끝없는 악순환을 초래할 수 있다. 그러므로 지배력 과시는 특정 상황에 따라 조정되어야 하지 결코 절대적일 수 없다.

우리가 누구의 말을 들을 것인지, 누구를 믿고 따를 것인지는 상황에 달려 있다. 잠깐 생각해보라. 당신은 어느 정글의 소규모 부족 사회에서 살고 있다. 그리고 당신의 부족은 인근의 다른 부족으로부터 위협을 받는 처지다. 예전에 서로 공유했던 사냥터에 대한 이용 권한을 두고 긴장감이 고조돼왔으며 이웃 부족이 당신의 마을을 곧 공격할 준비를 하고 있다는 경고를 받은 상태다. 이때 당신에게 사진 두 장을 주고 지금의 어려움을 타개할 리더로 누구를 선택하겠느냐고 묻는다. 두 사진은 사실 같은 사람이지만 한쪽은 컴퓨터로 조작해 더 지배력 있는 모습으로 만들었다. 사각턱에 잔인해 보이는 인상을 풍기며 자만심이 가득해 보이고 얼굴 종횡비가 크다.

이제 장면을 바꿔 당신 부족이 직면한 과제가 적대적인 이웃 부족이 아니라 홍수의 위협이라고 상상해보라. 이런 상황이라면 누구를 선택하겠는가? 지배력 있는 리더인가, 아니면 함께 협력하여 댐을 건

설하도록 사람들을 설득하는 데 더 적합해 보이는 사람인가?

당신이 덴마크 연구진이 수행한 실험의 참가자들과 비슷하다면 아마도 현재 상황과 당신이 속한 집단이 직면한 위협에 가장 잘 맞는 메신저의 신호를 찾아볼 것이다. 당신이 직면한 상황이 경쟁자와의 갈등이라면 지배적인 외모의 리더를 택할 것이고, 협력이 요구되는 위기 상황이라면 협력적인 외모의 리더를 택할 것이다.[62] 똑같은 상황을 다룬 연구에서 증명됐듯 당신이 덴마크, 우크라이나, 폴란드, 미국 어느 나라의 국민이든 마찬가지다.

같은 연구진이 실제 위기 상황(2014년 러시아의 크림반도 합병)에 처한 시민들을 연구했을 때 가상의 리더에 대한 우크라이나 시민들의 투표가 갈등 지역과의 물리적 거리에 영향을 받는다는 점이 발견됐다. 크림반도와 근접하여 '투쟁' 모드에 있는 사람들은 지배적인 후보자를 선택하는 경향을 보였다. 반면 거리가 멀리 떨어져서 안전함을 느끼는 사람들은 협력적인 후보자를 선호했다. 다른 연구에서는 테러 공격 가능성이 커졌을 때 유권자들이 강력한 리더십에 중점을 둔다는 점이 밝혀졌다.[63] 원칙적으로는 우리가 친절하고 상냥하고 관계지향적인 리더를 좋아할 수 있지만 위험으로부터 보금자리를 지켜야 하는 상황에서는 호감도가 낮지만 지배적인 리더를 선택하려 한다. 그런 리더가 단호하게 행동하고 법과 질서를 유지하며 불확실성과 갈등의 시대에 희망을 줄 수 있다고 보는 것이다.

비즈니스에서도 마찬가지다. CEO 자리에 적합한 두 후보자 중

한 명을 선택할 때 선발을 책임지는 이사회의 결정은 회사의 현재 실적에 크게 영향을 받는다. 실적이 좋고 주가와 시장 점유율이 안정적이며 직원들이 심리적으로 편안해한다면 이기심이나 자만심 같은 지배력과 관련된 항목에서 낮은 점수를 받은 리더를 선호할 것이다. 그러나 주가가 떨어지고 시장 점유율이 낮아지며 직원들의 스트레스가 증가하는 상황이라면 지배적인 후보자가 선택될 가능성이 높다.[64] 갈등, 경쟁, 불확실성이 농후한 경우라면 지배적 메신저가 상황을 더 잘 다룰 것이라 여기는 것이다.

하지만 화해와 협력이 필요한 시대에는 자기 이익을 앞세우는 불도저식 인간은 나쁜 리더 또는 동료가 된다. 미국 작가인 랠프 잉거솔 Ralph Ingersoll은 윈스턴 처칠에 대한 글에서 제2차 세계대전이 끝나면 영국은 처칠의 스타일과 맞지 않는 회복의 시대에 진입하게 될 것이라고 적었다. "그가 종전 후에도 총리직을 유지할 거라고 생각하는 사람은 없다. 그는 단지 적절한 때에 적절한 위치에 필요했던 적절한 사람이었을 뿐이다. 영국이 적들과 필사적인 전쟁을 치르던 시기 말이다."[65] 사람들이 협력을 추구하는 시기에는 침략과 도발로 인해 얻을 수 있는 혜택이 거의 없으며 지배적인 리더의 임기는 짧아진다. 실제로 지배적인 메신저의 가치가 상황에 따라 얼마나 극적으로 변할 수 있는지 보여주는 인류학적 기록들이 존재한다. 일례로 아메리카 원주민 부족들은 평시냐 전시냐에 따라 각기 다른 추장을 뽑았다.[66] 작가이자 연구자인 레슬리 제브로위츠Leslie Zebrowitz는 사회적 · 경제적 어려움이 있는 시기에 강인하고 성숙해 보이는 외모의 여배우가 대중문화에서 두드러지게 등장하는 것에 주목했다. 이어서 그는 "그러나 번영기에는 앳된 얼굴을 가진 여배우를 더 선호한다"라고 밝혔다.[67]

지배력을 얻는 법

지배력은 타고나는 것일 수 있지만 의도적으로든 우연히든 개인이 청중을 조작할 수 있는 방법이 존재한다. 우선 자신의 신체적 외모를 바꿀 수 있다. 과장되고 지배적인 자세를 취한 남자가 온라인 데이트 플랫폼에서 더 많은 '좋아요'와 반응을 이끌어냈다는 실험이 기억나는가? 지배력과 관련된 특징들을 강조하도록 사진을 수정하는 방법은 점점 더 쉬워지고(또 인기를 얻고) 있다. 상반신과 팔 근육을 키우고 빨래판 복근을 만들고 심지어 얼굴 종횡비를 키우는 것도 가능하다. 신장을 늘리는 것도 가능하며 어떤 방법은 디지털 기술을 이용하지 않아도 가능하다. 키가 작은 사람들과 함께 서면 상대적으로 키가 (그리고 그 결과로서 지배력이) 더 커 보인다.

목소리의 높낮이 역시 지배력과 연관돼 있다는 점을 고려하면 일부 메신저가 목소리 코칭이나 웅변술 수업을 받을 것이라고 합리적으로 가정할 수 있다. 신체적 외모와 마찬가지로 목소리도 디지털 개조에 열려 있다. 예를 들면 인질극 상황을 다루는 영화에서는 몸값을 요구하는 인질범의 목소리를 디지털로 변조하여 더 느리고 깊은 어조를

내게 만든다. 말이 빠르고 새된 목소리의 인질범은 지배력을 드러낼
만큼의 위협을 불러일으키기 어렵기 때문이다.

색깔로도 지배력을 전달할 수 있다. 빨강은 권력 및 우월함과 가장
밀접한 컬러다. 온라인 경매 웹사이트에 빨간 바탕을 깔면 파란 바탕
일 경우보다 지배적이고 공격적인 마음가짐을 유발하여 사람들이 값
을 더 높게 부르고 물건 확보에 더 공격적으로 나서게 만들 수 있다.[68]
빨강은 스포츠 경기 결과에도 영향을 준다. 2005년 〈네이처〉에 실린
한 논문에 따르면 권투, 태권도, 그레코로만형 레슬링 등 일대일 올림
픽 경기 참가자 중 무작위로 빨간색을 배정받은 쪽이 경기장이나 체
중에 관계없이 더 많이 승리했다.[69] 하지만 빨간색의 효과는 두 경쟁
자가 능력 면에서 동등할 경우에만 영향을 미치는 듯하다. 그리고 빨
간색의 '파워 넥타이'를 매는 정치인이 더 호감을 얻는다는 유명한 미
신은 그야말로 미신일 뿐이다. 유명하든 유명하지 않든 정치인의 지
배력, 리더십, 신뢰 가능성 인식에 대한 연구에서 정치인의 연설 영상
속 넥타이 색깔을 디지털로 변경해봤으나 빨간색 넥타이는 아무런
영향을 끼치지 않는 것으로 드러났다.[70]

마지막으로 진화 이론가들은 몸에 문신이나 피어싱을 하면 지배
력에 대한 인식이 높아지고 면역 체계가 활발해진다는 가설을 내세운
다. 문신과 피어싱이 표현의 자유를 상징하며 하드록 음악과 지배적
문화와 연관돼 있다고 믿는 사람들도 있다. 한 연구에서는 페이스북
이용자 2,500명에게 상반신을 탈의한 채 똑같이 무심한 표정과 자세

를 취하고 있는 남성 9명의 사진을 보여줬다. 그중 한쪽 팔에 검은 문신을 넣어 사진을 수정한 남성들은 남녀 이용자 모두로부터 지배적이고 남성적이고 매력적이고 건강하고 공격적이라는 평가를 훨씬 더 많이 받았다.[71] 그러나 이러한 인식이 주는 이익은 보편적이지 않다. 우리 편집자들이 잘 지적해준 것처럼 문신을 한 경비원은 겁을 줄 수 있지만 그렇다고 경비원을 닮은 국회의원 후보에게 사람들이 표를 던지게 되지는 않으니 말이다.

프레임 4

매력

귀여움, 미모, 평균성

2016년 아시안 TV의 진행자이자 모델인 노라 대니시Nora Danish는 말레이시아 세무 당국에 자신이 미모를 유지하기 위해 지출한 비용을 보전받을 수 있도록 세금을 감면해달라고 요구했다.[1] 그녀는 대중에게 매력적으로 보여야 하는 건 유명인으로서의 의무인데 그에 드는 비용이 세금 공제로 처리되지 않는 바람에 자신은 명성으로 인한 재정적 불이익을 받은 것이라고 주장했다. "저를 포함해 모든 말레이시아 국민들은 세금을 납부할 의무가 있어요. 하지만 유명인은 약간의 공제를 받아야 한다고 생각해요. 현대 사회에서는 외모를 가꾸는 데 과거 어느 때보다 많은 비용이 드는데 그렇지 않으면 돈을 벌 수가 없으니 직업 유지 비용으로 인정받아야 마땅한 거죠."

대니시는 대중의 공감을 얻지도, 그녀의 제안을 명백히 거절한 말레이시아 세무 당국의 지원을 얻지도 못했다. 그러나 매력적인 사람들이 부당한 대우를 받는다는 그녀의 주장은 들어볼 만한 가치가 있지 않을까? 아니면 타인을 끌어들이는 능력, 그 결과로 얻는 높은 지위, 그리고 메신저로서의 효과라는 측면에서 오히려 잘생긴 사람이 사실은 인생에서 유리하다고 봐야 할까?

매력적인 외모를 가진 사람은 확실히 영향력 있는 메신저에 어울리는 관심을 받는 듯하다. 거의 모든 건강, 피트니스, 라이프스타일 잡지는 멋진 외모의 매력적인 사람들로 장식되어 있다. 인터넷 웹사이트 역시 특정 제품이나 브랜드의 장점을 부각하기 위해 (가끔은 암묵적이지만 대체로 분명하게) 예외 없이 연상되는 잘생긴 남성의 이미지로 꾸며진다. 매력적인 메신저의 힘과 우리가 외모, 건강 등과 관련 짓는 제품 사이의 연결은 매우 강력하다. 매력은 우리가 친구, 데이트 상대, 입사 지원, 지지 후보, 결혼 상대를 고르는 데 핵심 요소로 기능한다.

또한 겉으로 보기에는 신체적 외모와 아무런 관련이 없어 보이는 영역에도 영향을 끼친다. 금융을 예로 들어보자. 대출을 받을지 말지 결정할 때 사람들은 보통 이자율, 시장, 가격 변동성 같은 경제적 요소만 고려한다고 여긴다. 하지만 시카고대학교 부스경영대학원 연구진이 조사해보니 이런 추측과는 상반된 결과가 나왔다. 연구진이 발견하고자 했던 바는, 인간 심리에 관한 신고전주의적 경제관에 따라 금융과 아무런 상관이 없는 광고 전략은 인간의 사고 과정에 아무런 영향을 끼치지 않아야 한다는 것이었다.

현장 연구를 위해 연구진은 남아프리카의 대출 회사와 협력하여 과거에 대출 업체에서 정보성 메일이나 광고물을 받아본 적 있는 5만 3,000명 이상의 사람들에게 광고물을 보냈다. 이제 잠재적인 대출 소비자들은 새로운 금융 제안을 받게 됐다. 하지만 연구진은 광고물을 각각 다르게 만들었다. 광고에 제시된 이자율뿐 아니라 사용된 이미지도 달랐다. 일부 광고물에만 매력적인 여성의 사진을 넣었고 또 일부 광고물에만 유리한 이자율을 제안했다. 광고물마다 이미지와 이자율이 각기 달랐던 것이다. 그다음 연구진은 대출 회사의 지역 사무소를 통해 각 광고물의 도달률을 수집했다. 그리고 그들이 찾는 답은 물론, 광고물에 담긴 예쁜 얼굴의 사진이 저렴한 이자율과 비교하여 얼마나 가치 있는지를 수량화하기 위해서였다. 그리고 답이 나왔다. 그 가치는 엄청나게 컸다! 매력적인 여성의 사진이 대출 정보 옆에 인쇄된 경우 잠재적 고객의 수신 비율이 더 높아졌다. 여성들에게는 그렇지 않았다. 그들은 너무 현명했다. 연구진의 추산 결과 남성들을 대상으로 했을 때 매력적인 사진은 25퍼센트 감소된 이자율을 제안받았을 때와 같은 정도로 광고물의 수신율을 증가시켰다.[2]

여기서 문제의 핵심은 **신체적** 매력이라는 점에 주목할 필요가 있다. 일반적으로는 매력이란 신체에 국한되지 않는다. 매력적인 메신저는 호감 가는 사람, 온화한 사람, 관심과 호의를 끄는 매너를 가진 사람일 수도 있다. 이런 '소프트'한 효과는 우리가 2부에서 살펴볼 '유대감'이라는 더 큰 주제의 일부이므로 지금은 신체적 매력과 '하드' 메신저 효과로서 신체적 매력이 끼치는 영향에 대해서만 다룰 것이다. 시카고대학교 부스경영대학원의 연구가 보여주듯 신체적 매력은 강력한 효과를 발휘할 수 있다. 매력적인 메신저가 뛰어난 지식, 기술, 권력, 도구적 가치를 소유했기 때문이 아니다. **짝으로서의 가치**를 지녔기 때문이다. 즉 생식 파트너로서 바람직하기 때문에 타인에게서 긍정적인 반응을 불러일으킨다는 것이다. 그로 인해 아름다운 사람들은 우선적으로 대우받고 높은 지위를 부여받으며 또 그 결과 덜 매력적인 사회 구성원들보다 강력한 영향력을 발휘한다.[3] 신체적 매력이 떨어지는 사람 모두가 손해를 보는 것은 아니다. 아름답거나 화려한 메신저와 교류하는 이들 또한 지위가 상승하며 사회적 보상을 얻을 기회를 더 많이 얻는다. 멋진 파티에 초대받고 자기보다 더 매력적인 상대와 대화하며 심지어는 우월한 지위의 세상에서 궁극적인 메신저인 부자와 유명인에게 연줄이 닿을 수도 있다.

매력적인 외모의 기준

우리는 매력적인지 여부에 대한 판단을 200밀리세컨드(0.2초) 내에 내릴 수 있다. 예를 들어 앨리스와 로라가 술집에 들어가서 톰과 제이슨을 처음 봤다면 각 쌍으로부터 어떤 남녀가 더 매력적인지 거의 즉각적이고 암묵적인 이해가 이뤄진다는 얘기다. 앨리스와 로라는 둘 다 제이슨을 원하고 톰과 제이슨은 모두 앨리스에게 끌린다. 우리 모두는 신속하게 반응하며, 같은 사람을 매력적으로 여기는 경향이 있다. 우리 중에 금발보다 갈색 머리를, 혹은 갈색 머리보다는 빨간 머리를, 덩치가 있는 쪽보다 호리호리한 체형을 좋아하는 사람이 있을 수 있다. 이처럼 개인적 취향은 다양하지만 남성과 여성, 어른과 청소년, 문화권 내외부에 대한 메타 분석과 다양한 연구 결과를 비교하면 누가 매력적이고 누가 그렇지 않은지에 대한 광범위한 합의가 존재한다는 것을 알 수 있다.[4]

청소년과 성인 사이에만 이런 합의가 발견되는 것은 아니다. 텍사스대학교 교수이자 해당 분야의 저명한 전문가인 주디스 랭글로이스 Judith Langlois에 따르면 생후 2~3개월 유아들도 매력적인 얼굴과 그렇지 않은 얼굴 간의 차이를 안다고 한다. 한 연구에서는 아기들을 여성의 얼굴 사진을 여러 쌍 띄운 스크린 앞에 앉혔다. 이 사진들 속 여성들은 모두 무표정한 얼굴에 머리카락 색도 보통이거나 어두웠다. 이들 간에는 단 하나의 차이만 존재했다. 각 쌍 중 한 명은 이전에 성인들로부터 매력적이라고 평가받은 사람이었고 다른 한 명은 매력적이지 않다고 평가받은 사람이었다. 각 쌍의 사진들 각각을 얼마나 오래 주시하는지를 측정하여 아기들의 반응을 평가해보니 태어난 지 2개월밖에 안 된 아이들이지만 '매력적이지 않은' 쪽보다 '매력적'인 쪽을 더 오래 쳐다봤다.[5] 또 다른 연구에서 랭글로이스는 자신이 '**긍정적 정서 분위기**positive affective tone'라고 명명한 것을 기록했다. 아기가 어떤 상대에게 얼마나 긍정적으로 반응하는지를 아기의 미소와 상대 쪽으로 이동하려는 경향을 통해 측정한 결과였다. 이를 통해 그녀는 한 살짜리 아기도 매력적이지 않은 쪽보다 매력적인 낯선 사람(또는 인형)을 향해 **긍정적 정서**를 더 많이 발산하며 회피와 고통의 감정은 덜 드러낸다는 점을 발견했다.[6]

이런 성향은 일방통행이 아니다. 귀여운 아기와 덜 귀여운 아기 사진을 본 성인은 대개 귀여운 아기에게 더 많은 관심을 기울이고 더 자주 어르고 더 높은 애정을 보인다. 특히 놀라운 건 실제 부모들에게도 그 효과가 나타난다는 점이다. 아기를 먹이고 같이 활동하는 모습을 관찰한 연구에서 덜 매력적인 아기의 엄마는 자녀에 대한 애정을 적게 드러내고 방 안의 다른 성인과 교류하는 데 시간을 더 많이 보낸다는 점을 발견했다. 또한 이들은 더 예쁜 아기를 둔 엄마들과 비교하여 자식에게 일상적인 육아만을 제공하고 '애정 어린 행동'은 덜 보여줬다.[7]

예쁜 아기는 매우 영향력 있는 메신저가 된다. 지난날 제품 광고에 아기 사진을 자주 사용했던 광고주들이라면 잊을 수 없는 기본적 진실이다. 심지어 달콤한 탄산음료에까지도 말이다. 한번은 1950년대 〈라이프〉지에 실린 한 광고 사진이 들어간 트위터 게시물 하나가 소셜미디어상에서 상당한 화제를 일으켰다. 이 사진에는 하이네켄 맥주병을 들고서 마시고 있는 귀여운 아기가 있었다.[8] 눈 밝은 사람들이 민첩하게도 이 사진이 가짜임을 금방 밝혀냈다. 원래 광고에선 아기

Why we have the youngest
customers in the business

Nothing does it like Seven-Up!

귀여운 아기는 꽤 영향력 있는 메신저가 될 수 있다.

가 맥주를 마시지 않았다. 대신 세븐업 사이다를 마셨다! 광고하는 제
품에 적합한지와는 관계없이 매력적인 아기에게는 대체 불가하게 관
심을 잡아끄는 힘이 있는 듯하다.

데이트 앱의 정보부터 정교한 안면 수정 기술과 연관된 연구 프로
젝트까지 다양한 데이터 덕분에 우리는 누가 매력적으로 보이고 누가
그렇지 않게 보이는지를 상당한 수준으로 알 수 있다. 두 가지 핵심적
이고 당연한 가산 요인은 젊음 그리고 얼굴의 대칭이다. 그러나 세 번

째 요인은 금방 눈에 띄지 않는다. 젊은 이미지, 대칭성과 더불어 매력적인 얼굴에는 바로 '평균'이 있다.[9] 약간은 모순처럼 들릴지 모른다. 정의상 매력적인 얼굴은 평균 이상이라는 뜻인데 어떻게 사람들이 평범하거나 '전형적인' 얼굴을 더 선호할 수 있다는 말인가? 그러나 사실 우리는 평균적인 얼굴이 정확히 평균치에 가깝기 때문에 그런 얼굴을 좋아한다. 그런 얼굴에는 다른 얼굴과 차별화되는 개별적이고 두드러지는 특징이 없기 때문이다. 두드러지거나 독특한 특징은 유전적인 문제가 잠재돼 있다는 표시일 수 있다. 평균적인 얼굴은 건강함을 가리킨다. 이 사실은 또한 대칭적인 얼굴이 더 매력적인 이유를 설명해주기도 한다. 좌우 대칭은 좋은 유전자를 소유했음을 알려주는 자연의 방식이다. 유전자의 품질을 직접적으로 관찰할 수 없기 때문에(첫 데이트에서 유전자 해독 보고서를 요청하면 두 번째 데이트를 기대하기는 어려울 것이다) 우리는 대신 다른 간접적 신호를 찾으려는 것이라고 진화생물학자들은 설명한다. 젊음, 대칭, 평균성은 잠재적인 짝이 생존하여 미래 세대에 좋은 유전자를 넘겨줄 가능성이 있다는 신뢰할 만한 신호를 발산한다. 달리 말하면 젊음, 대칭, 평균이라는 특징에 매력을 느끼는 사람은 후손을 낳아 기르게 될 가능성이 높고 이 후손 또한 번식하게 될 가능성이 높은 것이다.

우리가 평균적인 얼굴을 매력적이라고 여기게 되는 데는 또 다른 이유가 있다. 평균성은 그 소유자를 널리 퍼지게 만들고 또 번성하게 함으로써 더욱더 친근해진다. 친근한 얼굴은 우리가 아는 사람들과 공통된 요소를 가지고 있으며 우리가 편안함을 느끼는 상대와 사회적 유대감을 공유하기에 더 매력적으로 다가온다.[10] 따라서 기존에 학습된 부정적인 연상 작용이 존재하지 않는 한, 친근함에 대한 선호가 워낙 강력하기 때문에 일반적으로 우리는 우리와 닮은 사람을 찾으려 한다. 실제로 연구 결과에 의하면 사람들은 자신의 모습과 비슷하게 보이도록 변형된 타인의 사진에 가장 매력을 느낀다. 다른 연구에서는 일반적으로 사람들에게 자신과 비슷하게 매력적이고 유사한 사회 경제적 지위를 가진 파트너와 동거하고 결혼하려는 이른바 **동류 교배** 경향이 있음이 밝혀졌다. 자신과 완전히 반대인 상대에게 매력을 느끼기도 하지만 비슷한 성향의 사람들끼리 무리를 이루는 게 훨씬 흔한 현상이다.[11]

그러나 아무리 비슷하다고 해도 절대 서로 무리를 이루지 않는 새들도 있다. 바로 완전히 똑같은 새들이다. 우리가 우리와 비슷한 사람에게 매력을 느낀다 해도 어느 정도의 차이는 요구한다. 실험 참가자들에게 참가자들 자신의 얼굴에다가 매력적이라고 평가받은 다른 얼굴을 일부 섞은 파트너의 사진을 보여준 노르웨이 연구진은 사람들이 매력을 느끼는 최적의 조합이 파트너의 얼굴에 자기 얼굴을 22퍼센트 섞은 결과물이라는 점을 발견했다. 그러나 그 비율이 33퍼센트까지 올라가면 참가자들은 더 이상 그 얼굴을 매력적이라고 느끼지 못했다. 덧붙이자면 객관적인 관찰자들은 22퍼센트 변형된 얼굴을 전혀 매력적이지 않다고 평가했다.[12] 여기에는 확실한 생물학적 이유가 있는 듯하다. 어느 정도 수준의 유사함은 매력적일 수 있지만 과도한 유사성은 완전히 다른 반응, 즉 근친교배에 대한 혐오감을 자극하게 되는 것이다.

물론 이성애자 남성과 여성이 반드시 **같은** 특징에 끌리는 것은 아니다. 여성과 남성은 생김새도 다를뿐더러 서로를 바라보는 방식 또한 다르다. 매력의 성적 이형성sexual dimorphism 이론에 따르면 남성은 여성적인 여성에게, 여성은 남성적인 남성에게 매력을 느낀다.[13][14] 이 점은 온라인상에서 진행되는 로맨틱한 상호작용에 대한 수백만 건의 데이터, 신문 광고란에 게시된 광고, 여러 사람을 짧게 많이 만나보는 스피드 데이트 결과에 의해 뒷받침된다. 그리고 이렇게 얻은 지식으로부터 근원적인 진실을 유추할 수 있다. 여성은 보통 자신보다 3~4인치(7~10센티미터) 크고(그래서 여자가 하이힐을 신으면 높이가 얼추 비슷해지는) 체격이 좋은 남성을 선호한다. 남성은 여성의 신장에 덜 신경 쓰는 반면, 나이에 더 많이 신경 쓴다. 남성은 젊고 날씬하고 여성적인 외모의 여성을 좋아한다.[15] 데이트 상대에 대한 선택지가 더 많을 것으로 짐작되는 〈포브스〉 부자 목록에 이름을 올린 남성들은 평균적으로 자신보다 일곱 살 어린 아내를 두고 있다. 그리고 이들의 두 번째 아내는 평균적으로 이들보다 스물두 살이 어리다.[16] 젊은 여성들이 데이트 사이트와 앱에서 특히 인기가 좋기 때문에 나이가 많고 매력도가 떨어지는 사람들은 사진을 손보고 나이와 외모를 속여야 한다는 유혹을 받는다.[17] 남성과 여성 모두 젊어 보이는 외모를 선호하지만 남성의 경우 더욱 그렇다. 이를 진화론적으로 설명해보자면 평균적인 남성에게 성적 욕망이 더 많이 부여되므로 잠재적인 배우자를 고려할 때 생식력의 신체적 지표에 여성보다 무게를 두기 때문이다.

재미있게도 하이힐은 원래 여성용이 아니라 남성용 승마 신발로 고안된 것이다. 승마술이 중요한 능력으로 인정받던 16세기의 페르시아 전사들은 활을 조준하고 쏠 때 발이 발걸이에서 떨어지지 않게 하려고 하이힐을 신었다. 여성들이 하이힐은 신기 시작한 건 비교적 최근이다.

인류학자들에 따르면 하이힐은 신장을 높여줄 뿐 아니라 등을 굽히고 엉덩이를 돌출시키는 '구애의 자세'를 취하게 만든다. 포유류가 짝짓기를 할 때 흔히 발견되는 자세다. 그러므로 하이힐은 매력의 비생물학적 요인 중 하나라고 할 수 있다. 실용적이지도 편안하지도 않지만 말이다.[18]

매력의 장점

매력에는 엄청난 보상이 뒤따른다. 사랑이라는 영역에서는 평균 이상의 매력을 가진 사람이 큰 관심을 받는다. 또 그에 따라 어떤 성별이든 미래의 파트너를 고를 때 선택의 기회도 더 많아진다. 구인광고에 대한 반응이든, 온라인에서나 데이팅 앱에 올린 프로필에 쏠리는 관심이든, 스피드 데이트 행사에서 받은 연락처든, 사회에서 매력적인 개인에게는 늘 수요가 따른다.[19] 이보다 놀라운 건 매력적인 사람들이 삶의 다른 많은 영역에서도 이익을 누린다는 점이다. 유아기에서 아동기로 넘어갈 때, 또 초등학교에서 중고등학교로 올라갈 때, 매력적인 아이들은 교사에게 호의적인 대우를 받는 경우가 있으며 또래들 사이에서도 인기를 끈다. 매력적인 아기와 부모 간 편견처럼 교사와 학생 간 편견도 양방향으로 작동한다. 매력 있는 학생은 교사에게 더 좋은 점수를 받고 반대로 매력 있는 교사는 대개 학생들에게 더 좋은 평가를 받는다. 매력 있다고 평가받는 아이들은 사회적으로 바람직한 성격을 가졌다고 여겨질 가능성이 훨씬 높고, 이후 인생에서 큰 성공을 거둘 가능성도 높다.[20]

10대가 성인으로 성장하면서 관심이 직업과 경력으로 옮겨질 때도 매력은 계속해서 큰 역할을 한다.[21] 다른 조건이 모두 동등할 경우 더 매력적이라고 평가받는 사람이 더 좋은 직장을 얻을 가능성이 높다. 유리함은 여기서 끝이 아니다. 매력적인 직원은 자신이 고른 커리어의 발전 궤적에서 더 빨리 더 높이 진급한다. 급여도 더 많이 받는다. 이 모두가 평균적인 외모의 동료들과 비슷한 경험, 잠재력, 직업윤리를 가졌어도 가능한 일이다. 이른바 '외모 프리미엄'으로 알려진 이 현상에 대해 미국의 저명한 경제학자 대니얼 해머메시Daniel Hamermesh는 수치화가 가능하다고 주장했다. 연간 소득을 약 10~15 퍼센트 정도 많이 받을 수 있다는 것인데 이는 미국 노동시장에서 인종과 성별 차이에 따른 임금 격차와 같은 수치다.[22] 실제로 해머메시

하드 메신저

는 미국 흑인 남성이 경험하는 소득의 불이익이 매력적이지 않은 백인 남성이 받는 불이익과 유사하다는 사실을 근거로 제시했다. 평균 이하 외모의 남성은 매력적인 또래에 비해 커리어 전반에 걸쳐 거의 25만 달러(3억 원)나 수입이 더 적을 수도 있다. 물론 개인의 행복에 영향을 미치는 요인이 돈뿐만은 아니지만 그럼에도 돈은 중요한 요소다. 따라서 매력적이지 않은 사람이 덜 행복한 것으로 나타났다는 점 또한 별로 놀랍지 않다.[23] 소득을 포함해 인생 경험에서 이런 불균형이 나타나기 때문에 일부에서는 외모의 영향력을 감소시킬 정책을 요구해왔다. 스탠퍼드대학교 로스쿨 교수인 데버라 로드Deborah Rhode는 인종, 피부색, 종교, 성별, 국적을 이유로 한 고용 차별을 금지하는 1964년 미국 민권법Civil Rights Act, 연령을 이유로 한 고용차별을 금지하는 1967년 고용차별금지법Discrimination in Employment Act, 장애로 인한 차별로부터 지원자와 직원을 보호하도록 한 1990년 장애인법Disabilities Act과 마찬가지로 외모를 이유로 직원을 차별하는 걸 금지하는 법적 조치가 이뤄져야 한다고 주장해왔다.[24]

문제는 매력에 대한 편견이 매우 깊다는 점이다. 우리가 성관계를 대가로 배역을 거래하는 이른바 '캐스팅카우치 사회casting-couch society'에 살고 있는지 여부가 논쟁거리인 것처럼 채용 과정이 사실상 미모 경쟁이나 다름없다는 공공연한 혐의가 실제인지도 증명하기는 어렵다. 그러나 매력이 지나치게 선호된다는 점은 의문의 여지가 없다. 이 점은 다양한 산업군에 걸쳐 게시된 채용 공고에 1만 1,000통

이상의 이력서를 보냈던 이탈리아 연구진에 의해 설득력 있게 입증됐다. 이 이력서 중 일부에는 지원자의 사진을 넣었고 일부에는 넣지 않았다.[25] 예비 고용주들로부터 온 반응에는 예측 가능한 패턴이 존재했다. 제출된 이력서에 지원자의 매력을 알 수 있는 사진을 첨부하여 제출한 이력서가 그렇게 하지 않은 이력서에 비해 회신을 받을 가능성이 20퍼센트 더 높았다. 매력이 떨어지는 지원자의 사진이 첨부된 이력서가 최악의 대우를 받았다. 그리고 매력적인 지원자의 경우에는 성별에 관계없이 응답률이 같았지만 매력적이지 않은 지원자의 응답률은 그렇지 않았다. 매력적이지 않은 남성은 지원한 직장 중 26퍼센트에서 회신을 받았지만 여성의 경우에는 단 7퍼센트에 그쳤다. 이러한 결과는 일회성으로 끝나지 않는다. 아르헨티나와 이스라엘에서 수행된 연구에서도 유사한 결과가 나왔다.[26] 그리고 27개의 연구 결과를 종합한 메타 분석 결과, 매력은 고용 부문과 직무 수준에 관계없이 학업과 직업 모두에서 성과에 영향을 미치는 것으로 나타났다.[27]

더 매력적인 지원자에게 주어지는 불공평한 이익을 기업 차원에서 줄일 수 있는 방법은 분명 있다. 이력서를 사진 없이 받으면 된다. 지원자 선발 초기 단계에서는 대면 미팅을 하지 않을 수도 있다. 온라인 테스트를 치르거나 서면 과제를 제출받거나 영상 기능을 끈 채로 화상 통화 또는 전화 통화를 통해 면접을 진행할 수도 있다(이러면 양쪽 모두가 좋을 수 있다. 선발자의 상대적인 매력 또한 채용 과정에 편견으로 작용할 수 있기 때문이다). 이러한 작은 조치들로 최소한 더 많은 지원자들(그리고 잠재적으로는 더 나은 지원자들)을 면접에 참여시킬 수 있다. 그러나 중개인의 묘사에만 의존하지 않고 직접 구매할 집을 살펴보길 원하는 주택 구매자처럼 예비 고용주도 어느 시점에서는 지원자들을 직접 만나보고 싶어 할 것이다. 그리고 그때가 바로 매력의 장점을 가진 메신저가 마법을 부릴 수 있는 시기가 된다. 모든 후보자가 똑같은 메시지를 전달하고 싶어 할 것이다. "저는 제가 이 일에 가장 잘 맞는 사람이라고 믿습니다." 그러나 경험, 능력, 면접 기술을 모두 고려한 이후에도 상대적인 매력은 여전히 선발자의 평가를 편향시킬 것이다.

노동시장은 메신저의 매력이 지배할 수 있는 공적·전문적 영역 중 하나에 지나지 않는다. 정치 무대 또한 그 영향을 받기 쉬운 곳이다. 〈공공 경제학 저널Journal of Public Economics〉에 실린 한 연구는 다른 모든 조건이 동일할 경우 더 매력적인 후보자가 매력이 덜한 후보자에 비해 20퍼센트 더 득표할 수 있다고 주장했다.[28] 재판에 관한 연구에서도 배심원들이 단지 피고인의 매력에 기초하여 재판 초기에 유무죄 여부에 대한 판단을 내리는 경우가 많다는 점을 보여주었다. 예일 대학교 연구진은 메타 분석을 통해 가상의 사례를 제시받은 모의 배심원이 매력적인 피고를 유죄로 판단하는 경우가 더 드물었으며 유죄에 대한 적절한 형벌에 관해서는 비록 강도나 강간 등의 중범죄라도 매력적인 범죄자에게 관대한 형량을 부여했다는 점을 발견했다.[29] 유죄 판결을 내리고 처벌을 결정하는 배심원, 리더를 선출하는 유권자, 직원을 고용하고 승진시키는 관리자가 사용하는 표준적인 신호는 모두 그들 앞에 선 메신저의 매력에 영향을 받을 수 있는 듯이 보인다.

매력을 끌어올리는 법

매력은 선천적이지만 그렇다고 자연의 솜씨를 인공적으로 개선
할 수 없다는 뜻은 아니다. 외모를 잘 가꾸는 것은 분명 도움이 된다.
프랑스의 소비심리학자 니콜라 게겐Nicolas Gueguen과 그 동료들은 화
장을 하고 교대하는 웨이트리스가 그렇지 않은 경우보다 남성 손님들
로부터 평균적으로 26퍼센트 더 많은 팁을 받는다는 점을 입증했다.[30]
복장 또한 매력도의 인식에 영향을 끼칠 수 있다. 앞 장에서 우리는
격투 스포츠에서 다른 조건들이 모두 비슷할 경우 빨간색을 지정받은
선수가 파란색 선수보다 많이 이긴다는 연구를 확인했다. 하지만 빨
간 옷은 매력에 대한 인식 또한 끌어올릴 수 있다. 특히 여성의 경우
그렇다. 연구에 의하면 여성 히치하이커가 빨간색 상의를 입었을 때
성공률이 더 높으며 웨이트리스가 빨간 티셔츠를 입고 빨간 립스틱을
발랐을 때 손님이 팁을 더 많이 준다고 한다.[31] 각 사례에서 "나를 태
워주세요"와 "팁을 감사히 받을게요"라는 메시지는 동일하다. 다만 메
신저의 외모가 달라지는 것이다.

빨간색이 여성적 매력을 높여준다면 여자들은 일부러 빨간색을
사용하는 것일까? 연구에 의하면 분명 사실일 수 있다. 하지만 그것은
무의식적인 행동으로 보일 때도 많다. 여자들에게 "마지막 생리가 시

작된 지 며칠이 지났죠?"라고 직설적으로 물어본 브리티시컬럼비아 대학교의 연구진은 월경 주기 중 가임기(임신 가능성과 섹스에 대한 생물학적 동기가 가장 높을 때) 여성이 빨간색 옷을 입을 가능성이 훨씬 높다는 점을 발견했다. 이는 특정한 색깔의 선택과 임신 가능성 간에 무의식적인 연관성이 있음을 암시한다.[32] 빨강의 힘은 다른 연구에서도 드러났다. 이 연구진은 지역 대학교의 실험에 여성들을 초청한 후 이 여성들에게 실험을 주관할 남성 연구보조원의 사진이 포함된 확인 이메일을 발송했는데 이 연구보조원 중에는 매력적인 남성과 매력적이지 않은 남성들이 섞여 있었다. 대학 실험실에 도착한 여성들은 예기치 못한 상황으로 인해 그 연구보조원이 아니라 다른 실험자가 실험을 진행할 것이라는 공지를 듣게 됐다. 그러나 사실 실험은 이미 완료되어 결과가 도출된 셈이었다. 잘생긴 연구보조원을 만나리라 기대하고 찾아온 여성들이 빨간색 옷을 입은 확률은 3배나 더 높았다.[33] 그들은 빨간 옷이 자신의 매력을 높여줄 것임을 알았던 것이다.

매력적인 개인이 영향력 또한 높을 수 있다는 점을 감안하면 기업들은 외모가 뛰어난 직원들을 채용하고자 하는 유혹에 이끌릴 수 있다. 외모가 뛰어난 사람들은 확실히 효율과 생산성이 더 높을 수 있다. 특히 영업, 홍보, 사업 개발처럼 메시지 전달이 업무의 핵심일 경우에 더욱 그렇다. 예를 들면 눈에 띄는 외모의 영업자가 평범한 사람에 비해 의사에게 처방약을 파는 데 성공할 가능성이 더 높다. 비록 이 경우에 적용되어야 마땅한 유일한 기준은 약의 효능과 가격이며 고도의 자격을 갖춘 의사가 이 사실을 모를 리 없음에도 불구하고 말이다. 그러나 연구 결과에서 얻은 데이터에 의하면 의사의 처방전을 수집하여 면밀히 조사해봤더니 약품을 판매한 제약회사 영업사원의 매력도와 해당 약이 이후 처방된 용량 간에는 분명한 상관관계가 성립했다.[34] 그렇더라도 눈에 띄는 영업자의 외모 효과는 찰나에 지나지 않을 수 있다. 시간이 지나면서 영업자와 의사 간의 교류 횟수가 늘고 관계가 발전되면 매력의 후광 효과는 가라앉는다. 오히려 고전적인 미인계에서처럼 매력적인 메신저는 새로운 고객을 끌어들이는 데 특별히 효과적일 수 있다. 그렇다고 고객을 계속 유지할 수 있다는 건 아니다.

그러나 차별적인 고용 외에도 기업이 대리인의 매력도를 상승시킬 수 있는 다른 방법들이 존재한다. 대개는 미소로도 충분하다. 미소가 사람을 더욱 매력적으로 만들기 때문이다. 이는 미국의 슈퍼마켓 체인 세이프웨이Safeway가 자신들의 '우월한 서비스 정책'을 통해 따뜻하게 강조하고 있는 철학이다. 이 정책은 직원이 고객과 눈을 맞추고, 가능하면 자신의 이름을 밝히며 응대하고, 특정 제품을 찾지 못하는 고객은 제품이 있는 장소까지 동행하고, 무엇보다 따뜻한 미소를 지을 것을 권장했다. 이 정책이 준수되는지 확인하기 위해 일군의 '미스터리 쇼퍼'들이 고용되어 직원들을 평가했다. 그리고 성적이 뛰어난 직원에게는 충분한 보상을 주었다. 성적이 나쁜 직원은 세이프웨이 직원들끼리 '스마일 학교'라고 부르는 곳으로 보냈다. 이 정책은 대부분 잘 받아들여졌다. 고객들 입장에서 뛰어난 서비스를 영업 전략의 핵심으로 내세우는 회사는 칭찬과 충성도 상승으로 보답해줘야 마땅했다. 그러나 세이프웨이의 솔선수범은 의도치 않은 결과를 낳기도 했다. 〈워싱턴포스트〉는 일부 쇼핑객들이 미소 짓는 직원들의 친절함을 과도하게 받아들인 나머지, 남성 고객들이 자신들의 미소를 유혹의 표시로 오해한다는 여성 직원들의 불평이 많아졌다고 보도했다. 그러나 세이프웨이는 이에 굴하지 않고 해당 정책을 고수했으며 결국 여성 직원 5명은 차별을 이유로 회사를 고소했다. "우리는 우리 직원에 대한 괴롭힘을 용납하지 않습니다." 세이프웨이 대변인은 말했다. "안타깝게도 고객도 사람인지라 예상 밖의 행동을 보일 수도 있는 겁니다."[35]

인식된 매력을 강화시키는 행동은 긍정적인 평가와 특혜로 이어질 수 있다. 그러나 세이프웨이 직원들이 알게 된 것처럼 매력은 저주가 될 수도 있다. 예를 들어 원치 않는 관심과 대상화, 더 심각한 경우에는 괴롭힘과 적개심마저 불러일으킬 수도 있는 것이다. 특히 여성이 대상일 경우에 그렇다. 그리고 공격의 주체가 남성인 것만도 아니다.

매력의 단점

한번은 라디오 인터뷰 도중에 컨트리송 가수인 돌리 파튼Dolly Parton이 한 어린 소녀에 대한 이야기를 한 적이 있었다. 여덟 살쯤 된 이 소녀는 60대 후반인 파튼의 콘서트에 온 관객이었다. 파튼은 이 소녀가 아름다운 빨간 머리에 밝은 피부, 예쁜 녹색 눈동자를 가졌다고 회상했다. 파튼에게 사인을 청하는 소녀에게 그녀가 이름을 물었다.

"졸린이에요." 소녀가 답했다.

"참 예쁜 이름이구나. 그 이름에 대한 곡을 써야겠어." 파튼이 말해주었다.[36]

그리고 파튼은 실제로 같은 제목의 곡을 만들었다. 그러나 사실 이 노래는 그 어린 소녀에 관한 곡이 아니라 또 다른 빨간 머리, 돌리 파튼이 살았던 곳 근처 은행에서 일했던 여자에 관한 곡이었다. "그녀는 제 남편에게 제대로 꽂혔죠." 파튼이 설명했다. "그리고 그 여자가 관심을 보이니 남편도 은행에 가는 걸 즐겼어요. 그건 남편과 저 사이에 일종의 농담거리였죠. 저는 이렇게 말하곤 했어요. '헐, 당신 은행에 너무 오래 있는 거 아냐? 우리에게 그만큼 돈이 많지도 않은데 말이야'라고요."

"그 여자는 제가 갖지 못한 모든 걸 갖고 있었죠." 파튼은 이야기를 이었다. "예를 들면 다리 말이에요. 키가 거의 180센티미터는 됐으니까요. 그 외에도 저처럼 키가 아주 작은 사람한테는 없는 모든 걸 가졌어요. 그러니까 당신이 아무리 아름다운 여자라도… 항상 다른 여자들에게 위협을 받는다는 거예요. 끝."

가사의 단어가 200개가 넘지 않는 돌리 파튼의 노래 '졸린Jolene'은 그동안 사회과학자들이 설명하려고 갖은 애를 써왔던, 널리 알려진 효과를 절절하게 묘사해낸다. 바로 여성의 매력이 다른 여성에게 불러일으킬 수 있는 적대감 말이다.[37] 2,000명 이상의 청소년을 대상으로 한 캐나다의 연구에서는 보호 요인으로서 매력을 사용하는 남성은 다른 남성들로부터 희생양이 될 가능성이 적지만 여성의 경우에는 반대 결과가 나온다는 점을 발견했다. 매력적인 여성은 다른 여성들에게 괴롭힘을 당할 가능성이 더 많다는 것이다.[38] 이와 유사하게 심리학자 프랭크 맥앤드루Frank McAndrew는 여성의 미모가 타인에게서 어떻게 야수성을 자극할 수 있는지에 대해 광범위하게 글을 써왔다.[39] 이들은 남성이 얼마나 쉽게 아름다운 여성에게 이끌리는지 곧장 알아차리기 때문에 무리를 지어 소문과 근거 없는 이야기를 퍼뜨려 그녀의 명성을 떨어뜨리고 지위에 나쁜 영향을 주고 외모를 깎아내린다는 것이다. 이런 조치가 성공을 거두면 대상 여성의 사회적 관계망을 유지하는 능력과 친구 관계가 훼손되고 사회적으로 무력한 위치에 놓이게 될 수 있다. 만약 언어적 공격으로 그녀를 사회적으로 고립시키는 데 성공하지 못할 경우에는 신체적 위협과 폭행을 가할 수도 있다.[40]

2012년 영국 신문 〈데일리메일〉에 쓴 기사로 인해 악명을 얻은 프리랜서 저널리스트 서맨사 브릭Samantha Brick의 예를 살펴보자. 그녀는 이 글에서 매력적이어서 생기는 단점들을 한탄하면서 그 때문에 집단 괴롭힘을 받는 경향이 있다는 점을 강력히 성토했다.[41] 비행기에 탔을 때 공짜 샴페인을 받는다든지 잘생긴 낯선 남자가 외상 술값을 대신 갚아주거나 기차표나 택시비를 내주겠다고 하는 등, 매력적이어서 생기는 장점들도 있긴 하지만 단점 또한 겪게 된다는 것이다. 남성이 전화번호나 데이트를 요구하며 성가시게 구는 등 원치 않는 관심보다는 오히려 다른 여성들로 인한 고충이 더 크다고 했다. 그녀는 다른 여성이 그녀의 코앞에서 문을 쾅 닫는다거나 여자 상사가 직장에서 그녀를 괴롭히고 회사를 떠나라고 강요하며, 평범하게 생긴 동료를 자신보다 먼저 승진시켰던 사례를 예로 들었다. 또한 수많은 여성 친구들이 있지만 누구도 자신에게 신부 들러리를 서달라고 요청하지 않았다고 했다. 그녀의 의심과 불평이 정당한지 여부는 여기서 따질 사안이 아니다. 여기서 주목해야 할 건 그녀의 기사가 불러일으킨 엄청난 적대감이다. 수천 명의 독자들이 그녀를 공격하는 글을 썼고 그중 다수는 독설이었다. 부정적인 반응은 특히 여성들이 쓴 글에 몰려 있었다. 브릭은 의도치 않게 자신의 주장을 증명한 것일지도 모른다.

이처럼 매력이라는 개념은 여성에게 상당한 문젯거리가 된다. 여성은 남성에 비해 외모로 평가받을 가능성이 높다. 매력적이라고 여겨지는 여성은 다른 여성들로부터 적대적인 대우를 받을 수 있다. 매력적이지 않다고 여겨지는 여성은 타인들로부터 사회적 가치를 잃고 그에 따라 지위가 감소하는 괴로움을 겪을 위험이 있다. 예를 들면 체중 문제에 관한 한, 과체중인 남성도 고용 시장에서 불이익을 받는 게 사실이지만(고용 추천, 자격 평가, 징계 결정, 급여, 배치 결정 등 직업과 관련된 결과들) 과체중 여성은 직업적으로 어려움을 겪을 가능성이 훨씬 더 높다.[42] [43] 남성에게 매력은 플러스 요인이다. 여성에게 매력은 플러스 요인이기도 하고 마이너스 요인이기도 하다. 불편한 진실은 매력의 법칙에서는 성별이 여전히 중요하다는 것이다.[44]

매력의 일반적인 특징인 평균성, 젊음, 대칭 외에도 여성과 남성이 보는 매력의 관점은 분명히 다르다. 또한 성별마다 매력에 두는 상대적인 중요성도 다르다. 〈포브스〉 부자 목록에 이름을 올린 남성들은 젊은 모델과 데이트하는 걸 즐기는 반면, 지위가 높고 신체적으로 매력적인 여성은 자신의 남성 동반자로부터 사회경제적 지위와 역량을 찾으려는 경향이 더 높다.[45] 예를 들면 매릴린 먼로라면 매력적인 남성을 선택할 수 있었겠지만 실제로는 극작가 아서 밀러와 사랑에 빠졌고 알베르트 아인슈타인이 잠재적인 구혼자 명단에 있었다는 소문이 돌기도 했다. 언론, 가부장적 권력, 다른 사회적 요인들도 한 역할을 담당한다. 현재의 미적인 이상은 (특히 여성이 타인들로부터 사회적 가치를 잃지 않으려면) 마른 몸매를 유지해야 한다고 규정하고 있다. 시대에 따라 적용되는 규칙이 달랐다. 빅토리아 시대에는 체격이 큰 여성을 선호했다. 1920년대에는 소년 같은 외모가 대유행이었다.

사회가 남성의 외모보다 여성의 아름다움을 더 강조하는 것은 진화적 요인과 큰 관련이 있다. 남성은 여성에 비해 부모로서 해야 할 의무가 적다.[46] 여성은 태아를 임신하고 출산한 다음에도 수유까지 해야 할 수 있다. 그러므로 배우자를 고를 때 충분한 지원을 할 능력과 의지가 있는지 보여주는 특징을 찾는다. 한편 남성은 자신에게 아기가 있다는 사실조차 모를 수도 있고 혹은 알더라도 사라지는 쪽을 택해서 부모로서의 의무를 피할 수도 있다. 일반적으로 남성은 더 큰 성욕을 타고나며 잠재적 배우자를 고를 때 생식력을 나타내는 신체적 표지에 더 중점을 두는 경향이 있다.[47] 사랑의 대상을 찾는 남성에게는 매력과 매력이 함축하는 모든 것들이 중요한 것이다. 반면 여성은 매력을 상대적으로 덜 중시하며 다른 요인들에 더 중점을 둔다.

하드 메신저에서 소프트 메신저로

1920년대와 1930년대에 미국 통신회사 웨스턴 유니언Western Union은 위기를 맞았다. 미국 전역에 급속하게 전화선이 설치되어 전보를 통해 벌어들이던 수입에 막대한 피해를 입었던 것이다. 또한 라디오와 텔레비전이 보급되면서 라디오와 텔레비전 광고가 증가하자 배달 소년들을 가가호호 방문시켜 전단과 상품 샘플을 통해 비누부터 시리얼까지 온갖 제품을 홍보하던 이 회사의 수익 좋고 인기 있는 다이렉트 마케팅 서비스가 위협을 받았다. 뭔가 시급한 조치가 필요했다.

웨스턴 유니언이 취했던 가장 성공적인 조치 중 하나는 우리가 지금까지 살펴본 여러 가지 하드 메신저 효과들을 활용한 것이었다. 소위 '극적 배달'로 알려진 이 조치는 광고를 완전히 다른 수준으로 바꿔놓았다.[48] '극적 배달' 서비스를 제공하는 배달 소년들은 주로 '잘생긴 타입'이었다. 이들 모두에게는 주부들에게 샘플과 브로슈어를 넘겨줄 때 환하게 웃으라는 지시가 주어졌다. 이들은 놋쇠 단추가 달린 더블 브레스트 정장에 풀 먹인 셔츠와 공식 모자로 구성된 권위 있어 보이는 유니폼을 착용함으로 위신과 역량을 과시했다. 이들의 서비스는 가격도 적절했다. 웨스턴 유니언의 극적 배달 서비스를 사용한다는 것은 단지 회사의 제품에 대한 신호를 보내는 데 그치는 게 아니라 회사 자체에 대한 신호를 보내는 것이었다. 즉 이렇게 말하는 효과가 있었다. "우리는 품격 있는 회사입니다."

웨스턴 유니언의 극적 배달 메신저 서비스는 얼마나 성공적이었을까? 2,000곳이 넘는 기업을 대표하는 미국 광고연합US Trade Association of Advertising이 미국 상원에 웨스턴 유니언이 이 새로운 서비스를 통해 누리는 불공정하고 지배적인 지위에 대해 조사해달라고 로비했을 정도였다. 왜 그토록 성공적이었을까? 모든 광고 회사는 예비 소비자에게 계속 똑같은 메시지를 보냈다. "이 샘플을 써보세요." "우리 브로슈어를 봐주세요." "우리 제품을 사세요." 그러나 웨스턴 유니언은 메신저에 대해서도 고려했다. 사회경제적 지위, 역량, 매력 등의 하드 메신저 효과를 활용해서 당대를 평정했던 것이다.

그러나 이야기는 여기서 끝이 아니다.

웨스턴 유니언의 극적 배달 서비스를 받은 수신자들은 점차 이 배달 소년들에게 자신들의 메시지를 전달하는 일도 시켰다. 샘플이나 브로슈어를 갖다주는 일이 아니었다. 친구나 이웃과 소식을 나누거나 세례식, 성인식, 저녁 파티의 초대장을 전하거나 케이크, 꽃, 미소를 전해주는 일이었다. 그리고 이 과정에서 추가적인 개선을 통해 웨스턴 유니언은 훨씬 더 성공할 수 있었다. 전에는 '하드' 메신저 효과에 집중해왔다면 이제 그들은 '소프트' 메신저 효과를 활용하기 시작했던 것이다. 바로 우리가 이 책의 2부에서 다룰 '유대감' 말이다.

2부

소프트 메신저

여러 증언에 의하면 그리고리 라스푸틴Grigori Rasputin을 암살하려는 시도는 수차례 있었다. 첫 번째 시도였던 독을 넣은 케이크는 효과가 없었다. 청산가리가 충분히 첨가되지 않았을지도 모른다. 다음으로 독이 든 세 잔의 와인 역시 비슷하게 실패했다. 그래서 공모자들은 이번에는 총을 구했고 곧이어 총잡이가 라스푸틴의 가슴과 머리를 총으로 쏘았다. 그러고는 시체를 감싸서 무거운 추를 달아 인근 강에 버렸다.[1]

라스푸틴을 처리하기 위한 암살자들의 지난한 여정을 고려하면 라스푸틴이 인기 있는 사람이 아니었다는 건 놀랍지 않다. 러시아 차르 니콜라이 2세와 황후 알렉산드라의 아들의 혈우병을 마치 신 같은 능력으로 치료한 덕에 부부의 총애를 얻었음에도 이 '러시아의 미친 수도승'은 역사상 가장 호감을 얻지 못한 사람 중 하나였다. 라스푸틴은 허풍쟁이, 이상 성애자, 엄청난 사기꾼으로 정평이 났고, 황실에 나쁜 영향을 끼침으로써 러시아의 정치까지 망쳐놨다. 따라서 그의 잔인한 죽음은 충분히 그럴 만한 일로 여겨졌다.

그러니 이후 세대가 이 '미친 수도승'에 대해 다소 야박한 태도를 취한다 해도 이상하지 않은 일이다. 하지만 모두가 그렇다고 말할 수는 없다. 라스푸틴이 죽고 나서 약 40년 후에 태어난 한 무리의 사람들이 그의 삶을 다시 평가하기 위해 모였을 때 예상대로 대부분은 그에게 가혹한 평가를 내렸다. 그러나 그를 그렇게까지 싫어하지 않는 사람들도 있었다. 이들은 라스푸틴과 그의 악행에 대해 비판적인 사람들과 똑같은 정보를 제시받았음에도 그에게 유대감을 느꼈다. 그들 중 누구도 이 유대감이 어떻게 형성됐는지 정확히 설명할 수는 없었겠지만 말이다.

밝혀진 바에 의하면 그 이유는 꽤나 단순했다. 유대감을 느낀 이들은 모두 라스푸틴과 생일이 같았던 것이다.

우리 각자에게는 소속감을 필요로 하고 타인과 유대감을 형성하려는 근본적 욕구가 내재돼 있다.[2] 공통된 관심사, 공통된 관점, 혹은 누군가를 향한 콕 집어 설명하기 어려운 따스한 감정은 사람들을 하나로 묶기에 충분하다. 그리고 우리가 이런 유대감을 느낄 때, 즉 다른 누군가와 어떤 식으로든 연결돼 있다고 느낄 때 우리는 아무런 유대감이 없는 경우보다 그들의 말을 많이 듣고 더 중요하게 여기는 경향이 있다. 달리 말하자면 힘을 쥐고 있는 건 그들의 메시지보다는 메신저 자체라는 뜻이다.

이것은 특정한 문화나 성격 유형의 특징이 아니라 보편적인 현상이다. 모든 인간은 타인들과 사회적 유대감을 형성하려고 한다. 남을 보살피고 자원을 공유하며 협력하려 한다. 그리고 긍정적인 사회적 유대감을 경험할 때 우리는 뜻밖의 행복감을 선물받는다. 통제감, 자존감, 삶의 만족도가 모두 향상된다. NGO 단체인 '세계가치조사World Values Survey'의 데이터에 따르면 강력한 사회적 관계 혹은 사회적 자본의 소유는 재산, 수입, 물질적 소유를 넘어서 인간의 행복도를 예측하는 최고의 변수다.[3] 이 가장 기본적인 인간적 욕구를 채우지 못하는 이들은 엄청난 대가를 치러야 한다. 외로움은 물론 다양한 신체적·정신적 건강과 연관된 감정들인 불안감, 우울증, 낮은 자존감, 비만, 분노, 때로는 반항심마저 경험한다.[4] 미취학 아동을 대상으로 한 종적縱的 연구는 사회적 배제가 6세 아이들의 공격성 증가와 협력 감소를 예측해주는 요인임을 입증했다. 다른 연구에서는 소외감을 느끼는 청소년이 유대 관계가 좋은 학교 친구들에 비해 부정적인 피드백에 더 공격적으로 반응한다는 점을 밝혀냈다. 직장에서는 동료들이 같이 일하고 싶어 하지 않는 사람의 경우 종종 공격적이고 적대적으로 반응한다고 한다.[5] 가장 심각한 문제는 이러한 소외가 극단적인 폭력 행위를 낳을 수 있다는 점이다. 미국의 거의 모든 학교 총기 난사 사건은 사

회적으로 배제된 개인에 의해 자행되었다.[6]

이처럼 사회적 관계를 형성하려는 충동은 강력하다. 우리 거의 모두가 고립의 사회적·감정적 결과를 피하고 싶어 한다. 배고픈 사람이 음식을 찾듯이 고립된 개인은 타인과 사회적 유대를 형성함으로써 감정적 욕구를 채울 방법을 찾는다. 관계를 형성하려는 동기가 이토록 중요하기 때문에 관심사가 겹친다든지 생일이 같다든지 하는 등 타인과 사소한 부분만 공유할 수 있어도 의미 있는 관계를 형성하기에 충분한 것이다. 따라서 우연히 라스푸틴의 삶을 평가하게 된 애리조나주립대학교 학생들의 반응은 그와 약간이라도 공통점이 있는지에 따라 나뉘었다.

로버트 치알디니와 존 핀치John Finch가 수행한 이 연구는 참가자들에게 라스푸틴의 태생에서부터 시베리아의 농가에서 자란 과정과 종교 개종, 니콜라이 2세의 궁정에서 보낸 시간과 최후 암살에 이르기까지 그의 화려한 인생사를 정리한 세 쪽짜리 문서를 살펴보게 한 후 다양한 각도에서 그를 평가하게 했다. 학생들에게 제공된 자료는 균형 잡혀 있고 사실 면에서도 정확했다. 단 한 가지, 라스푸틴의 생일만 빼고 말이다. 이로 인해 몇몇 학생들은 자신과 라스푸틴의 생일이 같다고 오해하게 됐다. 이 사실을 알게 된 학생들이 갑자기 라스푸틴을 영웅의 지위로 격상시킨 게 아니라는 점을 분명히 말하겠다. 이들 역시 그에게 전반적으로 부정적인 평가를 내렸다. 그러나 라스푸틴과 아무런 유대감을 느끼지 못한 동료 학생들의 표현에 비하면 훨씬 덜 비판적이었다. 치알디니는 이렇게 정리했다. "우리 자신과 어떤 식으로든 연관되어 있는 사람이나 사물에 대해서는 더 좋게 평가하려는 경향이 있는 듯하다."[7]

치알디니와 핀치의 실험은 우리가 얼마나 부족적tribal인지, 메신저가 우리 편이고 협력적인 파트너가 될 잠재성이 있다는 암시에 우리가 얼마나 민감한지를 보여준다. 만약 생일이 같다는 사소한 이유만으로 라스푸틴처럼 불쾌한 사람을 약간이라도 덜 부정적으로 평가할 수 있다면 이보다 유의미한 유대와 관계일 경우 대체 얼마나 관점이 변화될 수 있겠는지 한번 상상해보라.

이는 우리가 일상생활에서 늘 지켜보는 바이기도 하다. 다른 조건이 모두 동일하다면 채용 담당자는 자신과 유사한 특징을 지닌 지원자를 선호한다. 고객은 공통의 경험을 강조하는 영업자의 제안을 더 쉽게 수락한다. 이보다 일반적으로 우리는 자신과 비슷한 나이, 학력, 배경, 인종, 종교, 지성 수준과 사회경제적 지위에 더 끌린다.[8] 온라인 소셜네트워크를 분석한 결과, 사람들은 친구가 올린 포스팅에 '좋아요'를 누르고서 음모론과 가짜 뉴스를 퍼뜨리는 경향이 더 강한 것으로 나타났다. 특히나 같은 세계관을 공유하는 친구의 경우에 더욱 그랬다.[9] 이는 우리가 엘로이즈 코플랜드Eloise Copland, 엘리노어 로Eleanor Loh, 탈리 샤롯Tali Sharot, 캐스 선스타인Cass Sunstein과 함께 수행했던 연구의 결과와도 일치한다. 이 연구는 사람들이 무작위로 뽑은 비정치적 주제에 대한 질문에 답할 때 자신과 같은 정치적 견해를 가진 메신저에게 귀를 기울이고 의논하려는 경향이 훨씬 더 강하다는 점을 보여주었다. 심지어 상충되는 정치적 견해를 가진 또 다른 메신저가 그 사안에 대해 훨씬 더 잘 알고 있을 때조차도 말이다.[10] 우리의 연구 결과는 즉시 반박할 수 있는 정보가 그토록 풍부함에도 사람들이 왜 자주 가짜 뉴스와 음모론을 믿는지를 어느 정도 설명해준다. 메시지만을 거꾸로 보는 게 아니라 메신저에 대해서도 마찬가지인 것이다. 자신과 유사한 사람이나 자신이 선호하는 출처에서 전파되는 것이라면 어떤 것이든 믿도록 설득할 수조차 있을 것 같다.

유대감이 강조되면 놀라운 결과가 나타난다. 영국의 공공기관인 스포트 잉글랜드Sport England가 더 많은 여성들을 레크리에이션 스포츠 활동에 참여시키도록 고안한 '이 여자는 할 수 있다This Girl Can' 캠페인이 좋은 예다. 보통 이런 캠페인에는 영감을 주는 여성 스포츠 스타가 출연할 거라고 예상할 것이다. 하지만 실제로 제작된 영상과 포스터에는 다양한 체형, 사이즈, 능력을 가진 여성들이 등장했다. 이 캠페인이 실험실 환경에서 진행된 것은 아니므로 영상과 포스터가 차후 결과에 인과적 영향을 끼쳤다고 단언하기는 위험할 수 있다. 그럼에도 그 숫자는 인상적이다. 스포트 잉글랜드에 따르면 약 280만 명의 영국 여성들이 이 캠페인을 보고 그에 해당하는 혹은 그 이상의 활동을 했다고 보고했다.[11]

지위가 높은 메신저보다 자신과 관련성이 있는 메신저에게 기우는 경향은 짐바브웨의 성性 건강 프로그램에서도 비슷하게 나타났다.

스포츠 관련 주제를 홍보하는 데 스포츠 스타를 예상하는 것처럼 콘돔 사용을 통한 안전한 섹스를 권장하는 최적의 메신저로는 흰 가운을 입은 의사와 건강 관리 전문가일 것이다. 그러나 이 프로그램의 전략가들은 저소득층 지역에서 생계를 위해 머리를 땋는 여성들을 훈련시켜 콘돔 사용에 어떤 이점이 있으며 어떻게 사용하는지 그리고 어디서 구할 수 있는지 전달하게 했다. 메시지 자체는 훈련받은 의사나 간호사가 전달할 만한 내용이었다. 다만 메신저가 달랐다. 친근하고 협력적이며 안전한 환경에서 조언을 전달할 수 있는 익숙한 사람 말이다.[12]

이는 현명한 선택이었다. 건강 관리 전문가로부터 메시지를 받는다는 건 아무리 역량과 전문성이 뛰어나더라도 당황스러울 수 있다. 그러나 친근한 메신저를 통해 메시지를 전달받으면 시간이 지나면서 점차 지식과 신뢰가 쌓이게 되어 잠재적인 장벽을 깔끔하게 피할 수 있다. 이러면 여성들이 자신의 개인적 문제에 대해 더 자유롭게 이야기하게 된다. 물론 의료 전문가는 이 여성들로부터 권위를 누렸을 것이다. 그러나 이미 유대가 있고 마음이 놓이는 상대로부터 받는 메시지가 한결 더 강력했다.

이 '머리는 땋고 에이즈는 피하라Get Braids Not Aids' 프로그램은 유대감의 또 다른 주목할 만한 특징 또한 강조했다. 유대감은 생일, 인구통계, 태도 같은 공통된 특징에서만 기인한 것이 아니라 시간이 지나면서 사람들이 서로 더 친근해질수록 발전한다. 그리고 때로는 강력하게 지속되는 결합을 형성한다. 이러한 관계는 엘리트를 포함해 다른 메신저가 제공할 수 없는 심리적·신체적 안정감을 줄 수 있다.

1부에서 우리는 사회경제적 지위, 역량, 지배력, 매력의 신호를 통해 달성된 메신저의 인식된 지위가 메시지에 대한 청자의 반응을, 그 가치와는 관계없이, 어떻게 자주 바꿀 수 있는지에 대해 다뤘다. 2부에서는 영향력에 이르는 또 다른 경로를 살펴볼 것이다. 이 길은 우월성보다는 유대감을 강조하는 쪽이다. 타인을 능가함으로써 영향력을 얻으려는 하드 메신저와는 대조적으로 소프트 메신저는 동료들과 잘 지냄으로써 영향력을 획득한다. 그들은 온화함, 취약성, 신뢰성, 카리스마라는 네 가지 특징을 통해 그 목표를 이룬다.

프레임 5

온화함

호 감 ，친 절 함 ，이 타 심

1987년 11월 19일 화요일, 미국 텍사스주 휴스턴의 주 법원 배심원단은 법조계와 재계를 충격에 빠뜨리고 대형 정유회사를 파산 직전에 이르게 한 평결을 내렸다. 원고인 펜조일 코퍼레이션Pennzoil Corporation의 손을 들어준 12명의 평범한 시민들은 텍사코 오일Texaco Oil이 105억 달러(12조 2,000억 원)가 넘는 손해배상금을 지불해야 한다고 명령했다. 당시로서는 단일 사건에 내려진 역사상 최대의 민사상 벌금이었다.[1]

이 사건은 자신의 기업을 업계에서 더 큰손으로 키우려는 펜조일 회장 휴 리드케Hugh Liedtke의 야심에서 비롯됐다. 처음에는 소위 거물들과 경쟁하기에 석유 보유량이 부족한 듯 보였다. 하지만 1984년 초,

잠재적인 해결책이 급부상했다. 월스트리트 투자은행들과 펜조일의 경쟁사인 게티 오일Getty Oil 간에 회의가 계속 진행되고 있으며 게티 오일 내부에서도 오를 기미가 없는 회사의 낮은 주가 때문에 점점 좌절감이 커가는 임원진들 사이에 다툼이 깊어지고 있다는 소문이 돌고 있었다. 리드케는 기회를 포착했다. 게티 오일은 보유량이 충분했다. 펜조일은 성장을 원했다. 그래서 리드케는 게티 오일 회장인 고든 게티Gordon Getty와 접촉해 합병을 논의했다.

이후 몇 개월간에 걸친 수많은 회의들은 생산적이었고 결국 게티와 리드케는 펜조일이 게티 오일을 인수하는 거래에 합의했다. 그러나 이 합병 계획 소식이 업계에 퍼지자 라이벌 기업인 텍사코는 직접 나서서 펜조일의 입찰에 대항하려 했다. 업계의 지배자 중 한 명이 갑작스럽게 참전해 기분이 좋았을 게티 오일은 텍사코와 접촉한 끝에 최종적으로 그들의 입찰을 받아들이기로 했다. 리드케는 몹시 격분해서 텍사코가 자신의 앞선 거래를 불법적으로 침해했다고 주장하며 소송을 제기했다. 그리고 1985년 초, 양측은 법정에서 만났다.

5개월 반 동안 지속된 재판의 핵심은 휴 리드케와 고든 게티 간의 최초 합의가 실질적인 법적 구속력이 있느냐 여부였다. 수십 명의 증인들이 불려 나와 각자의 관점에서 증언했다. 법학자들은 악수의 법적 지위, 비공식 계약서의 서명이 갖는 법적 구속력, 게티가 펜조일과 맺은 원래의 계약에 대해 텍사코가 얼마나 알고 있었을지를 밝혀야 했다. 변호사들이 낸 사전 진술 서류만 1만 5,000페이지에 달했다. 또한 본 재판은 2만 4,000페이지의 기록을 추가로 생산해냈다. 증거만 해도 이랬으니 그에 붙일 수 있는 해석의 범위는 또 어땠겠는가. 법조계의 많은 이들은 이렇게 복잡한 사건이 제대로 마무리될 수 있을지 미심쩍어했다. 사정이 이랬으니 배심원단이 강력하고 확실하게 텍사코에 불리한 평결을 내렸을 때 모두 놀라지 않을 수 없었다.

법률이나 석유산업에 대해 어떤 경험을 쌓거나 정규 교육을 받아본 적 없는 12명의 평범한 시민들이 텍사코에 반대되는 결정을 그렇게 확고히 내리고 그들에게 그토록 가혹한 징벌을 내리도록 결심하게 만든 것은 무엇이었을까? 수천 수만 페이지의 정보와 증언들 중에서 무엇이 그들에게 결정적인 증거로 작용했을까? 어떤 전문가의 증언이 그들에게 텍사코가 명백히 잘못을 저질렀다고 확신하게 만들었을까? 이것이 당시 모든 사람들의 마음을 사로잡은 질문들이었다. 충분히 그럴 만했다. 그만큼 대단히 복잡하고 오랫동안 다퉈온 사건이기에 사람들은 자연스럽게 어떤 증거가 배심원단의 마음을 흔들었는지 알고 싶었다.

하지만 그들은 잘못된 관점으로 사태를 바라보고 있었는지도 모른다. 어떤 핵심 사실과 주장이 배심원단의 마음을 흔들었는지 찾으려고 하기보다는 고도로 복잡한 디테일이 홍수처럼 밀려올 때 사람들에게 어떤 영향을 끼치는지 숙고했어야 마땅했을 수 있다. 무려 5개월 반 동안 수천 페이지의 증언이 쌓이고 수백 가지의 전문용어가 사용되고 라이벌 변호사들 간에 수십 번의 전투가 이어졌다는 점을 생각해보라. 배심원들에게는 너무나 진 빠지는 일이었을 것이다. 사실은 너무 진이 빠진 나머지 어느 순간부터는 그냥 상관없는 일이 되어버렸을 것이다. 그들은 이해할 수 없는 주장 그리고 난해한 법률과 씨름해야 했다. 그래서 그들은 대신 자신들 앞에 서 있는 사람들에게 집중하기 시작했다. 메시지는 점차 흐려져갔다. 가장 중요해진 것은 메신저였다.[2]

이 경우 그들이 귀를 기울인 대상은 지위가 높은 메신저가 아니었다. 만약 그랬다면 아마도 텍사코에 호의적인 평결을 내렸을 것이다. 그쪽이 더 부유한 기업이었으니까. 그리고 더 잘 알려진 기업이기도 했다. 반면 펜조일은 지방 기업이었다. 텍사코의 이름과 로고는 전국 어느 광장에 가도 게시돼 있었다. 사회경제적 지위의 관점에서 보자면 텍사코는 땀 한 방울 흘리지 않고도 펜조일을 이길 정도였다. 석유산업에 펜조일보다 먼저 뛰어들었기 때문에 경험도 더 많았다. 텍사코는 많은 전문가들을 고용했고 재판을 치르는 동안 더 많은 전문가를 불러올 수도 있었다. 그리고 그들은 지배적이었다. 어쨌거나 게티 오일로 하여금 펜조일을 걷어차도록 설득하는 데 성공했다. '누구도 우리를 못 이겨.' 텍사코의 임원진들은 틀림없이 자신들이 끼어들기만 하면 판이 평정될 거라고 자신했을 것이다. '이 매력적인 제안으로 이익을 보는 건 반드시 우리가 될 거야.'

그러나 때로는 강력한 지위를 가졌음에도 하드 메신저가 패배하고 소프트 메신저가 승리한다. 바로 이 재판에서 그런 일이 벌어진 것이다. 재판이 끝난 후 얼마 지나지 않아 배심원단 중 한 명인 제임스 섀넌James Shannon은 지역신문 기자로부터 배심원단이 그런 평결을 내린 이유에 대한 질문을 받았다. 섀넌은 자신과 동료 배심원들이 보기에 텍사코 대표 변호사의 태도가 형편없었다고 회상했다. 그는 또한 텍사코 측 증인들이 배심원 쪽을 일부러 쳐다보지 않으려 했던 경우가 많았다고 했다. 그리고 텍사코의 부회장이 거만한 인물이라는 걸 알게 됐다고도 언급했다. 반면 펜조일 법률팀은 그가 보기에 훨씬 더 호감형이었다. 이 고도로 기술적이고 복잡했던 재판은 누가 옳으냐가 아니라 누가 가장 온화하고 인간답게 보였는지에 의해 결정 난 것이었다.

호감을 주는 사람

온화함이 중요한 메신저의 자질인 이유는 보살핌과 친절의 신호를 내보내기 때문이다. 온화한 메신저는 높은 지위가 아니라 자비심을 보여주려 한다. 이들은 적대적으로 해석될 수 있는 표현을 삼가며 타인의 감정을 다치게 하지 않도록 말을 신중히 고른다. 이처럼 갈등을 피하거나 죄책감을 떠올림으로써 이들은 다른 사람들이 원하는 대로 하도록 내버려둔다.[3] 이들은 타인에 대한 존중과 친근감과 관심을 표현하고 그럼으로써 자신보다는 청자에게 더 무게를 둔다.[4]

온화한 사람과 함께하는 건 보람 있는 경험이다. 그러므로 온화한 사람이 효과적인 메신저가 되는 건 놀라울 게 없다. '온화한 사람, 호감을 주는 사람이 돼라'는 건 데일 카네기가 1936년 펴낸 《인간관계론》에 담긴 핵심 메시지다. 카네기는 이렇게 조언한다. "비판, 비난, 불평을 하지 말라. 정직하고 성실하게 고마움을 표현하라. 타인에 대해 진심으로 관심을 가지라."[5] 부부의 이혼 가능성을 정확하게 예측하는 능력으로 잘 알려진 임상심리학자 존 가트먼John Gottman은 결혼의 실패를 예측할 수 있는 네 가지 요인이 비난, 방어, 차단, 경멸이라는 사실을 발견했다.[6] 이런 행동들은 온화함의 강력한 힘에 맞서는 일종의 사회정서적 형벌이다.

온화함을 포착해내는 능력은 사회적으로 기능하는 데 매우 중요하므로 생후 6개월 유아라 할지라도 반사회적이거나 중립적인 메신저보다는 사회 친화적인 메신저를 더 선호하는 성향을 보인다.[7] 일단 몸을 가눌 수 있게 된 이후부터는 아기들도 상자를 열어주거나 언덕을 오르게 하거나 공을 주워주는 등 다른 인형을 도와주는 모습을 보인 인형을 향해 손을 뻗고, 놀이를 방해하거나 전혀 도와주지 않았던 인형보다는 도움을 베풀었던 인형과 더 많이 놀려고 한다. 악당 중에서 좋은 사람을 구별해내는 능력은 갈등의 감소와 협력의 증가 같은 엄청난 이익을 안겨주기에 우리는 친화적 의도를 드러내는 사람을 선호하고 그들과 우선적으로 교류하도록 진화해왔다. 즉 텍사스의 배심원단으로 하여금 텍사코보다 펜조일에 호의적으로 평결을 내리게 만든 요인은 태어날 때부터 각인되어 있었을 수 있다.

성인은 사회적 상호작용을 원활하게 하기 위해 일상 언어에 온화함을 더한다. 이 특징이 얼마나 깊게 내재돼 있는지 확인하려면 사람이 컴퓨터에게 말하는 방식과 다른 사람에게 말하는 방식을 비교해봐야만 한다. 누구도 시리Siri, 알렉사Alexa, 코타나Cortana(각각 애플, 아마존, 마이크로소프트의 인공지능 비서 소프트웨어_옮긴이)와의 대화를 "몸 건강히 지내"라면서 끝내지는 않는다. 그러나 사람과의 일상적 대화에서는 공손한 단어와 표현을 거의 항상 사용한다. 예의를 갖추고 호감을 전달하기 위해서다. 그래서 새로운 대화는 대개 "요즘 잘 지내요?"로 시작한다. 이렇게 대화를 시작하지 않으면 다른 사람들은 당신이 뭔가 급하게 꺼내야 할 말이 있는가 아니면 무례하다고 여길 것이다. 그리고 급한 용무가 아니라는 점이 확실해지면 무례한 사람이라는 생각을 굳힐 것이다.[8]

온화함의 신호를 발산하는 건 시작하는 말뿐이 아니다. 우리가 '사탕발림'으로 뭔가를 요청할 때도 역시 그렇다. 낯선 사람에게 길을 묻거나, 동료끼리 대화하고 있는데 뭔가를 알아내기 위해 갑자기 끼어들거나, 다른 가족 구성원에게 뭔가를 부탁할 때, 우리는 불필요하게 불쌍하거나 으스대거나 욕심 많아 보이지 않기 위해 우리의 요구를 질문으로 부드럽게 표현한다.

함께 식사하는 사람에게 소금을 건네달라고 부탁하는 경우처럼 요청이 받아들여질 것이 충분히 예상되는 상황일지라도 우리는 상대방이 우리에게 종속돼 있지 않다는 점을 인정함으로써 그 사람에게 지위를 부여하는 데 신중을 기한다. 그냥 "소금 좀 건네줘"라고 하지 않고 "소금 좀 건네줄 수 있을까?"라고 말한다. 이러한 '대화형 요구'는 우리가 요청하는 사람에게 표면적인 자율권을 허락하지만 사실은 거부당할 가능성이 거의 없다. 이러한 세세함이 얼마나 일반적으로 퍼져 있는지는 전 세계적으로 각기 다르지만(일본은 매우 민감하고 이스라엘은 덜하다), 첼탈(Tzeltal: 멕시코에서 사용되는 마야어)부터 타밀(Tamil: 남인도와 스리랑카에서 사용되는 언어)에 이르기까지 널리 사용된다. 대화형 요구가 사용되는 모든 문화권에서 대화형 요구는 때로 메신저가 까다로운 사회적 술수를 부릴 수 있게 해준다. 누군가에게 신경을 쓰면서도 여전히 이용하고 싶다는 신호를 보내는 것이다. 메신저는 자신이 상대를 너무 과하게 이용하려 든다는 인상을 주지 않거나 즉각적인 도구적 가치에만 관심이 있는 것처럼 보이지 않음으로써 후자의 목적을 달성한다.[9]

이러한 신호는 일상적인 상호작용에서 관찰되지만 타인에게서 포착하는 온화함에 대한 우리의 반응은 훨씬 더 즉각적이다. 최근의 한 연구에서 컬럼비아대학교의 뇌과학자들과 사회학자들은 fMRI 스캐너를 이용하여 9주간의 여름 집중 강좌를 시작하는 학생들이 다른 강좌 참가자들의 사진을 보는 동안 그들의 뇌를 촬영했다. 그리고 파벌이 갈리고 우정이 단단해진 이후 9주의 시간이 끝나갈 무렵 학생들의 뇌를 다시 한번 스캔했다. 연구진이 발견한 것은 강좌가 시작될 때 측정했던, 다른 학생들의 사진을 보는 동안 일어났던 신경 활동이 나

중에 결국 누구와 친해지게 될 것인지를 훌륭하게 예측해냈다는 점이었다.[10] 마치 그들의 뇌가 궁극적으로 누구와 친밀감을 느끼고 누구와 그러지 않을지, 심지어 강좌를 듣는 다른 학생들을 알기도 전에 미리 결정해놓기라도 한 듯이 말이다. 이것은 흥미로운 발견이었다. 그러나 정말 깜짝 놀랄 만한 발견은, 실험을 진행한 연구진이 '빌'이 '짐'을 좋아하게 될 여부를 '빌'의 사진을 보는 '짐'의 두뇌 활동을 살펴봄으로써 처음부터 예측할 수 있었다는 점이다. 그렇다. 당신이 낯선 사람과 9주 뒤에 친해질지 여부를 둘이 처음 만났을 때 서로의 뇌가 어떻게 반응하는지 측정함으로 예측할 수 있다는 얘기다. 우리는 상대가 얼마나 호감형인지에 대한 우리의 첫인상만이 아니라 상대가 나를 얼마나 좋아하는지에 근거하여 친구를 사귄다. 이 강좌 참가자가 누군가에게 본능적인 호감을 느끼고 상대방으로부터도 즉각적인 온화함을 감지한 경우 이 둘은 9주 프로그램이 진행되는 동안 좋은 친구 사이로 발전했다.

온화함을 표현하는 것은 (온화함의 결핍도 마찬가지로) 혁신적 효과를 불러일으킬 수 있다. 이런 측면은 인간만이 가진 것이 아니다. 쥐에 대한 연구에서 어미가 거의 보듬지도 핥아주지도 않은(좋아해주지 않은 정도가 아니라 핥아주지조차 않은) 새끼 쥐는 어미의 따스한 사랑을 받고 자란 쥐에 비해 다 자란 후 스트레스 상황에 훨씬 더 부정적으로 반응했다.[11] 인간에게도 부모의 애정 부재가 비슷한 영향을 끼친다는 점을 고려하면 정신적으로 건강한 삶을 위해 간절히 필요한 온기와 긍정을

전해주는 사람에게 끌리는 건 전혀 놀랍지 않은 일이다.[12]

이러한 인간의 기본 욕구를 잘 포착한 심리학자 칼 로저스Carl Rogers는 온화함을 치료의 핵심으로 두었다. 객관적 접근과 진단을 중시하는 치료법과는 달리, 로저스는 환자에게 이해심과 공감력을 보이는 치료사가 스트레스나 불안감을 분석하여 무의식에 접근하려는 치료사보다 더 효과를 발휘할 수 있다고 주장했다. 특히 그는 유전적이고 생물학적인 원인에 의해 발생하는 질환으로 알려진 조현병 환자도 온화한 '환자 중심'의 치료를 받은 후에는 증상이 한층 개선될 수 있다는 점을 발견했다.[13]

로저스는 타인에게 받는 무조건적이고 긍정적인 관심과 이해가 건강한 자기 주체성을 발전시키는 데 근본적인 구성단위이며 그런 관심과 이해를 제공하는 것이 환자 중심 치료법의 과제라고 생각했다. 그는 대부분의 아이들이 부모와 가족으로부터 이런 애정을 받고 자라며 그로 인해 성인이 된 후에 회복력을 갖추고 스스로를 편하게 대할 수 있게 된다고 믿었다. 그러나 이런 가장 기본적인 인간적 욕구를 채우지 못하고 자란 이들은 이후에 다른 대안을 통해 그 욕구를 채우려 할 것이다. 환자 중심 치료사는 온화한 마음과 공감 어린 경청을 통해 이 간극을 메우는 역할을 담당한다.

사실 많은 전문가가 환자와의 관계 구축과 유지를 직접적인 치료법으로 채택할 것인지 여부는 차치하고서도 치료 과정에 있어 가장 우선이자 중요한 단계로 여기고 있다. 뿐만 아니라 전문가에게도 이

득이 된다는 증거가 있다. 환자의 상태가 개선됨은 물론, 자신을 도와주는 사람에 대한 환자의 인식도 좋아진다는 것이다. 극단적인 의료 상황에서 이러한 유대감은 소송의 위험을 줄여준다. 한 연구에서는 사람들에게 의사가 환자에게 말하는 10초짜리 음성 파일을 들려준 다음 각 의사가 온화한지 적대적인지 평가하게 하고 의사의 목소리에서 불안과 우려의 흔적을 포착했는지를 물었다. 그런 다음 사람들이 평가한 점수를 해당 의사의 의료 기록과 비교해봤더니 더 지배적인 목소리와 의료 사고 간에 확실한 상관관계가 성립한다는 점이 드러났다. 동등한 능력을 지녔으나 목소리가 더 온화한 의사들과 비교했을 때 지배적인 목소리의 의사들은 환자들에게 소송당할 확률이 2배 이상 높게 나타난 것이다.[14]

물론 의사처럼 본질적으로 타인을 돌보는 일과 관련된 직업에서 교감하는 메신저가 상대적으로 거친 동료들에 비해 더 잘 받아들여진다는 점은 전혀 놀라운 게 아니라는 반론이 가능할 것이다. 그러나 전통적으로 더 강경한 스타일이 환영받는 상황에서도 공감 위주의 접근법이 효과를 발휘한다. 수사 심문이 좋은 예다. 경찰과 사법 수사관에 의한 심문은 오랫동안 필수적인 절차로 여겨져왔다. 피의자에게 증거를 제시하면서 유죄를 반복적으로 추궁하는 것이 빠른 자백과 죄의 자각을 위해 매우 효과적인 방법이라는 게 표준적인 관점이다. 그러나 이러한 방식이 최선이라고 하기는 어렵다. 테러 용의자에 대한 181건의 심문을 면밀히 점검한 결과, 심문자에게 존중, 존엄, 정직으로 대우받은 피심문자는 회피나 심문 등의 소위 반反심문 전략을 사용할 확률이 현저히 낮았다.[15] 이토록 까다롭고 감정적으로 긴장된 상황에서도 부드러운 어조와 친근한 자세, 상대를 안심시키는 유머와 협력적인 신체 언어를 통해 온화함을 드러낸 심문자가 더 바람직한 결과를 얻는다는 것이다.

온화함은 재정적 측면에서도 상당한 도움이 된다. 우리가 서문에서 만났던, 자기 과시에 안달했던 도이체방크의 수석 서브프라임 모기지 트레이더 그레그 리프먼과는 달리 대부분의 영업자들은 우월성을 드러내기 위해 고객에게 자신이 얼마나 많은 돈을 벌었는지 자랑하고 떠벌리려 하지 않는다. 그들의 전략은 그보다 미묘하고 현명하다. 그들은 과장하기보다는 온화함을 표현하여 더 큰 보상을 가져다줄 고객과 개인적 관계를 형성한다. 때로는 단순한 칭찬만 해도 충분하다. 손님의 주문을 그대로 받아들이는 웨이터가 팁을 더 많이 받는다. "어떤 헤어스타일도 잘 어울릴 거예요"라고 고객을 칭찬하는 미용사도 마찬가지다. 온화함은 직장을 변화시킬 수도 있다. 한 연구에 따르면 약 50퍼센트의 직원이 도움을 청하는 직장 동료를 도와주려고 하는 반면, 먼저 칭찬을 한 후 도움을 청할 경우에는 79퍼센트가 동료를 지원하겠다고 나섰다.[16]

보통 더 '하드'한 메신저라고 생각되는 리더 역시 소프트 메신저의 따스한 인격을 장착하면 더 이익을 얻을 수 있다. 실제로 정치학자 라스 로스튼Lasse Laustsen과 알렉산더 보어Alexander Bor가 미국 선거연구소American National Election Studies의 20년치가 넘는 데이터를 분석한 결과, 유권자들이 정치적 리더를 판단할 때 역량보다 온화함을 더 중시한다는 점을 발견했다.[17] 이러한 점으로 미루어 볼 때 2016년 미국 대통령 후보 토론에서 힐러리 클린턴이 어떤 어려움을 겪었는지 이해할 수 있다. 근래 역사에서 가장 역량과 경험이 뛰어난 대통령 후보로 널리 평가받았던 클린턴은 자신이 따스한 사람으로 여겨지지 않는다는 점을 알고 있었다. 2018년 4월 〈뉴욕타임스〉의 저널리스트 에이미 초직Amy Chozick은 자신이 출간한 책에서 이렇게 주장했다. 클린턴은 많은 유권자들이 이미 그녀에 대해 가지고 있던 부정적인 시각에 불을 붙이지 않기 위해 무대 위에서 정신을 똑바로 차리고 있어야 했기 때문에, 토론 준비 중에 보좌진에게 도널드 트럼프에 관한 '욕설로 점철된 일제 사격'을 퍼붓곤 했다는 것이다.[18] 물론 이 전략은 효과를 거두지 못했다. 온화함이 주로 여성의 미덕으로 간주된다는 점을 생각하면 (비록 여기서는 추측에 불과할 뿐이지만) 온화함이 부족한 것은 트럼프보다는 클린턴에게 훨씬 중대한 사안이었을 것이다. 또한 온화함과 호감은 비록 정치적 스펙트럼 전반에 걸쳐 가치를 인정받지만 특히 진보 진영에서 중시된다는 사실 역시 클린턴에게는 별 도움이 되지 않았을 것이다.[19]

재계 거물들 또한 온화하다고 인식된다면 비슷한 이익을 얻을 수 있다. 1984년에 코스트코에 입사하여 2012년부터 CEO 자리를 지켜온 크레이그 엘리네크Craig Jelinek가 바로 그렇다. 그는 조직 구성원, 고객, 투자자 모두에게 호감을 주는 인물로 여겨진다. 실제로 2017년에는 미국 상장기업 중 가장 호감 가는 CEO로 선정되기도 했다. 시애틀대학교에서 경영대학원 학생들을 대상으로 연설했을 때 옐리네크는 자신이 리더십을 효과적으로 발휘하는 데 도움이 된다고 믿는 여러 요소를 열거했다. 그것은 인내하기, 타인의 성장과 성공을 돕기, 직원들에게 공감하기, 그리고 '다른 사람들과 마찬가지로 한 번에 한 다리씩 바지에 집어넣기'였다.[20] 그가 가차 없는 성공보다 인간성이나 수수함과 연관된 자질을 골랐다는 사실에 비춰 보면 새로운 경쟁자와 혁신에 의해 끊임없이 재구성되는 시장에서 옐리네크와 코스트코의 성공에 이러한 자질들이 필수 요소로 작용했을 거라고 많은 사람들이 믿는 이유를 이해할 수 있다.

옐리네크의 온화함은 회의 도중에 이메일을 쓰거나 통화를 하느라 바쁘고 '더 중요한 일' 때문에 직원들과의 교류를 등한시하는 보스들과 확연한 대조를 이룬다. 이런 행동들은 생산적인 일터를 만들 수 있는 가능성을 줄인다. 최근 한 연구에 의하면 스마트폰을 계속 들여다보는 이른바 '퍼빙phubbing'에 빠져 있는 관리자를 둔 직원들은 인정받지 못한다고 느낄 뿐 아니라 자신의 능력에 대해서도 자신감이 떨어지고 그 결과 성과가 하락한다고 한다.[21] 반대로 미국과 벨기에에 소재한 65개 기업을 조사한 데이터에 따르면 CEO가 직원들에게 진심으로 관심을 기울이는 직장은 사람들이 더 큰 가치를 느끼게 되고 관리 조직의 효율도 높아지며 재정 성과도 향상되는 것으로 나타났다.[22] 자신이 성공적인 리더가 지닌 모범적인 카리스마가 부족하다고 여기는 CEO라면 자신에게 잘 맞지 않는 방법에 강압적이고 가식적으로 접근하기보다는 온화한 매너를 갖추는 편이 훨씬 잘 어울릴 것이다.

온화함을 높이는 법

그럼 대체 온화한 리더, CEO, 영업자, 심문자, 치료사는 정확히 어떻게 팔로워, 직원, 고객, 피심문자, 환자에게 다가서는가? 이에 대한 답에는 여러 요소들이 관련돼 있지만 그중에서도 가장 우선하고 중요한 것은 '긍정성'이다. 호주의 한 연구에서는 참가자들에게 감독관이 직원들을 평가하는 영상을 보여줬다(사실은 배우들의 연기였다). "당신이 성과 목표를 달성했다니 참 기쁩니다"와 같이 칭찬한 쪽도 있었고 "성과 목표를 달성하지 못하다니 실망입니다"와 같이 그렇지 않은 쪽도 있었다. 감독관이 긍정적이고 온화한 태도로 메시지를 전달했을 때 평가 자체가 긍정적이냐 부정적이냐에 상관없이 관찰자들은 그 감독관이 더 효과적인 리더라고 평가했다.[23] 긍정적인 메신저는 나쁜 소식을 더 부드럽게 전달할 수 있고 부정적인 메신저는 좋은 소식을 덜 환영받도록 만들 수 있다. 물론 여기에는 제한이 있다. 나쁜 소식을 미소를 지으며 전달하려는 것은 좋은 아이디어가 아니다. 그러나 신뢰의 끈을 형성하는 정서적 조화가 이루어진 경우라면(7장 참조) 성격이 좋은 메신저는 역풍을 맞을 확률이 가장 적다.

직장에서는 이러한 메신저가 관리자와 동료에게도 호의적인 평가를 받을 가능성이 높다. 긍정성을 드러내는 지원자는 직장을 얻을 기회도 더 높다. 특히 면접 도중 미소를 짓는 경우에 더 그렇다. 긍정적인 태도를 늘 유지하는 직원은 동료로부터 더 높은 수준의 협력을 받고 성공과 승진을 이루며 궁극적으로 수입이 높아진다.[24]

온화함을 전하는 또 다른 방법은 사회적 보상을 통해서다. 셰익스피어는《말괄량이 길들이기》에서 "미치고 고집불통인 기분"은 친절로 없앨 수 있다고 했다. 현대적인 표현으로 말하자면 나쁜 행동에 대응할 때는 위협적인 제재보다 사회적 보상을 하는 것이 더 강력할 수 있다는 뜻이다. 오늘날의 심리학자들은 이를 '친절함의 보상'이라고 부르며 이는 현장 연구를 통해 강력한 효과가 있음이 증명되었다.

듀크대학교 교수 댄 애리얼리Dan Ariely는 저서《마음이 움직이는 순간들》에 자신이 수행한 한 연구를 기록했다. 그 연구에서는 컴퓨터칩을 조립하는 이스라엘 반도체 공장 직원들에게 세 가지 보너스 중 하나를 제안하는 문자 메시지를 무작위로 발송했다.[25] 그중 한 집단은 이스라엘 돈 100셰켈(3만 5,000원)을, 두 번째 집단은 피자를, 세 번째 집단은 상사로부터의 칭찬을 약속받았다. 그리고 대조군인 네 번째 집단에게는 아무런 보상도 약속하지 않았다. 모든 인센티브가 어느 정도는 직원들에게 동기부여를 해줄 것임이 분명했다. 첫째 날이 끝나자 피자와 칭찬을 약속받았던 집단은 대조군에 비해 각각 6.7퍼센트와 6.6퍼센트 많은 반도체를 조립했다. 현금도 역시 효과가 있었지만 페퍼로니 피자나 칭찬보다는 적은 4.9퍼센트에 그쳤다. 그러나 시간이 지나면서 현금 인센티브를 제안받았던 이들은 대조군보다 오히려 생산성이 떨어졌다(신고전주의 경제학자들을 충격에 빠뜨릴 결과다). 반면 피자와 칭찬을 제안받았던 이들의 생산성은 유지됐다. 재정적 인센티브가 처음에는 생산성을 끌어올릴 수 있을지 몰라도 궁극적으로는 내적 동기를 감소시킨다고 볼 수 있다.[26] 반대로 칭찬과 선물은 이런 역효과를 발생시키지 않는다. 반도체 공장에서 슬럼프를 겪은 직원들은 탄수화물이나 칭찬을 통해 사회적 보상을 받은 사람들이 아니었다. 재정적인 보상을 받은 직원들이 현금으로 인한 슬럼프를 경험했다.

애리얼리의 결과는 다른 연구에서도 비슷하게 나타났다. 그중 하나는 조직심리학자 애덤 그랜트Adam Grant와 프란체스카 지노Francesca Gino가 수행한 연구로 이들은 단순한 고마움의 표현이 호감과 성과를 얼마나 증가시킬 수 있는지를 살펴봤다.[27] 콜센터의 기금 모금자들에게 관리자가 진심 어린 감사를 전했을 때 이 모금자들이 그다음 주에 건 통화 수가 50퍼센트 증가했다. 통화의 질과 성공률이 동일하다고 가정하면 이러한 결과는 자선기관과 모금자들에게만 국한된 것이 아니라 직원들에게 재정적 보상에 더해 사회적 보상까지 제공하는 모든 직장에 손쉬운 해결책을 제시해준다. 이와 유사하게 우리 중 한 명이 미국 버스운송조합과 수행한 최근 연구에서는 교대 시에 관리자로부터 "조심해서 다녀오세요" "당신의 노고에 감사합니다" 같은 따스한 배웅을 받은 운전사가 운행 중 사고를 더 적게 냈다는 점을 발견했다. 가끔 받는 마땅한 격려가 단지 생산성만 끌어올리는 게 아니라 일부 직업에서는 생명을 구하기도 한다.

생산성과 사회적 보상이 온화함 방정식의 두 가지 요소라면 세 번째 요소는 공감이다. 간단히 얘기하자면 청자의 고통(혹은 더 일반적으로 그들의 불평)에 공감을 표현할 줄 아는 메신저는 호감도를 높일 수 있다. 이 기본적인 법칙은 해당 메신저가 애초에 나쁜 분위기나 안 좋은 기분이 유발된 데 책임이 전혀 없더라도 적용될 정도로 강력하다. 이 법칙이 적용되는 고전적인 사례는 빌 클린턴 미국 대통령이 1995년 8월 25일, 옐로스톤 공원의 올드 페이스풀 인Old Faithful Inn 앞에서 한 국립공원 관리청 설립 79주년 축하 연설에서 찾을 수 있다. 그의 전반적인 메시지는 단순하지만 중요했다. 미국의 자연 유산과 환경을 보존하겠다는 정부의 공약을 재천명하려는 것이었다. 하지만 사람들에게 가장 큰 영향을 끼친 것은 그가 처음에 꺼낸 말이었다. 연설의 황금 법칙을 깨고 클린턴은 사과로 시작했다. "여러분, 반갑습니다. 이런, 비가 와서 유감이군요." 그 뒤를 이은 공식적인 멋진 말들은 금세 잊혔다. 그러나 이 첫마디는 사람들의 마음에 간직됐다.[28]

관습을 깬 이 연설에 흥미를 느낀 어느 연구진은 사실상 책임이 없는 상황에 대해 메신저가 사과할 때 어떤 일이 벌어지는지 살펴보는 일련의 실험들을 계획했다. 그중 한 실험에서는 배우를 고용하여 비 오는 날 기차역에서 행인들에게 전화기를 빌려달라고 부탁하는 여행자 연기를 하게 했다. 열 번 중 아홉 번 꼴로 명백한 거절이 되돌아왔다. 하지만 "비도 오는데 너무 미안합니다! 전화기 좀 빌릴 수 있을까요?"라고 하면서 고약한 날씨에 대한 사과를 먼저 표현한 경우에는 거의 절반의 사람들이 전화기를 빌려줬다.[29] 클린턴 대통령이 직관적으로 파악했던 것을 사회과학이 입증한 셈이다. 비록 자신의 통제 밖에 있더라도 뭔가 불쾌한 것에 대해 사과한 메신저는 공감력 있는 사람으로 인식된다. 그로 인해 더 따뜻한 사람처럼 보이고 그 결과 사람들은 이 메신저의 말에 대해 한결 수용적인 태도를 취하게 되는 것이다.

꼭 하지 않아도 되는 사과가 이렇게 효과적일 수 있다는 점을 고려하면 필요한 사과로 아주 어려운 상황을 반전시킬 수 있다는 건 놀랍지 않다. 무엇보다 필요한 사과는 대단히 강력한 사회적 도구이며 관계를 회복하거나 재확립하는 데 결정적 역할을 한다. 2008년 2월, 호주 총리 케빈 러드는 4분짜리 연설을 통해 이 점을 굉장히 잘 보여줬다. 그는 자신이 총리에 오르기 전 행해진 호주 원주민에 대한 처우에 공식적으로 사과했다. 그는 자신이 "우리 동료 호주인들에게 심각한 슬픔, 고통, 상실을 초래한 의회와 정부의 계속된 법과 정책에 사과"해야 한다는 점을 알고 있다고 말했다. 러드의 전임자는 정부의 책임을 인정하면 소송의 여지가 생길 수 있으며 자신 또한 과거 정부의 행태에 책임감을 전혀 느끼지 않는다고 주장하면서 사과를 거부했었다. 하지만 이 전임 총리는 사과를 하는 편이 좋았을지 모르겠다. 러드가 사과한 지 두 달이 지난 4월, 대중은 러드에게 역대 호주 총리 중 가장 높은 만족도를 표했고 이 점수는 아직까지 깨지지 않고 있다.[30] 여전히 그를 가장 인기 있고 호감 가는 호주 총리로 여기는 사람들이 많다.

여기서 언급돼야 할 온화함 방정식에는 또 다른 요소가 있다. 바로 겸손이다. 그러나 이것은 일종의 양날의 검과 같다. 타인에 대한 감사와 축하를 표현할 때 나타내는 '감사형 겸손'은 일반적으로 긍정적이다. 2009년 노벨평화상을 수상했을 때 버락 오바마는 자신의 성취에 대해 떠벌리지 않았다. 대신 이전 수상자들에 비하면 자신의 공적이 상대적으로 사소하다고 발언했다. "이 상을 받았던 역사의 위인들, 슈바이처, 마틴 루터 킹, 조지 마셜, 넬슨 만델라 같은 분들과 비교하면 제 공적은 보잘것없습니다." 이러한 자만심의 부재 그리고 타인에 대한 감사는 친사회적 경향, 개방성, 그리고 배우고 비판을 받아들이려는 의지의 증가로 이어진다. 그 결과 오바마는 온화하고 호감 있는 인물로 자리매김했고 메신저로서의 효과 또한 강화되었다.[31] 반면에 '자기비하형 겸손'은 타인의 눈에 지위가 결여돼 보이는 결과를 초래한다. 감사형 겸손은 긍정적인 효과를 낳고 일반적으로 강자의 위치에 선 사람에게서 나오는 반면, 자기비하형 겸손은 낮은 자존감에서 비롯된다. 자기비하형 겸손을 실행하는 사람은 소속감이 강하지 않다. 이들은 타인이 자신을 존중하지 않는다고 느낀다. 이들은 패기가 없고 종속적이다. 그리고 그 결과 이들이 보내고자 하는 메시지가 약화된다.[32]

다른 메신저 신호들처럼 온화함을 표현하는 데도 미묘한 차이가 존재한다. 매우 강력한 설득력을 발휘할 수도 있지만 잘못 다루면 그로 인해 메신저가 무시당하고 공격받을 수 있다.[33] 지나치게 협력적인 모습을 보이고 너무 쉽게 과오를 표현하고 타인의 반응에 과도한 관심을 드러내는 메신저는 호락호락하고 만만한 인물로 여겨질 수 있다. 즉 유리함을 추구하는 상대에게 공격받을 위험에 스스로 노출되는 셈이다. 강요되었거나 진심이 아닌 온화함 또한 타인으로부터 부정적으로 인식되는 경향이 있다. 청중들은 속을 들여다보고 그에 따라 판단을 내린다.

관대함이나 공감의 표현이 부적절하게 사용되는 경우에는 청중을 오히려 당황하게 만들 수 있는 위험도 있다. 만약 테드가 당신에게 이유는 설명하지 않은 채 자신의 돈 대부분을 남들에게 줘버릴 계획이라고 말한다면 당신은 그가 매우 관대한 사람이라고 생각할 수도 있겠지만 또한 부정적으로 반응하여 당신의 친구가 적당한 선을 넘어 과도한 자기희생을 하고 있다고 우려할 수도 있다. 우리가 탈리 샤롯과 유니버시티칼리지 런던에서 수행했던 연구는 두 가지 반응이 동등하게 가능하다고 시사한다. 돈을 다른 사람과 어떻게 나눌 것인지 결정하는 실험에서 자발적으로 적당량 이상을 남에게 주기로 선택한 사람들을 바라보던 구경꾼들 사이에서는 부정적인 감정이 자주 표출되었다. 고도의 이타주의자는 이기적으로 행동하는 사람에 비해 온화하다고 여겨지겠지만 그들의 행동은 타인들을 불편하게 만들 수도 있다.[34] 그리고 극단적 환경이라면 이는 적대감을 낳을 수도 있다. 고기를 먹는 사람들에게 채식을 정당화하려는 채식주의자들은 동물의 복지와 지구의 요구에 민감해야 한다는 주장으로 인해 종종 역풍을 맞는다. 도덕적인 우월성을 주장하여 다른 사람들을 깔본다는 인식 때문에 메시지가 왜곡되는 것이다. 우리들 대부분은 좋은 사람으로 보여지고 싶어 하므로 그 점이 의심받는 것 같으면 자존감에 상처를 입기 때문이다.[35]

그러나 온화함으로 인한 가장 큰 위협은 지위에 대한 인식을 향해 가해진다. 우리는 1장에서 이미 이 점에 대해 다룬 바 있다. 지위가 높은 사람과 낮은 사람이 대기실에서 만난 경우, 지위가 높은 사람은 냉정하고 서먹서먹하게 굴면서 교류하려는 의지를 덜 드러내는 반면, 지위가 낮은 사람은 더 친근하고 따스하게 행동하려 한다. 따라서 온화함은 낮은 지위를 나타내는 지표일 수 있으며 이 점은 소프트 메신저에게 힘든 과제를 안겨준다. 특히 사회적 상호작용의 초기 단계에서 더욱 그렇다. 대기실 실험에서 지위가 높은 A는 같은 방에 있던 B와 교류하기보다 자신의 휴대폰을 들여다보는 쪽을 선택했다. 교류를 위한 B의 신호, 즉 상대의 관심을 끌기 위해 미소를 짓고 그쪽을 흘깃흘깃 쳐다본 것으로는 A의 주의를 끌기에 충분하지 않았다. 결국 B는 자신도 똑같이 휴대폰을 꺼내 들여다보는 쪽을 택했다. A가 무례하게도 관심을 보이지 않자 B 역시 구태여 B의 주변에 가서 앉거나 서성

거리며 기다리지 않았다. 하지만 B가 만약 계속해서 환심을 사려 했다면 A가 보기에 B의 지위는 더욱 떨어졌을 것이다.[36]

이런 이분법에는 물리적인 차원이 있다. 우리가 살펴봤듯이 지배력은 사각턱, 짙은 눈썹, 큰 코와 평균보다 높은 얼굴 종횡비와 관련이 있다. 능력 있어 보이는 사람들은 성숙도와 연관된 얼굴 특징을 지녔다. 온화함의 얼굴은 이와 정확하게 반대다. 즉 좀 더 아기 같은 얼굴이다. 윤곽이 둥글고 큰 눈에 작은 코, 높은 이마와 작은 턱을 가졌다.[37] 이는 남성과 여성에게 공통적인데 특히 여성이 이런 특징을 가질 가능성이 더 높다. 긍정적인 측면으로 보면 첫인상에 대한 연구에서 동안童顔인 사람은 평균보다 덜 적대적이고 더 정직하게 보이는 것으로 나타났다. 부정적인 점은 능력이 떨어지고 보호받을 필요가 더 높은 것으로 여겨진다는 점이다. 동안인 협상가는 덜 어려 보이고 강인한 인상을 가진 협상가에 비해 능력이 떨어진다고 인식될 수 있다. 마찬가지로 앳된 얼굴의 정치인은 지지를 얻고자 하는 대상들로부터 확신을 불러일으켜야 할 때 어려움을 겪을 수 있다. 유력 과학 잡지인 〈사이언스〉지에 실린 한 연구에 따르면 후보자의 얼굴을 흘깃 보는 것만으로도 미국 상원의원 선거 중 약 70퍼센트의 승자를 예측하는 데 충분했다고 한다.[38] 어려 보이는 얼굴의 도전자는 늘 최악의 대우를 받는다. 실제로 전직 미국 대통령 로널드 레이건, 빌 클린턴, 존 F. 케네디의 사진을 좀 더 동안처럼 보이도록 수정하자 사람들이 인식한 이들의 지배력, 강인함, 계략 점수가 크게 하락했다.[39]

동안이라고 해서 항상 혹은 반드시 불리한 것은 아니다. 따스해 보이고 능력이 떨어져 보이기 때문에 불확실한 상황에서 종종 무죄 추정의 이익을 얻을 수 있으며 타인들에게 더 친절한 사람으로 인식 될 수 있다. 아기에서 어린이로 자라나는 동안 아기 같은 얼굴을 가진 사람은 부모와 형제자매로부터 특별 대우를 받으며 자질구레한 일을 도맡게 될 가능성도 적고 부모의 처벌도 덜 받는다.[40] 성인이 되었을 때, 어려 보이는 외모는 법정에서 놀라운 이점을 발휘할 수 있다. 고소 인이 동안일 경우 평균적으로 소액 사건 법정에서 더 많은 보상금을 받으며, 성숙해 보이는 피고는 더 많은 손해배상금을 낸다.[41] 마치 온 화하고 아이 같은 외모를 가진 동안의 피고가 나쁜 의도를 숨기고 있 다고는 사람들이 믿기 어려워하는 듯하다. 따라서 이들은 유죄 판결 을 받는 일도 적고 유죄 판결을 받더라도 형을 더 가볍게 받는 경향이 있다. 그리고 영국 심리학자 데이비드 페럿David Perrett이 지적했듯이 동안인 범법자가 제품 리콜을 고객에게 고지하지 않아 위험한 부작용 이나 피해를 입히는 등 비의도적인 부주의와 연관된 범죄를 저지른 경우에는 좀 더 강경한 판결을 선고받을 수 있어도 적극적인 문서 위 조나 계획된 범죄처럼 '악의적 의도'의 범죄와 연관된 경우에는 무죄 를 받거나 더 가벼운 판결을 받게 될 가능성이 더 높다. 판사들이 아 기 같은 얼굴을 한 흉악범은 고의보다는 우발적이거나 부주의로 인해 범죄를 저질렀을 것이라고 믿기 쉬운 듯하다.[42]

경쟁적 이타주의

관대하거나 협력적인 행동이 지위를 위태롭게 만드는 사례가 일부 있긴 하지만 온화함은 일반적으로 메신저의 평판을 강화하고 유대감과 영향력을 증대시키는 이점이 있다. 사람들은 대개 자신이 따스하고 남을 보살피고 관대한 사회의 일원이라고 여겨지길 원한다. 그리고 남을 돕는 자신의 희생, 공헌, 노력이 좋은 평판과 인간관계에서의 영향력 증대라는 사회적인 보상을 받을 때 이후로도 그러한 행동을 반복하려는 경향이 더 높아진다.[43] 예를 들어 위키피디아를 위해 무료로 콘텐츠를 창작하고 편집하는 지원자들은 자신의 공헌이 공개될 때 시간을 더 많이 할애하는 것으로 나타났다. 한 연구에서 사회학자 두 명이 가장 열심히 참여하는 위키피디아 공헌자들에게 보상을 준다며 무작위로 '반스타barnstar' 어워드를 배포했다. 이런 중요하지도 않고 금전적이지도 않은 보상이 이후의 참여 의지를 얼마나 자극하는지 시험해보기 위해서였다. 이후 90일 동안 무작위로 반스타를 받은 사람들의 생산성은 보상을 받지 못한 사람들에 비해 60퍼센트나 더 증가했다.[44]

이러한 눈에 띄는 기부 혹은 **경쟁적 이타주의** 사례는 보기 드물지 않다. 빌 게이츠와 멀린다 게이츠, 워런 버핏, 조지 소로스, 마크 저커버그 부부 같은 초대형 부자들은 자신의 재산 가운데 상당량을 분배하기 위한 재단을 설립해왔다. 대기업은 기업의 사회적 책임 프로그램을 운영하려 한다. 많은 사람들이 자선기관에 후의를 베푼다. 분명 사리사욕도 한몫할 것이다. 자선단체에 기부함으로써 세금 공제 혜택을 받을 수 있기 때문이다. 그러나 이러한 연민의 공개적이고 물질적인 표현이 기증자나 지원자의 평판에 끼치는 이익도 무시하기 어렵다.

다음 공적 봉사의 사례 두 가지를 살펴보자.

출시 초기부터 토요타 프리우스Toyota Prius는 별로 호의적이지 못한 평가를 받았다. 논평가들은 프리우스가 유사한 사이즈의 평균적인 가솔린 자동차에 비해 힘이 떨어지고 덜 민첩하며 품질이 낮다고 평했다. 또한 상대적으로 높은 가격도 아쉽다고 했다. 일반적인 자동차에 비해 연비는 좋고 환경친화적이지만 프리우스를 탄다고 해도 한 개인이 기후와 환경 변화에 끼칠 수 있는 긍정적 영향은 제한적이라고도 주장했다. 그러나 2007년에만 30만 명의 사람들이 '세계 최초의 연료 절약형 하이브리드 자동차'를 사기 위해 비싼 값을 지불했고 현재까지 총 1,000만 대가 넘게 팔렸다. 왜일까?

2016년 11월 8일 화요일, 1억 3,600만 명이 넘는 사람들이 미국 대통령 선거에 투표했다. 현대 미국 정치사에서 가장 높은 공직 선거 투표율이었다.[45]

사람들은 자신이 던지는 한 표가 최종 결과에 의미 있는 영향을 주지 못한다는 점을 알고 있었다. 투표 대신 더 의미 있고 즐거운 일에 시간을 쏟을 수도 있었다. 그럼에도 사람들은 엄청난 시간을 들여 투표소까지 가는 먼 길을 마다하지 않았다. 왜일까?

실험경제학자들은 자선, 구매, 투표 등과 같은 행위를 더 잘 이해하기 위해 실제 세상에서 흔한 상황을 시뮬레이션할 때 공익 게임을 즐겨 사용한다. 이 게임에 참여하는 사람들은 일정 금액을 받은 후 원하는 대로 투자할 수 있다는 말을 듣는다. 자기가 그냥 가질 수도 있고, 전체 구성원에게 이익이 되는 대의명분에 기부할 수도 있다. 프리우스와 투표의 예가 보여주듯 그런 대의명분이 효과를 발휘하기 위해서는 집단적 단체 행동이 필요할 수 있지만 말이다.

사람들이 사리사욕만으로 움직인다면 토요타 프리우스를 사지 않을 것이고 선거일에 집에서 쉴 것이다. 또한 재활용에도 훨씬 덜 적극적일 것이다. 어쨌거나 음식물이 들어 있던 병을 비우고 닦는 건 그냥 휴지통에 던져버리는 것에 비하면 귀찮은 일이기 때문이다. 또한 환경이나 동물 복지 문제를 우려해 채식주의자가 되는 일도 없을 것이다. 그러나 인간은 그런 식으로 행동하지 않는다. 우리는 자신을 따스하고 남을 보살피는 착한 사람으로 바라보고자 한다. 도덕적인 행동은 단지 타인의 인정을 받기 위함이 아니다. 그러나 여기에 호의적인 평판이라는 이익이 더해질 때 이타적인 사람이 되어야 하는 이유가 다양해진다. 친사회적 행동을 지켜보는 친구, 가족, 동료는 우리를 더 존경할 것이고, 우리의 이타심을 칭송하고 우리에게 더 협력하려 할 것이며, 미래에도 유대감을 유지할 것이다. 실제로 공익 게임의 투자 결과를 다른 참가자들과 공유하여 서로가 얼마나 기부했는지 다 알 수 있게 한 경우 기부가 증가했다.[46] 냉소주의자는 단지 타인의 인정을 구입하는 것일 뿐이라고 주장하겠지만 그들의 행동으로 인한 실질적인 효과가 더 많은 사람들에게 도움이 되는 것은 분명한 사실이다.

이는 단지 흥미로운 이론적 발견에 그치지 않는다. UC샌디에이고, 예일대학교, 하버드대학교의 동료들과 함께 워싱턴 DC에 소재한 연방무역위원회Federal Trade Commission를 대표하는 에레즈 요엘리Erez Yoeli는 공익사업의 결과를 개선하는 데 평판 효과의 힘을 활용했다. 에너지 수요가 절정에 이르렀을 때 접근을 제한함으로 정전 위험과 환경 파괴를 줄이도록 고안된 '수요 반응' 에너지 프로그램이란 것이 있다. 요엘리는 캘리포니아에 전력을 공급하는 기업과 협업하여 메신저의 평판 효과를 이용해 이 프로그램에 자발적으로 참가하는 가구 수를 늘릴 수 있는지 시험했다. 이 프로그램의 공적 이익은 명백했지만 개인들이 희생을 감내해야 했다. 더운 날 전력 공급이 제한된다는 것은 에어컨 가동에 심각한 문제가 생긴다는 뜻이기 때문이다.

우선 확연히 다른 두 가지 제안을 주택소유자협회 거주자들에게 전했다. 한 집단은 공용 게시판에 이 계획에 참여할 준비가 됐다는 사실을 알리는 데 쓸 고유 암호가 적힌 편지를 받았다. 다른 집단은 참여 의사가 있을 경우 공용 게시판에 이름과 고유 번호를 쓰라는 안내가 적힌 편지를 받았다. 즉 첫 번째는 익명이었고 두 번째는 이름을 공개하는 방식이었다. 참여율 차이는 놀라웠다. 암호만 적으면 되는 주민들에 비해 이름과 고유 번호를 적어야 하는 주민들이 세 배나 많이 참여에 동의했다. 또한 과거 25달러(3만 원)의 현금 인센티브를 제안했을 때에 비하면 7배나 더 많은 사람들이 참여했다. 연구진의 추산

소프트 메신저

에 따르면 에너지 소비 행동에 있어서는 좋은 평판이 주는 개인적 이익이 적어도 174달러(20만 원)에 달했다.[47]

토요타 프리우스가 판매에 성공한 것도 비슷한 이유에서다. 환경에 신경 쓰는 사람들은 주행 중 탄소 배출량을 감소시키는 데 동기부여를 받을 것이다. 그러나 프리우스의 가격이 더 비싸기 때문에 '친환경주의자'로 보이기 위해서는 일종의 할증료가 드는 셈이다. 〈뉴욕타임스〉에 보도된 설문조사에 따르면 프리우스 구매자 중 대부분이 '나를 설명해주기 때문'에 구입했다고 답했다.[48] 한 개인의 프리우스 구입이 지구 온난화에 큰 영향을 끼치지는 못하더라도 그 사람의 평판에는 커다란 효과를 발휘하는 듯 보인다. 경제학자들은 친환경 제품의 수요가 늘어날 경우 제조업자들이 가격을 낮춰서 환경친화적 제품을 구입하는 소비자들의 희생을 감소시켜야 할지에 대해 오랫동안 논쟁해왔다. 칼슨경영대학원Carlson School of Management의 저명한 학자 블라드 그리스케비시우스Vlad Griskevicius에 따르면 그 반대가 옳다. 그보다는 자기희생적 행동이 얼마나 널리 알려지느냐가 중요하다는 것이다.

블라드의 연구 중 하나에서는 사람들에게 친환경 배낭과 세련되고 자랑할 만한 배낭 중에서 무엇을 선택할지 물어봤다. 친환경 배낭은 100퍼센트 유기 섬유로 만들어졌고 제조 과정에서 쓰레기를 최소화하도록 디자인되었으며 재활용하는 방법에 대한 지시사항이 포함돼 있었다. 일반 배낭에는 방수 코팅이 돼 있었고 수납 공간이 여덟 군데나 됐다. 다양한 반응을 끌어내기 위해 연구진은 참가자들에게 온라인으로, 즉 사적으로 구매하는 경우와 공개적인 소매 상점에서 구매하는 경우를 상상해보라고 지시했다. 또한 선택을 내리기 전에 참가자들에게 짧은 이야기를 읽게 했는데 그중 한 버전은 평판에 대한 메시지가 담긴 이야기였고 다른 하나는 그런 언급이 없는 이야기였다. 그 결과 자신의 평판을 고려하도록 설계해둔 사람들이 온라인에서 구매할 때는 친환경 요소가 없는 고급 제품을 선호했다. 그러나 타인의 시선을 받으며 쇼핑할 때는 친환경 제품을 선택했다. 지구를 보호하고 친환경 제품을 구입하려는 동기는 부분적으로는 그 행위를 통해 받게 될 사회적 인정의 양에 의해 결정되는 듯하다.[49]

우리는 일정한 지위를 소유한 메신저에게만 귀를 기울이지 않는다. 우리는 긍정성, 공감, 겸손을 통해 온화함을 표현하는 사람들 또한 존경한다. 이런 특징들이 앞에서 예로 든, 105억 달러가 걸린 소송에서 배심원단으로 하여금 더 강력하고 차가운 상대가 아닌 원고의 손을 들어주게 만든 것으로 보인다.

코스트코의 크레이그 엘리네크가 미국에서 가장 호감 가는 CEO로 선정된 이유도 온화함 때문이다. 온화한 메신저가 영향력을 얻는 이유는 이들이 본질적으로 보상을 준다고 여겨지기 때문이다. 이런 맥락에서 보면 소프트 메신저 효과가 청중에게 커다란 영향을 끼칠 수 있는 이유가 분명해진다. 또한 사람들이 이타적이고 도움이 되는 행동에 참여함으로써 자신의 인식된 온화함을 증가시키려 하는 이유도 확실해진다. 온화함은 사람들이 타인과 유대감을 형성하고 협력하며 타인의 말에 따라야 할지 결정할 때 중점을 둬야 하는 중요한 특성인 것이다.

그러나 온화함만이 유대감을 키우는 유일한 방법은 아니다. 위험을 감수하고 타인을 자신의 세계에 들이는 것 또한 우리를 청중에게 연결시켜줄 수 있다. 그러나 이를 위해서 우리는 자신의 취약성을 드러내야만 한다.

프레임 6

취약성

솔직함, 개인 서사, 열린 마음

인도 남부 투티코린Tuticorin 출신의 아차나 팟치라잔Archana Patchirajan은 여러 스타트업을 설립해온 기술 기업가다. 그 기업 중 하나인 허블Hubbl은 그녀가 쿠샬 초크시Kushal Choksi와 함께 설립했고 애플리케이션을 통한 B2B 온라인 광고를 제공하여 꽤 성공을 거뒀다. 2013년 말 그녀는 허블을 1,400만 달러(163억 원) 넘는 가격으로 매각했다. 그러나 상황이 사뭇 달라질 수도 있었다. 이 거래가 이뤄지기 수년 전 팟치라잔은 급성장하는 기업인이라면 누구나 두려워할 일을 억지로 해야 했다. 25명의 고도로 훈련된 엔지니어들을 모두 불러모은 그녀는 초기 투자금이 바닥을 드러내서 이들을 해고해야 한다고 설명했다.

그런데 직원들의 반응은 의외였다. 이들은 떠나기를 거부했다. 그

대신 이들 각자가 급여를 상당 부분 삭감하겠다고 자원했다. 심지어 무급으로 야근을 자청하는 이들도 있었다.[1]

당신이라면 당신의 보스를 위해 이렇게 하겠는가?

돈, 경력 개발, 역량 향상은 직업이 제공할 수 있는 핵심적 요소지만 이들과 똑같이 중요한 또 하나의 요소가 있다. 직장과 회사에 느낄 수 있는 유대감이 그것이다. 유대감은 충성심의 형성을 돕는다. 사람들에게 명백한 재정적 보상을 넘어 매일 직장에 출근해야 하는 이유를 제공하며 최선을 다해 일하도록 독려한다. 예를 들면 5,000명의 덴마크 건강관리 분야 종사자들을 대상으로 한 연구에서는 자신의 직장과 정서적인 유대감을 느끼는 사람들이 행복감뿐 아니라 고용주와 동료에 대한 헌신도도 높다는 점을 발견했다.[2] 상황이 어려워졌어도 팻치라잔의 동료들이 그녀를 계속 지지한 까닭은 바로 이 유대감 때문이었다.

그렇다면 고용주는 직원들과의 강력한 정서적 유대를 어떻게 만들어낼 수 있을까? 휴스턴대학교의 사회복지학 교수이자 진정성과 사회적 유대에 관한 책을 여러 권 펴낸 브레네 브라운Brené Brown은 사회적 유대의 핵심에는 일종의 취약성이 자리하고 있다고 주장한다. 사회적 유대란 보통 쓰고 있는 보호 가면을 벗어던지고 정직하고 열린 마음으로 다가서려는 우리의 의지와 연관이 있다. 즉 방어 자세를 풀고 자신의 취약성을 포용하는 것이다. "우리는 다른 사람에게서 있는 그대로의 진실과 개방성을 보고 싶어 한다. 그러나 남들이 우리 자

신을 들여다보는 것은 두려워한다"라고 브레네 브라운은 적었다.[3]

이 메시지는 호평을 얻었다. 브라운의 테드TED 강연 '취약성의 힘'은 대중적 인기가 높다. 그녀의 주장은 또한 팟치라잔의 회사가 재정적 고난에서 살아남을 수 있었던 이유를 설명하는 데도 도움이 된다. 그 직원들은 쉽게 다른 직장을 알아볼 수 있었을 것이다. 2013년 인도 남부에서 컴퓨터 엔지니어는 매우 수요가 높은 직종이었다. 그러나 그들이 떠나야 할 이유였던 돈이나 경력 문제보다 그들이 남아야 할 이유였던 정서적 고려 사항이 더 강력했다. 팟치라잔의 컴퓨터 엔지니어들은 그녀가 진심으로 자신의 감정을 드러내는 사람이라고 여겼다. 그들은 그녀가 좋은 소식과 나쁜 소식을 모두 공유할 정도로 정직한 사람이라는 걸 알고 있었다. 그녀는 자신의 이상과 우려, 강점과 약점에 대해 즐겨 논의했다. 팟치라잔은 전형적인 하드 리더, 즉 키가 크고 멋진 옷을 입은 중년 남성이 아니었다. 그녀는 개방적이고 솔직하고 의외의 불확실성이나 취약성이라는 감정을 드러낼 준비가 돼 있는 사람이었다. 그리고 사람들은 그런 점을 좋아했다. 브레네 브라운이 날카롭게 지적한 것처럼 취약한 것이 곧 인간적인 것이기 때문이다.

잘못된 판단에 의한 공모를 인정하는 것이든, 낭만적인 마음을 고백하는 것이든, 단순히 도움이 필요함을 알리려는 것이든, 취약성을 노출하는 데에는 어느 정도의 용기가 필요하다. 이보다 쉬운 선택은 마음의 문(그리고 입)을 굳게 닫고 자신을 보호하는 것이다. 자신의 진정한 감정, 필요, 욕구를 드러내고 취약한 입장을 취하는 게 훨씬 어렵다.

왜냐하면 타인에게 마음의 문을 열었을 때 거절당할 위험이 있기 때문이다. 취약성을 드러냈는데 부정적인 반응을 받게 되면 마음이 너무 아플 수 있다. 애초에 자신을 아예 노출하지 않았더라면 아픔을 겪지 않았을 것이다. 그러나 우리의 비관적인 예측은 대개 근거가 허약하다는 점이 판명됐다. 버네사 본스Vanessa Bohns와 프랭크 플린Frank Flynn의 연구는 여러 상황에서 도움을 요청했을 때 사람들이 도움을 받을 수 있다는 가능성을 과소평가한다는 점을 보여줬다. '노'라고 반응하는 이가 사회적 비용을 치러야 한다는 걸 잊기 때문이다. 물론 이 사회적 비용은 요청의 성격과 관계의 유형에 따라 달라진다. 10파운드를 빌려달라는 요청보다는 1,000파운드를 빌려달라는 요청을 거절하기가 더 쉽고, 상사보다는 낯선 사람의 요청을 거절하기가 더 쉽다. 그러나 이 거절 비용은 어쨌거나 존재하며 거절하는 사람에 대한 부정적인 인식으로 이어지므로 남을 돌볼 줄 모르고 유대감이 없으며 지나치고 심지어 잔인하다는 평가를 받게 될 위험이 있다. 자기 스스로도 그렇게 생각하고 죄책감을 느끼게 된다. 반대로 '예스'라고 승낙한다는 건 더 긍정적이고 보상을 안겨주는 경험이다. 다른 사람을 기쁘게 해줌으로써 도움을 준 사람 또한 긍정적인 기분을 누린다. 기쁨을 나누는 즐거움을 누릴 수도 있고 친절한 행동을 한 스스로에 대한 만족감도 높아진다. 협력에 동의한다는 것은 두 사람의 유대감을 강화시키는 데도 도움이 된다. 그 결과 사람들은 우리가 예상하는 것보다 훨씬 더 자주 '예스'라고 말한다. 본스와 플린은 긍정적인 반응을 얻을 가능성을 우리가 보통 절반 정도로 과소평가하고, 이로 인해 친구, 고객, 데이트 승낙을 얻을 수 있는 기회를 놓치게 되며 결국 유대감을 증가시킬 기회가 허비된다고 설명한다.[4]

취약성을 표출하는 것에 우리가 불편함을 느끼는 또 다른 이유는 일이 잘못될 가능성에 대한 집착이다. 우리는 자신의 실수를 인정하면 직장을 잃게 되지 않을까 걱정한다. 또는 타인에게 접촉해 도움을 청하면 상대가 거절하고 우리를 욕보이지 않을까, 그로 인해 자신의 지위와 자존감이 고통받지 않을까 우려한다. 이러한 비관주의의 끔찍한 결과는 우리가 심리적으로 가장 고통받을 때, 즉 도움의 손길이 가장 필요한 바로 그 순간에 도움을 청할 가능성이 가장 낮다는 점이다. 예를 들면 미국에서 따돌림을 당하는 학생 중 거의 90퍼센트가 그들을 돕도록 고안된 또래 지원 시스템을 긍정적으로 평가하면서도 실제로 그 시스템을 이용하는 비율은 8퍼센트에 그친다.[5] 그 결과 도움을 청할 용기를 그러모으기 어려워하는 피해자들은 속절없이 고통받는다. 아이러니하게도 규제 당국과 정책 결정자들은 이처럼 가치 있는 프로그램을 활용도가 낮다는 이유로 효용성이 없다고 오해해 지원하지 않게 될 수 있다. 취약성을 인정했을 때의 당황스러움과 그로 인해 지위에 가해질 수 있는 타격을 극복하려면 상당한 용기가 필요하다. 그러나 역설적으로 들리겠지만 아차나 팟치라잔의 사례에서처럼 취

약성의 표현은 개방성과 자신감의 신호로 해석될 수 있다.[6]

이런 이유로 리더가 편안하게 자신의 약점과 취약성을 표현하는 법을 배워야 한다고 주장하는 경영대학원의 숫자가 점점 늘어나는 것일지도 모른다. 메신저가 불안감이나 잠재적 약점을 외부에 드러냄으로써 자신을 취약하게 만들면 그 결과 보통 더 즐거운 사회적 상호작용을 경험하고 더 친밀한 관계를 형성하게 된다. 당신이 생각, 경험, 감정, 기질을 공유하면 타인은 그로부터 자신과의 유사성을 발견하게 되거나("당신은 나와 비슷하군요") 당신의 행동에 대한 더 나은 통찰력을 얻게 된다. 어느 쪽이든 상대는 당신을 더 잘 이해하게 될 것이고 상대와 당신 간의 관계는 더 좋아질 것이다.

전임 영국 총리 테리사 메이는 짧은 시간 동안 위험을 감수하고 약점을 강점으로 바꾸는 데 성공한 고위급 리더의 좋은 사례를 보여준다. 로봇처럼 차가운 인상으로 널리 알려져 있었으며 유권자와의 관계가 썩 좋다고는 할 수 없었던 메이는 2018년 여름, 무역 협상을 위한 아프리카 출장 첫날에 학생들과 춤을 춰달라는 요청에 응했다가 세간의 조롱을 받았다. 그리 편안하거나 자연스럽다고 할 수 없었던 그녀의 춤에 대해 '통나무 같다'거나 '민망하다'는 조소가 쏟아졌다. 트위터 사용자들은 그녀를 '메이봇(메이와 로봇의 합성어)'이라고 비웃고 '누군가 기름 치는 걸 잊었나 봐'라는 등의 농담을 던졌다. 상황이 이랬으니 몇 달 뒤 그녀가 보수당 콘퍼런스 무대에서 아바ABBA의 '댄싱 퀸'에 맞춰 춤을 췄을 때 사람들은 매우 놀랐다. 자칫하면 이후에 또다시 모욕과 끊임없는 조롱을 받을 수도 있는 과감한 선택이었다. 그리고 확실히 인터넷상에서는 또 다른 '메이봇'의 물결이 퍼져나갔다. 그러나 그녀의 자기 비하적이고 뻣뻣한 춤에 대한 전반적인 반응은 놀랍도록 긍정적이었다. 심지어 아바의 리드보컬이자 '댄싱 퀸'의 공동작곡자인 비에른 울바에우스Björn Ulvaeus조차 칭찬하고 나섰다. "저는 그녀가 대단히 용감했다고 생각합니다. 자신 안에 리듬이 많다고는 할 수 없는 여성이잖아요. 정말 감동받았습니다."[7] 자신의 취약성을 끌어안음으로써 메이는 농담의 대상이 되기보다는 농담에 참여하는 쪽에 설 수 있었다. 그녀는 짧은 시간 만에 이전에 자신에게 향했던 적대적인 태도를 완화시키는 유대감을 형성했다. 연단에 선 다음 잠시 시간을 두었던 그녀의 콘퍼런스 파티 연설은 메이의 연설 중 최고였다는 칭송을 받았다. 심지어 그녀의 확고한 비판자들마저 감명받은 듯했다. 〈더 스펙테이터The Spectator〉의 정치 부국장 케이티 볼스Katy Balls는 "총리가 취임 이래 최고의 연설을 전했다"라고 평했으며 〈가디언〉 에디터는 "총리 재직 기간 중 가장 야심 차고 어쩌면 가장 성공적이었던 연설"이었다고 결론지었다.[8] 메이봇은 물론 잠시였으나 메신저로서 최선을 다했다. 자신의 말을 바꿈으로써가 아니라 자신의 취약성을 노출함으로써 말이다.

취약성을 노출하는 것의 장점은 아차나 팟치라잔과 테리사 메이 같은 비즈니스나 정치 분야의 고위직 메신저들에게만 국한되지 않는다. 법정에서 피고 측 변호인은 자신의 고객을 취약한 사람, 시스템에 의해 피해를 입은 사람, 인생에서 많은 고통을 겪었고 어려운 상황을 이겨낼 능력이 모자란 사람이라고 주장하는 일이 잦다. 판사와 배심원단의 지지를 얻어 상황을 유리하게 끌고 가기 위함이다. 좋은 변호사는 '희생자 연기'가 종종 이익이 된다는 걸 안다.[9] 이와 유사하게 경연 참가자가 '취약성'이나 불운한 '배경 스토리'를 가지고 있는 경우 경쟁자와의 차별성으로 인정되어 유리한 위치를 점하는 모습을 보인다. 영국의 인기 예능 프로그램 〈브리튼스 갓 탤런트Britain's Got Talent〉의 우승자 중 일부가 이런 예에 해당된다. 2017년 시리즈의 최종 승자였던 피아니스트 토키오 마이어스Tokio Myers는 열 살 때 학교 선생님이 칼에 찔리는 모습을 목격했다는 게 널리 알려졌다. 어린아이가 아니라도 누구에게나 끔찍한 사건이었다. 2018년 참가자였던 코미디언 리 리들리Lee Ridley는 이른바 '목소리를 잃은 남자'로 어릴 때부터 말을 할 수 없었고 음성 합성기를 통해 전달되는 짤막한 위트로 우승을 거뒀다. 여기서 핵심은 이들에게 우승할 만한 자격이 있었는지가 아니다. 자신의 취약성을 노출하려는 의지가 기회에 해가 되기는커녕 그들을 더 발전시켜줬다는 것이다. TV 리얼리티 쇼에서 상처를 드러내는 배경 스토리를 이용하는 방식은 프로그램에 대한 비판으로 이어졌다. 저명한 심리학자 글렌 윌슨Glenn Wilson은 "참가자들의 결점과 약점이 그들의 재능만큼이나 중요하게 다뤄진다"라고 주장했다.[10]

당연히 취약성을 표현하는 데에 늘 이렇게 드라마틱한 자기 노출이 필요한 것은 아니다. 단순히 자신에 대해 터놓고 얘기할 준비가 돼 있음을 보여주는 것만으로도 강력한 효과가 있다. 협상 테이블에서도 '서로를 알아가기' 단계로 시작되는 협상은 양측이 서로 자신이 누구인지를 밝힐 기회를 만들고 이로 인해 유대감이 형성되며 합의에 이를 궁극적인 가능성이 더 커진다. 개인적인 정보를 교환하며 협상을 진행하면 막다른 길에 빠질 가능성이 줄어들고 양측 모두에게 좋은 결과를 낳을 가능성이 늘어난다. 자기 노출 과정은 또한 부부간의 사랑을 증폭시켜 가정과 관련된 협상에도 도움을 준다. 심지어 경찰이 증인을 심문할 때도 좀 더 개인적으로 접근하면 얻게 되는 정보의 질과 양이 더 좋아진다. 유대감을 느끼는 증인이 더 좋은 증인이 되는 듯하다.[11]

물론 너무 과도한 자기 노출은 나쁜 결과를 낳을 수 있다. 메신저가 타인과 공유하는 것은 상황에도 적합해야 하고 기존 관계의 친밀도와도 부합해야 한다. 그렇지 않으면 불편하고 당황스러운 감정을 불어넣을 위험이 있다. 부적절한 노출은 유대감을 증진시키기는커녕 일방적으로만 진행되어 부정적으로 보일 수 있으며 "오, 세상에! 이런 것까지 알고 싶진 않아!"라는 반응으로까지 이어질 가능성이 있다. 그러나 이미 앞에서 살펴봤듯이 반대의 극단으로 향하여 취약성을 완전히 덮어버리려고 한다면 온갖 잠재적인 장점들을 잃어버리게 된다. 취약성을 드러낸 아차나 팻치라잔은 자신이 가장 힘든 시기에 팀으로부터 충성과 지원을 이끌어냈다. 테리사 메이의 경우에는 대중의 압박에서 몇 주간 해방될 수 있었다. 다른 사람들에게는 더 나은 결정을 내릴 수 있도록 추가적인 지식과 통찰을 제공해줄 수 있다. 동료로부터 이해나 용서를 얻어 업무 관계를 한층 진전시킬 수도 있을 것이고 혹은 평생의 사랑이 시작되는 단초가 될 수 있을지도 모른다.

타인을 도우려는 성향

도움을 요청받았을 때 돕고자 하는 충동은 강력한 것이다. 이 충동은 이 책에서 우리가 다루는 다른 메신저 효과들처럼 자동적이고 감정적인 반응으로서 생애 초기에 형성된다.[12][13] 인간만이 아니라 동물 또한 그렇다. 예를 들어 쥐는 우리에 갇힌 동료가 나올 수 있도록 돕는다. 쥐가 아주 좋아하는 초콜릿 칩을 일부러 놔두어도 그것을 먹기 전에 그런 행동을 한다. 구조자 쥐가 맛있는 보상에 곧바로 달려들기보다는 도움을 주는 쪽을 선택한다는 점 그리고 우리에 갇힌 친구를 도와주는 것이 곧 그 친구가 초콜릿 칩을 먹게 되는 일임을 감안하면 이 도움의 동기는 분명 이타적임에 틀림없다.[14]

명백히 요청하지 않았을 때에도 도움의 손길은 다가온다. 유니버시티칼리지 런던의 몰리 크로켓과 그녀의 동료들이 수행한 한 연구에서는 여러 쌍의 참가자들을 전기 충격 기계에 연결시킨 후 고통을 대가로 돈을 받는 일련의 선택들을 하게 했다. 더 많은 충격을 받을수록 참가자들이 받는 보상은 더 컸고, 충격을 적게 받으면 보상으로 받는 돈이 줄었다. 그러나 문제가 하나 있었다. 비록 어느 경우에도 돈은 받게 되지만 전기 충격이 때로는 자신에게 때로는 (익명의) 파트너에게 전달된다는 점이었다. 그러므로 보상의 대가로 파트너에게 고통을 줄 준비를 해야 한다는 뜻이었다. 그러나 실제로 고통을 주는 사람은 거의 없었다. 참가자 대부분은 돈을 포기했다. 그 돈을 받는다는 건 다른 누군가에게 고통을 가해야 한다는 의미이기 때문이었다.[15] 연민과 죄의식은 강력한 동기 유발 요인이다. 사람들이 종종 전혀 모르는 낯선 사람에게 가해질 피해를 막기 위해 무엇이든 하려는 이유 그리고 취약해 보이고 지위라고는 거의 없는 것처럼 보이는 메신저가 여전히 사람들로 하여금 귀를 기울이게 만드는 효과를 발휘할 수 있는 이유를 설명하는 데 도움이 된다.

사실 취약한 사람에게 주의를 기울이는 단순한 행위조차도 강력한 설득력을 발휘할 수 있다. '그건 내 전부가 아니야It's Not All About Me'라는 이름의 한 연구에서는, 의료진에게 감염 통제 지침을 지키도록 설득할 때 자신의 행동이 취약한 약자들에게 미칠 수 있는 영향을 강조하는 것보다 자기중심적 이익을 강조하는 경우에 효과가 크게 떨어진다는 점을 발견했다. 병원에서 소독제 분무기 위에 "손 위생은 당신이 질병에 걸리지 않도록 예방합니다"라는 문구를 적었을 때는 소독제 사용 비율에 별다른 변화가 없었다. 그러나 "손 위생은 다른 환자가 질병에 걸리지 않도록 해줍니다"라는 문구는 그 비율을 45퍼센트나 높였다.[16]

의료 전문가는 누구보다 타인을 돕는 성향을 갖추고 있어야 한다고 주장할 수도 있다. 그러기 위해 선택한 직업이 아닌가. 그러나 자연스러운 동기가 존재하지 않을 때라도 여전히 도움을 받을 수 있다. 이 점은 하버드대학교 경제학자 펠릭스 오버홀처-지Felix Oberholzer-Gee가 수행한 실험에서 드러났다. 이 실험은 스트레스 수준이 높고 타인의 존재가 짜증과 불만을 일으킬 수 있는 환경에서 도움을 요청하는 것이었다. 바로 혼잡한 기차역 말이다. 피곤한 승객과 짜증 난 직원이 긴 줄을 이루고 있는 기차역은 평화와 선의의 피난처라고 여기기 어려운 장소다. 사실 그 반대다. '모든 인간은 자기만 안다'는 말을 적용하기에 기차역 매표소만큼 적당한 곳은 없으며 사람들에게서 호의를 이끌어내기에 기차역이 최적의 장소라고 상상하기는 어렵다. 그럼에도 불구하고 오버홀처-지는 표를 구매하기 위해 줄을 선 사람들에게 자리를 양보하도록 설득할 수 있는 가장 중요한 요인이 무엇인지 찾아내려 했다. 겉보기에 당연한 답이자 그리고 그의 내면에 있는 경제학자를 기쁘게 해줄 답은 '돈'이어야 했다.

그러나 모두가 겉으로 보이는 것과 같지는 않다. 이 연구에서 오버홀처-지는 간청하는 여행자의 역할을 수행할 연기자들을 투입하여 티켓을 구매하는 줄 앞에 선 승객들에게 순서를 바꾸는 대가로 돈을 제시하게 했다. 많은 사람들이 기꺼이 그 요청에 응했다. 그리고 새치기하는 사람을 늘릴수록 자리를 포기하는 사람의 수도 늘어났다.

여기까지는 당연해 보인다. 제시하는 돈이 높아질수록 자신의 자리를 내주려는 사람들의 의지도 커졌다. 하지만 오버홀처-지가 발견

소프트 메신저

한 것은 실제 승객 중에서 돈을 받은 사람은 소수에 불과했다는 점이었다. 마치 돈 자체가 아니라 돈이 상징하는 것, 즉 절박함이 중요한 것처럼 보였다. 그리고 더 많은 돈이 제시될수록 겉으로 드러나는 절박감도 더 커 보였다. 대부분은 '와, 끼어드는 대신 10달러를 내겠다니 당신 정말 부자구먼'이라고 생각하지 않았다. 그보다는 '와, 끼어드는 대신 10달러를 내겠다니 당신 정말 급한가 보군'이라고 생각했던 것이다. 이런 맥락으로 보면 돈이 발산하는 신호는 '필요'였다. 그리고 사람들은 (공짜로) 도움의 손길을 내밀어 그 필요에 응답했던 것이다.[17]

한 개인의 이야기

뭔가 모순되는 점이 있는 것 같다. 방금 다룬 실험들은 우리에게 도움이 필요한 사람을 도우려는 성향이 있음을 암시한다. 그러나 일상의 경험은 우리에게 늘 그렇지 않다고 말해준다. 앞에서 다룬 스탠리 밀그램의 유명한 전기 충격 실험에 의하면 많은 사람들이 실제로 약자에게 기꺼이 고통을 가하지 않았던가. 무엇이 사람들로 하여금 어떤 상황에서는 연민을, 어떤 상황에서는 무관심, 혹은 더 심한 감정을 표출하게 만드는 걸까?

밀그램의 실험에 비춰 보면 단순히 '지위'의 관점에서 이 질문에 답하고 싶은 충동이 생긴다. 우리는 높은 지위의 권위 있는 메신저에게라면 몰라도 (적어도 일시적으로는) 낮은 지위에 있을 법한 취약한 메신저에게는 동정적으로 반응할 것이라고. 그러나 이것이 전부가 아니다. 우리가 취약성에 반응하는 데는 여러 요인이 영향을 끼친다.

중요한 요인 중 하나는 물리적 환경, 특히 메시지를 보내는 사람과 받는 사람 사이의 인접성이다. 밀그램은 **실험 참가자 모두 희생자를 전에 보거나 희생자에 대해 듣지 못한 경우**에 치명적일 수 있는 450볼트짜리 전기 충격을 가했다는 점을 발견했다. 그러나 실험 설계를 변경해 참가자들이 실제로 희생자의 손을 전극판 위에 올려놓게 했을 경우에는 단 30퍼센트만이 전기를 흘려보냈다. 취약한 사람과 잠재적으로 도움을 줄 사람 간의 거리가 더 멀수록 무시하거나 전기 충격을 가하기가 더 쉬웠다고 볼 수 있다.[18]

명민한 독자라면 아마 궁금할 것이다. 이것이 사실이라고 한다면 몰리 크로켓의 실험 참가자들이 재정적인 인센티브를 준다고 해도 **익명의** 파트너에게 전기 충격을 가하려 하지 않았다는 건 어떻게 설명할 것인가? 여기서는 두 가지를 더 고려해야 할 것 같다. 그중 하나는 사람들은 일반적으로 순전히 사리사욕(이 경우는 개인에 대한 재정적 보상) 때문에 타인에게 해를 가하는 것을 비도덕적이라고 받아들인다는 점이다.[19] 다른 하나는 밀그램 실험의 참가자들은 그저 지시에 따랐을 뿐이라며 행동에 대한 개인적 책임을 지지 않을 수 있었던 반면, 크로켓 실험의 참가자들은 자신의 결정에 대한 책임감을 더 크게 느꼈을 거라는 점이다. 즉 타인에 가해지는 고통에 대한 책임이 온전히 그들의 손에 달려 있다고 말이다.

미국에서 가장 잘 알려져 있고 규모가 큰 길거리 모금 캠페인인 '구세군 자선냄비 운동'은 개인적 책임감을 자극하는 단순한 표현이 취약한 메신저들에 대한 우리의 반응에 얼마나 영향을 끼칠 수 있는지 생생하게 보여준다. 크리스마스 전 몇 주 동안 독특한 빨간색 앞치마와 산타클로스 모자를 두른 유쾌한 자원봉사자들이 보행자에게 기부를 요청하면서 종을 울린다. 그리고 이렇게 모인 기금은 수많은 취약 계층에게 음식, 장난감, 옷을 제공하는 데 쓰인다. 예전이나 지금이나 몇몇 행인들이 여기에 기부하는 건 놀라운 일이 아니다. 하지만 흥미로운 부분은 자원봉사자들이 단순히 종만 울리느냐 아니면 쇼핑객들과 더 친밀한 관계를 맺느냐에 따라 모이는 기금의 양이 큰 차이를 보인다는 점이다. 쇼핑객들이 상점에 들어가고 나갈 때 종을 울린 경우 평균 3분마다 기부금이 들어왔다. 하지만 "메리 크리스마스, 오늘 기부하세요"라는 간단한 말을 덧붙인 경우에는 기부자의 숫자가 55퍼센트 늘어났고, 총 기부액은 69퍼센트나 증가했다.[20] 행인들을 자극하도록 설계된 단순한 음성 신호가 강력한 효과를 나타낸 것이다.[21]

영국 북서부 리버풀에 사는 숀 오브라이언Sean O'Brien이 겪은 일은 식별 가능한 피해자 개인과 직접적으로 대면할 경우 연민이 얼마나 강력한 동기 부여 요인이 될 수 있는지를 잘 보여준다. 숀은 2015년 늦은 밤, 한 술집에서 평범한 '아빠 춤dad-dance'을 춘 뒤 유명해졌다. 약간 떨어진 거리에 있던 한 무리의 남자들이 숀을 목격했고 이 과체중의 남자가 홀로 즐기는 모습을 휴대폰으로 찍은 뒤 소셜미디어 사이트인 포챈4chan에 다음 문구와 함께 게시했다. "지난주에 목격한, 춤추려고 애쓰는 사람의 예. 이 남자는 우리가 자기를 보고 웃자 멈췄다." 마지막 사진은 숀이 방금 낯선 사람들에게 조롱당했다는 걸 깨닫고 쓸쓸히 바닥을 내려다보는 장면이었다.

이 게시물이 온라인상에 퍼지면서 숀을 욕하고 조롱하는 댓글들이 달렸다. 그러나 LA에 거주하며 '게이트웨이 펀딧The Gateway Pundit'이라는 웹사이트의 저널리스트이자 정치 활동가인 카산드라 페어뱅크스Cassandra Fairbanks는 이 집단 괴롭힘에 경악했다. 그녀는 과거 잃어버린 개를 찾는 데 도움이 됐던 트위터에 숀의 사진을 포스팅한 후 물었다. "이 사람이나 이 사진을 게시한 사람을 혹시 아는 분 있나요? LA에 뭔가 특별한 일을 하고 싶어 하는 여성들이 많아요. 우리는 이 사람을 LA로 데려와서 LA에서 가장 쿨하고 멋진 여성들과 함께하는 VIP 댄스파티에 초대하고 싶어요. 부디 도와주세요." 그리고 이 트윗에 '#댄스남을찾습니다#FindDancingMan'라고 해시태그를 붙였다. 소셜미디어의 반응은 대단했다. 이틀 뒤 뚱뚱한 댄스남 숀이 연락해왔다.

여기서부터 일은 눈덩이처럼 커졌다. 숀의 이야기를 들은 마음 따뜻한 수많은 사람들이 그에게 동정을 표했고 그를 괴롭혔던 이들에게 분노했다. 숀은 우선 뉴욕으로 날아가 록펠러 플라자에서 싱어송라이터 메건 트레이너Meghan Trainor와 함께 생방송 TV에 출연해 춤을 췄고 다시 LA로 날아가자 페어뱅크스가 약속했던 대로 호화로운 파티에 초대됐다. 페어뱅크스가 말한 여성들 외에 LA 사교계 명사들과 몇몇 유명인들까지 나타나 그와 인사했다. 유명 디제이인 모비Moby도 들러 디제잉을 했다. 파티를 마친 숀은 영광스러운 순간은 이제 지나갔다고 생각했다. 그러나 그렇지 않았다. 다음 날 그는 LA 다저스와 샌디에이고 파드리스의 경기에 시구자로 초청받았다. 그리고 이 모든 일들이 진행되는 동안 수많은 유명인들이 온라인상의 창피 주기와 괴롭힘에 비판을 가했다. 페어뱅크스의 '#댄스남을찾습니다' 트윗이 불을 붙인 이 캠페인은 괴롭힘 반대 자선단체에 7만 달러(8,200만 원)가 기부됐을 정도로 성공을 거뒀다.[22]

리버풀의 댄스남 숀 오브라이언의 곤경은 왜 엄청난 선의와 괴롭힘 반대 자선단체에 대한 기부금을 이끌어냈을까? 온라인상의 괴롭힘은 대개 크게 화제도 문제도 되지 않는데 말이다. 그 이유는 사람들이 크고 추상적인 집단보다 '댄스남'처럼 명확하고 식별 가능한 희생자를 돕는 일에 일반적으로 더 큰 의무감을 느끼기 때문이다. 군중은 익명이다. 그러나 한 명의 사람은 동료 인간이다. 희생자 집단에게는 동정심을 느끼기 어려워도 개인 한 명을 포착하기는 상대적으로 더 쉽다. 소비에트 연방의 독재자였던 이오시프 스탈린이 남긴 말은 유명하다. "러시아 병사 한 명의 죽음은 비극이다. 그러나 백만 명의 죽음은 통계다."[23]

우리가 뉴스 보도에 반응하는 방식이 이 근본적인 지점을 잘 드러내준다. 인간의 고통을 다루는 일반적인 이야기는 큰 영향을 끼치지 않는다. 반면 한 개인에게 집중한 이야기는 반응을 끌어낼 가능성이 훨씬 높다. 예를 들면 사우디아라비아에 대한 서구 방송의 보도는 매우 비판적인 경향을 유지해왔다. 특히 사우디아라비아 공군의 공습으로 수천 명이 사망한 예멘에서의 군사적 개입에 대해 정부를 비판했다. 그러나 훨씬 더 큰 분노를 일으키고 서구의 인식에 가장 큰 영향을 가한 것은 사우디아라비아 저널리스트 자말 카슈끄지Jamal Khashoggi 살해 사건이었다. 카슈끄지 사건은 '식별 가능한 희생자 효과'가 발휘된 대표적인 사례. 한 명의 메신저와 관련된 비극은 우리를 움직이지만 명확하게 식별할 수 있는 핵심 인물이 없는 경우라면 여러 메신저가 관련된 비극에 우리는 상대적으로 무관심한 태도를 보인다.[24]

이 본능은 너무 강력한 나머지, 심지어 가상의 개인에게까지 확장되기도 한다. 그리고 1995년 영화 〈꼬마 돼지 베이브〉의 주인공 캐릭터에서 보듯 이 가상의 개인은 인간이 아닐 때도 있다. 〈꼬마 돼지 베이브〉는 닭을 키우고 양을 몰면서 농장 일을 돕는 말하는 돼지에 관한 이야기다. 이 돼지는 심지어 양몰이 대회에 출전하여 훈련받은 양치기 개들과 겨룬다. 하지만 인간이 돼지를 잡아먹는다는 충격적인 사실을 알게 되고는 도망치고 만다. 다행히도 결말은 행복하게 끝나지만 베이브의 잠재적 운명에 충격을 받은 당시 영화 관람객들의 거센 반응까지 막지는 못했다. 〈베지테리언 타임스Vegetarian Times〉에 실렸던 기사에 따르면 미국 농무부는 이 영화가 개봉한 후 돼지고기와 스팸 등 돼지고기 통조림의 판매가 5년 만에 최저치로 떨어졌다고 발표했다. 다수의 영화 관람객들, 특히 젊은 소녀들은 '베이브 채식주의자'가 되었다. 심지어 영화에서 농부 역할을 맡았던 배우 제임스 크롬웰James Cromwell마저 채식주의자로 변신했다.[25]

슈퍼마켓 냉장고 속에 든 베이컨 한 묶음보다 살아 있는 돼지에게 사람들이 감정적으로 반응하는 이유를 알기란 어렵지 않다. 돼지는 지적인 생명체다. 개와 마찬가지로 새끼 돼지는 생후 2~3주가 지나면 자기 이름을 배울 수 있어서 이름을 부르면 반응한다. 선천적으로 사회적인 동물이기도 하다. 무리를 지어 살며 친구를 만나면 환대하고 코를 비비고 서로의 몸을 손질해준다. 인간처럼 돼지도 자신의 사회적 집단 내에서 어떤 구성원이 공격적이고 지배적인지 또 어떤 구성원이 본래 더 착한지 안다(말 그대로 하드하고 소프트한 돼지 메신저 효과가 존재한다). 그러나 베이브 채식주의자에 관한 한, 베이브에게는 인간과 같은 마음 그리고 말할 줄 알고 경험과 감정과 욕망과 의도를 공유할 수 있는 능력을 가졌다는 추가적인 장점이 있었다.

영화 관람객들이 의인화한 돼지의 이야기에 그토록 강렬한 반응을 보인다는 사실은 채식주의 캠페인에 분명히 교훈을 준다. 그리고 실제로 최근의 성공적 캠페인들은 '식별 가능한 희생자'라는 개념을 매우 현명하게 이용하고 있다. '채식하는 1월Veganuary' 캠페인이 그런 예다. 런던 지하철 객실 내 포스터를 부착하는 비용 3만 파운드(4,900

런던 지하철 객실에 게시된 '채식하는 1월' 캠페인 광고물

만 원)를 크라우드펀딩으로 모금한 이 캠페인의 핵심 메시지는 사람들에게 1월 한 달 동안 채식주의를 실천해보라고 권하는 것이었다. 그리고 이전의 많은 채식주의 캠페인들의 방식을 따르기보다는 사실과 통계에 근거하여 유대감에 기초한 감정적인 접근을 택했다. 귀여운 동물들이 메신저로 선택되어 사람처럼 이름을 부여받았다. 취약하고 개인적인 메신저는 반향을 얻었다. 이 캠페인 덕분에 (적어도) 한 달 동안 채식주의를 실천한 사람이 약 20만 명에 이르렀다고 한다.[26]

누군가는 이렇게 주장할 수도 있을 것이다. 점점 분화되어가는 세상에서 사회가 서로에게 조금이라도 더 공감하도록 독려함으로써 얻는 게 훨씬 많을 거라고. 하지만 예일대학교 심리학자인 폴 블룸Paul Bloom은 공감적 반응에 의존할 때의 문제는, 공감은 숫자를 셀 줄 모른다는 점이라고 주장한다. 사람들은 '통계상'의 희생자를 쉽게 찾아내지 못한다는 것이다.[27] 노벨경제학상을 받은 미국 경제학자 토머스

셸링Thomas Schelling은 1968년에 이렇게 주장했다.

개인적인 삶과 통계적 삶 사이에는 구별이 존재한다. 갈색 머리의 여
섯 살짜리 소녀가 크리스마스까지 생명을 연장하기 위해 수천 달러
가 필요하다고 한다면 우체국에는 소녀를 구하기 위한 푼돈들이 쇄
도할 것이다. 그러나 판매세를 걷지 않으면 매사추세츠주의 병원 시
설이 악화될 것이고 피할 수 있는 죽음이 알아볼 수조차 없을 정도로
늘어나게 될 것이라고 해도 눈물을 흘리거나 수표책을 꺼내는 사람
은 많지 않을 것이다.[28]

수많은 인구 속으로 분산되어버리는 탓에 누가 가장 취약한지 식
별하는 게 어렵거나 거의 불가능한 경우가 많다. 따라서 감정 이입은
우리로 하여금 주목받는 취약한 메신저를 돕도록 유도하지만 가장 도
움이 필요한 사람에게 반드시 그 도움이 향하는 것은 아니다. 사실 식
별 가능한 고통받는 사람에게 우리가 느끼는 공감은 고통을 경감시켜
주겠다는 숭고한 이상을 좇다가 완전히 부도덕한 결정으로 이어질 수
도 있다. 예를 들자면 익명의 고통받는 아이들 8명보다 식별 가능한
고통받는 아이 1명을 도와주는 쪽을 선택할 때 말이다. 또 다른 예로
고통을 호소하는 식별 가능한 환자와 가까워진 의료 전문가는 치료
대기 명단에서 더 오래 기다려온 모르는 다른 환자들보다 이 환자를
더 위에 올려도 괜찮을 거라고 생각할 수도 있다.[29]

한 명의 식별 가능한 희생자보다 통계상의 여러 목숨을 무시하는 편이 더 쉽다는 사실은 국가 지도자들이 전쟁이 벌어지는 동안 자신의 행동으로 인해 희생되는 사람들을 온전히 고려하지 못할 수 있다는 우려를 낳는다. 수많은 식별 불가능한 국민이 추상적인 개념이라는 점을 고려하면, 미국 대통령으로서 적의 공격에 당한 희생자 한 명의 고통을 걱정하기보다는 적국에 핵무기를 발사하는 편이 마음이 덜 불편할 수 있다. 이런 우려 때문에 하버드대학교 법과대학 교수였던 고故 로버트 피셔Robert Fisher는 핵 공격을 개시하기 위한 의정서에 다소 논란의 여지가 있는 변경 방안을 제안했다. 피셔는 대통령이 어디에 가든 젊은이 한 명을 동행시켜야 한다고 제안했다. 이 젊은이를 조금이라도 식별 가능하게 만들기 위해 그의 이름을 '로버트'라고 가정하자. 로버트는 스무 살에 키가 크고 짙은 곱슬머리를 가졌다. 로버트의 역할은 서류 가방을 들고 다니는 것이고 이 가방 안에는 핵무기 발사 코드가 아니라 큰 고기 칼이 들어 있다. 핵무기 발사 코드는 작은 캡슐에 담겨 로버트의 심장 근처에 삽입돼 있다. 대통령이 핵무기 발사를 명령하려면 먼저 로버트가 서류 가방에서 칼을 꺼내 자기 손으로 직접 심장을 찔러, 발사 코드가 담긴 피로 얼룩진 캡슐을 열어야 한다. 즉 리더가 수십만 명의 식별 불가능한 희생자들을 죽일 수도 있는 공격을 명령하기 전에 구체적으로 피와 살을 가진 식별 가능한 희생자 한 명을 먼저 죽여야 한다는 뜻이다. 피셔가 이런 아이디어를 미국 국방부에 제안했을 때 놀라움의 반응은 다양했다고 한다. 어느 고위급 관료는 이렇게 반응했다. "이런, 이거 끔찍하군. 누군가를 죽여야 한다면 대통령의 판단이 흐려질 거야. 그러면 결코 발사 버튼을 누르지 않겠지."[30]

취약성의 한계

물론 우리가 취약한 메신저를 명확하게 식별할 수 있는 경우 그들에게 좀 더 동정심을 갖는다는 이유로 항상 그들의 메시지에 귀를 기울이고 반응할 거라고 추론하는 건 잘못된 생각일 수 있다. 우리 대부분은 거리의 노숙자를 알아차리지도 못한 채 지나쳐버리곤 한다. 고생하는 어느 아이를 부각시키는 자선단체의 홍보물을 봐도 기부를 하지 않는다. 명백하게 고통받는 사람을 돕기 위해 항상 가던 길을 멈추지는 않는다는 것이다.

이 현상을 이해하는 방법 중 하나는 취약한 사람들에 대한 우리의 감정적 반응을 고정된 실체가 아니라 일종의 연속체로서 바라보는 것이다. 그중 한쪽 끝인 긍정 쪽에는 사람들을 돕게 만드는 연민과 공감의 감정이 자리하고 있다. 그리고 다른 한쪽 끝인 부정 쪽에는 무관심, 심지어 적대감을 드러내게 자극하는 분노, 혐오, 경멸 등의 감정이 있다. 하나의 단일한 메신저가 이 극단 중 어느 하나, 혹은 둘 다, 혹은 그 중간을 자극할 수 있는 것이다. 예를 들면 아빠 춤을 췄던 숀 오브라이언은 각기 다른 근원으로부터 경멸과 혐오 그리고 연민과 공감의 물결을 맞이했던 셈이다.

　우리가 연속체의 눈금 중 어디에 서 있을지를 결정하는 요소는 우리의 특별한 본능뿐 아니라 맥락과도 관련이 있다. 때로는 다른 사람이 실패하는 모습을 지켜보는 게 정말 즐거움을 줄 수도 있는데 특히 우리가 그 상대와 직접적인 라이벌 관계일 경우에 그렇다.[31] 예를 들면 2018년 6월 27일, 영국 유명 타블로이드 신문인 〈더 선The Sun〉은 러시아에서 열린 2018년 월드컵 조별 리그 무대에서 독일 축구팀의 탈락을 기쁘게 보도했다. "1966년 이래 모든 영국 축구 팬들이 기다려왔던 마법 같은 순간"이라는 스포츠 기자의 유쾌한 기사는 국가대표 축구팀의 라이벌 의식을 건드리는 것이었다.[32] 이와 비슷하게 숀 오브라이언을 조롱하고 모욕했던 집단은 분명히 우월감과 경멸이라는 감정을 느꼈을 것이다. 그리고 그 감정이 숀에 대한 공감을 멈추고 가학적으로 반응하게 만들었음이 틀림없다.

　다른 경우에는 사람들이 자동적으로 자신의 감정 이입을 조절할 줄 아는 것처럼 보인다. 그럼으로써 타인의 고통에 대해 느낄 수도 있는 긍정적인 감정적 반응을 둔화시키는 것처럼 말이다. 공감에 실패하면 도덕 규칙과 도움의 규범을 위반하기가 쉬워진다. 숀 오브라이언의 가해자가 그랬듯이 사람들은 비인간적 행동을 적극적으로 하게 될지 모른다. 혹은 취약한 메신저가 도움을 청해도 무시하고 그냥 지나쳐버릴 수도 있다.

　돕지 않는 이유를 합리화하기만 하면 취약한 메신저의 고통을 쉽게 무시할 수 있다는 건 불편한 사실이다. 한 부유한 여성인 벨린다가 출근길에 어느 노숙자를 스쳐 지났다고 해보자. 더러운 옷을 입은 이 남자는 분명 배가 고프고 곤경에 빠져 있으며 사람들에게 돈을 구걸하는 팻말을 들고 있다. 벨린다가 자신의 자연스러운 감정적 반응이 의사 결정을 하도록 놔두면 잠시 멈춰 동전 몇 개를 적선할 수도 있다. 또는 합리적인 반대로 이런 감정을 억누를 수도 있다. 노숙자에게 함부로 돈을 줘서는 안 된다. 이 남자는 아마도 술과 약을 사는 데 돈을 쓸 것이다. 결국 그녀의 기부는 문제를 해결하기는커녕 이 남자가 계속 구걸하게 만들어버리는 셈이다. 차라리 노숙자 자선단체에 기부하는 편이 더 합리적이다. 이런 반대들이 각각 정당한지 여부는 문제가 아니다. 핵심은 이런 반대가 연민하지 않고 공감하지 않을 자격을 그녀에게 부여함으로써 자기 결정을 괜찮다고 여기게 만든다는 점이다.[33]

개인들이 취약 계층에 대한 감정적 반응을 제어할 때 사용하는 인지 전략 중 하나는 그 대상으로부터 인간성을 제거하는 것이다. 프린스턴대학교에서 최근 수행한 연구는 사람들이 노숙자나 마약 중독자처럼 낙인찍힌 개인을 볼 때 타인의 마음을 이해하는 기능과 관련된 뇌 영역의 활동이 감소한다는 점을 증명했다. 뭔가 덜 인간적인 존재로 그들을 받아들인다는 뜻이다. 그 결과 타인이 보는 그 개인의 도덕적 가치는 크게 줄어들며 사람들은 동정과 연민 대신 무관심을 경험하게 된다. 이들의 공감력이 곤두박질치는 것이다.[34]

비인간화는 인간 행동에서 중요한 역할을 담당하며 특정한 환경에서는 우리의 복지, 심지어 생존에도 결정적으로 작용한다. 예를 들면 병사들에게 자신을 향해 총을 쏘는 적에 대해 공감하게 만드는 건 좋은 아이디어가 아닐 것이다. 또는 자신을 공격하는 가해자에게 즉시 공감하는 건 피해자에게 좋지 않다. 이와 유사하게 110킬로그램의 체중에 넓은 어깨를 가진 미식축구 수비수가 상대 팀 선수를 태클로 바닥에 내리꽂은 후 자신이 가한 고통을 나눠 가지려 한다면 뛰어난 수비수가 되긴 어렵다. 다른 누군가가 위협으로 간주되는 경우 그들을 비인간화시킴으로써 우리는 더 효과적으로 공격 혹은 방어에 나설 수 있다.[35]

가끔은 비인간화가 우리에게 중요한 심리적 이익을 주기도 한다. 매정하게 들릴 수 있지만 공감하는 데는 감정적·물질적 비용이 소요된다. 우울한 사람과 시간을 많이 보내는 사람은 자기 자신도 우울해진다고 한다.[36] 특히 가깝고 사회적으로 연결되어 있는 경우 더욱 그렇다. 공감은 양날의 검이 될 수 있다. 사회적 집단의 일상적인 상호작용에 중요한 역할을 하지만 감정적인 대가를 치러야 하므로 특정한 상황에서는 역효과를 낳을 수도 있다는 점이 입증됐다. 괴로워하는 환자와 교류하면서 개인적 고통을 경험하는 의사 등 의료계 종사자는 감정 고갈을 경험하거나 다른 직업적 요구를 잘 처리하지 못하는 듯한 기분을 느낄 가능성이 높다.[37] 반면 환자들과의 유대감이 생겨나는 걸 피하는 조치를 취하는 이들은 (예컨대 희망, 연민, 비관 같은 환자의 인간적 감정에 대해 생각하지 않음으로써) 번아웃 증상을 덜 느낀다고 보고됐다.

이것은 의료 전문가뿐 아니라 환자들에게도 역시 이익일 것이다. 일부 연구에서는 의료진이 환자의 사진을 노트에 붙여놨을 때 자신의 일에 있어 더 배려하고 근면한 모습을 보인다는 점을 발견했다.[38] 그러나 네덜란드 연구자인 요리스 래머스Joris Lammers와 다이데릭 스타펠Deiderik Stapel은 환자의 인간적 특성을 무시할 수 있는 의사가 비록 고통스러울지언정 궁극적으로 더 효과적인 치료법을 권할 가능성이 더 높다고 주장한다.[39] 이 수수께끼는 지위 중심의 메신저와 유대감 중심의 메신저 간의 전형적인 갈등을 보여준다. 당신이 환자라면 당신의 인간적 측면은 경시하지만 결국 고통스럽더라도 더 성공적인 치료법을 택하는 의사를 더 선호하겠는가, 아니면 당신에게 감정을 이입하고 그 결과 더 안락하지만 효과는 덜할 수도 있는 치료법을 제시하는 공감력 있는 의사를 선택하겠는가? 대부분은 둘의 단점은 버리고 장점만 원하리라고 우리는 확신한다!

비인간화는 또한 취약한 메신저가 맞닥뜨린 어려움이 그들의 책임이거나 그럴 만하다고 여기는 정도에 의해 형성된다. 만약 취약한 메신저가 자신이 처한 상황에 대해 혼자 그리고 전적으로 책임이 있다면, 몰락과 고통을 받는 게 당연하게끔 행동해왔다면 사람들이 그에 대해 너무 과한 동정심을 갖는 것은 부적절해 보인다. 처벌과 고통은 사람들이 어리석고 자신을 파괴하는 행위에 빠져들지 않도록 저지하기 위해 존재한다. 그렇다면 취약한 메신저가 겪는 고통이 당연한 대가인 경우에는 감정과 배려로 반응하려는 동기가 급락한들 전혀 이상하지 않다.

카이 페스Kai Fehse가 진행한 뇌과학 연구는 청중이 희생자의 자격을 고려할 때 진행되는 정신적 과정에 대한 매력적인 통찰을 제공한다.[40] 참가자들은 교통사고에 대한 두 가지 버전의 설명 중 하나를 읽으라고 요청받았다. 두 가지 버전 모두 "한 남자가 고속도로에서 자동차 사고로 사망했다"라고 시작하지만 그중 하나는 "이 남자가 곡선 도로에서 부주의하게 운전했다"라고만 적혀 있었고 다른 하나에는 그가 "네 아이의 아빠"였다는 내용이 추가돼 있었다. 그리 놀랍지 않게도 이 남자가 부주의했다는 내용만 담긴 설명을 읽은 이들은 그가 자신의 운명에 책임이 있으므로 동정을 받을 자격이 별로 없다고 판단했다. 흥미로운 것은 연구진이 수집한 신경학적 데이터였다. 그에 의하면 희생자가 비난받을 만하다고 판단한 이들의 초기 동정적인 반응을 담당하는 뇌 영역인 좌측 뇌섬엽, 내측 전전두피질과 전대상피질은 뇌의 또 다른 영역인 배외측 전전두피질에 의해 억제됐다. 과도한 단순화의 위험은 있지만(신경심리학 연구는 언제나 복잡하다) 우리의 뇌는 콕 집어 비난하는 쪽으로 더 잘 발달된 것으로 보이며 그럴 때는 잘못한 사람에게 공감하고 동정하려는 충동을 몰아내는 듯하다.

이 연구가 시사하는 점 중 하나는 선천적으로 인간에게는 취약한 사람이 겪는 고통을 그 사람 탓으로 돌릴 수 있는 증거를 찾으려는 경향이 있을 수 있다는 것이다. 강간 피해자는 이러한 과정이 실행되는

　　　　　　　　　　　　　　　　　　　　　소프트 메신저

명백하고도 강렬한 사례를 제공한다. 성적 가해의 피해자는 쉽게 잊히며 때로는 비난의 대상이 되기도 한다. "밤에 혼자 걸어다니다니 대체 뭘 기대한 거야?" "저렇게 옷 입은 꼴 좀 보라지." "저 여자가 술을 마신 건 분명한데, 누가 알아? 다른 것도 원했을지?" "여자 쪽에서 남자를 끌고 갔으니 무슨 생각이었겠어?" 이런 식으로 피해자를 탓하며 그들이 보내는 고통의 메시지 그리고 위안과 시정의 필요성을 무시하는 것은 타인들로 하여금 동정의 감소를 정당화하기 쉽게 만들고 피해자의 고통을 나누는 불편함을 피할 수 있도록 해준다.[41] 마치 취약한 사람의 고통스러운 메시지에 공감하는 데 드는 감정적 지출을 피하기 위해 우리 뇌가 공감하지 않아도 되는 이유를 적극적으로 찾는 듯이 보인다.

메신저의 비인간화는 공감의 (심리적 비용과 반대되는) 물질적 비용이 중요해질 때도 일어날 수 있다. 2014년 〈뇌과학 저널Journal of Neuroscience〉에 실린 한 논문은 실험 참가자들에게 노동시장의 관리자 역할을 부여한 후 특정 직원을 선발하고 급여를 지급하도록 지시했을 때 급여를 지급하지 않은 사람들보다 급여를 지급한 사람에 대해 더 비인간적인 관점을 적용했다는 점을 발견했다. 실제로 일단 급여 문제가 제기되면 타인의 관점을 고려하고 생각을 이해하는 기능과 연관된 뇌 영역의 신경 활동이 감소했다.[42] 이런 발견들은 직업 세계에 중대한 함의를 갖는다. 만약 연구가 제시하듯이 고용주가 직원의 경제적 속성에 집중하는 경향을 갖고 있다면 고용주는 직원들을 동료 인간보다는 상품으로 대하게 될 것이다. 그리고 만약 어떤 이유에서든 직원들이 물건 나르기를 중단한다면 고용주는 아마 그 부족분을 메워야 한다고 공감할 것이다.

취약한 메신저에 대한 유대감

취약한 메신저의 고난은 걱정스러운 일이다. 특히 어떤 이유로든 그들을 도와줄 위치에 있는 사람들로부터 비인간화를 겪는 경우라면 더욱 그렇다. 그러나 자동적으로 타인의 연민을 얻지 못하는 취약한 메신저라도 청중을 자기 편으로 만들 수 있는 방법들이 있다.

그중 하나는 우리가 2부 첫머리에서 제시했듯 타인과의 공통분모를 강조하여 유대감을 만들어내는 것이다. 구경꾼은 비상 상황에 처한 취약한 희생자가 자신과 어떤 공통점(국적 등)이 있다고 느꼈을 때 도우려는 성향이 더 강한 것으로 드러났다.[43] 그리고 차이점을 인식하기만 해도 집단 간의 적개심이 발생할 수 있으며 상대적으로 사소한 유사성이라도 매우 긍정적인 효과를 불러일으킬 수 있다. 예를 들어 영국 축구팀 맨체스터 유나이티드 팬들에게 자기 팀의 좋은 점에 대한 설명을 요청했을 때 그들은 조깅하며 지나쳐 가는 한 사람을 목격했다. 이 사람은 연구진의 일원으로 부상당한 척 연기하는 역할이었다. 한 시나리오에서 그는 평범한 흰 셔츠를 입었다. 그리고 다른 시나리오에서는 맨체스터 유나이티드 셔츠를 입었다. 마지막 세 번째 시나리오는 맨체스터 유나이티드의 최대 라이벌인 리버풀 셔츠를 입는 것이었다. 연구진이 맨체스터 유나이티드 셔츠를 입고 있었을 때는 팬이 가던 길을 멈추고 도와준 비율이 85퍼센트였지만 같은 사람이 흰 셔츠나 라이벌 팀 셔츠를 입고 있을 때는 단 30퍼센트만이 도와줬다. 각 경우 전달하는 메시지는 동일했다. "저 넘어졌어요. 도와주세요." 달랐던 것은 고난에 처한 취약한 사람에 대한 유대감이었다.

이 연구가 사람들이 직관적으로 이미 알고 있는 것, 즉 라이벌 관계라는 것이나 다른 집단과의 차이점을 부각했을 때 두 집단 사이의 적대감이 확실히 증가한다는 사실을 보여준다면, 두 번째 연구는 그 적대감을 줄일 수 있는 방법을 강조한다. 후속 연구에서는 맨체스터 유나이티드 팬들에게 특정한 팀을 좋아해서가 아니라 축구팀 서포터즈여서 좋은 점이 무엇인지 물었다. 그다음에 조깅하던 부상자를 맞닥뜨리자 앞서 축구를 좋아하는 이유를 떠올려서 축구 팬으로서의 공통점에 집중하게 된 이들은 도움이 필요한 라이벌 팀의 팬을 도와주는 확률이 크게 높아졌다.[44]

유대감을 끌어올리는 또 다른 방법은 비인간화의 대항력을 감소시키는 것이다. 이를 위해서는 사람들을 타인과의 상호작용에 끌어들이거나 혹은 더 단순히 다른 집단에 속하게 되는 경우를 상상하도록 만들면 된다. 연구에 의하면 서로 다른 집단 간의 빈번하고 즐거운 상호작용은 신뢰와 공감과 용서의 증가로 이어진다. 북아일랜드나 이탈리아의 라이벌 지역들처럼 완전히 다른 공동체 집단끼리라도 말이다.[45] 심지어 초등 4학년 학생들에게 비슷한 연령의 이민자 아이와 교류한다면 어떨지 상상해보라고 하거나 10대들에게 문화 간 교류를 주제로 하는 책을 읽으라고 시키자 비인간화가 감소되는 모습을 보였다. 그 결과 예전에는 '내집단' 의식 탓에 무시하거나 거부해왔던 미지의 이민자 아이와 교류하려는 의지가 증가했다.[46]

사람들에게 취약한 메신저의 인간적 속성에 집중하도록 권장하는 것도 비인간화를 감소시킨다. 라사나 해리스Lasana Harris와 수전 피스크Susan Fiske 연구진이 실험 참가자들에게 노숙자와 마약중독자 사진을 보여줬을 때 일반적인 반응은 '혐오'였다. 뿐만 아니라 참가자들의 뇌 스캔 결과도 타인의 마음을 우리가 반추할 때 일반적으로 활성화되는 뇌 영역의 활동이 줄어드는 모습을 보였다. 간단히 말하자면 이 참가자들은 노숙자와 마약중독자들을 비인간화하고 있었던 것이다. 하지만 사진을 보는 동안 참가자들에게 "이 사람은 당근을 좋아하나요?"라고 묻자 뇌 스캔에서 얻은 신경 데이터는 해당 지역이 활발히 활동했음을 보여줬다. 즉 전에는 혐오했던 동일한 메신저를 이제는 인간화하고 있었다.[47] 취약한 메신저에게 마음을 줘야 하는 과제에 참여함으로써 그 메신저를 좀 더 인간적으로 바라보게 된 것이다. 이 결과는 자선단체 등 취약한 사람들을 대변할 때는 도움에 필요한 실용적인 방법만을 이야기할 것이 아니라 공통된 인간적 측면을 강조해야 한다는 점을 시사한다.

이처럼 취약성의 표현은 동정심, 죄의식, 동료애를 불러일으켜 메신저를 향한 유대감을 증가시킬 수 있다. 이러한 요소들은 개별적이든 조합을 통해서든 사람들로 하여금 자선단체의 호소에 반응하고 '댄스남' 숀 오브라이언같이 고통받는 이들을 돕게 만든다. 유대감은 채식주의자가 된 〈꼬마 돼지 베이브〉의 출연 배우 제임스 크롬웰 같은 사람들을 설득하여 자신의 행동이 다른 생명체에게 해를 끼칠 수 있다는 점을 알게 됐을 때 이기심에 따라 행동하지 않도록 만든다. 직원들로 하여금 임금을 자진 삭감하게 하여 이들의 보스가 사업을 다시 일으키도록 만들 수도 있다. 경연 참가자가 지지를 얻게끔 도울 수도 있으며, 정치적 라이벌을 온순하게 만들거나, 총리의 연설을 더 순응적으로 받아들이게 할 수도 있다. 심지어 줄을 선 사람이 다른 사람에게 자리를 양보하게 만들기까지 한다.

그러나 취약성은 일방통행이 아니다. 이 춤에는 도와주는 사람과 요청하는 사람이 둘 다 있다. 이번 장에서는 사람들이 귀를 기울일 수도 있고 기울이지 않을 수도 있는 대상인 요청하는 사람에 대해 다뤘다면, 다음 장에서는 우리가 자신의 취약성을 드러낼 가능성이 가장 높은 대상인 도와주는 사람에 대해 중점적으로 다룰 것이다.

바로 신뢰할 만한 사람 말이다.

프레임 7

신뢰성

핵심 원칙, 일관성, 사과

1961년 여름, 멋쟁이이자 부자와 유명인을 위한 접골사로 일하는 스티븐 워드Stephen Ward는 버크셔에 있는 애스터 경Lord Astor의 클리브덴 하우스Cliveden House에서 열리는 주말 파티에 참석했다. 그와 동행한 모델 지망생이자 토플리스 쇼걸로 일하는 크리스틴 킬러Christine Keeler는 최근 워드의 런던 자택으로 이사했고 사람들 말에 의하면 둘은 정신적인 교류를 추구하는 사이였다. 이 파티에는 육군 장관 존 프러퓨모John Profumo도 와 있었다. 프러퓨모는 곧바로 킬러에게 마음을 뺏겼다. 그녀가 알몸으로 수영하는 모습이 그의 관심을 끌었을 것이다. 그리고 곧바로 성적 접촉이 이뤄졌다. 그러나 프러퓨모는 알지 못했다. 킬러는 당시 스티븐 워드가 소개시켜준 다른 남자들도 만나고 있었고, 그중에 KGB와 연계돼 있다는 의혹을 받는 러시아 대사관의 해군 무관 이바노프 예브게니Ivanov Yevgeny도 포함돼 있다는 사실을 말이다. 냉전의 절정기에 영국의 육군 장관이 러시아 스파이와 잠을 자는 사이인 열아홉 살 토플리스 댄서와 정사를 벌이고 있었다!

2년 뒤, 프러퓨모가 킬러와의 관계를 끊은 지 이미 한참 지난 때에 이들의 관계에 대한 소문이 퍼지기 시작했다. 러시아와의 연줄이라는 양념이 추가된 상태였다. 소문이 더 확산되는 걸 막아야 했기에 프러퓨모는 의회 원내총무의 조언에 따라 영국 하원의회에서 개인적인 진술을 했다. 1963년 3월 22일 아침, 그는 의회에 출석하여 "저와 킬러 양과의 관계가 무엇이었든 부적절한 일은 전혀 없었습니다"라고 증언했다.[1]

물론 그랬어야 마땅했다. 정치 저널리스트였던 고故 웨이랜드 영 Wayland Young이 적었듯이 의회 구성원의 개인적인 진술에는 전통에 따라 의문이 제기되지 않았다. 그들에 대한 특별한 신뢰의 표시였다. 프러퓨모는 이 점을 확실하게 믿었다. 자신의 무고함을 밝힌 뒤 그는 곧바로 일어나 의사당을 나와서 영국 왕대비가 주관하는 오후 경마에 참석하기 위해 샌다운 파크Sandown Park로 향했다.

그러나 경찰은 이제 스티븐 워드의 사업 거래와 러시아와의 관계를 수사하기 시작했다. 그리고 그 과정에서 크리스틴 킬러가 자신이 육군 장관과 성관계를 가졌었다는 사실을 밝혔다. 수사관들은 또한 킬러의 룸메이트이자 역시 모델 지망생이었던 맨디 라이스-데이비스

Mandy Rice-Davies도 심문했다. 그녀 역시 워드와 잘 아는 사이였다. 그녀는 킬러의 증언을 모두 확인해주었다. 곧 진실이 밝혀졌고 프러퓨모는 모든 걸 아내에게 인정하고서 사임하는 길 외에는 방법이 없다는 것을 깨닫게 됐다.

이 스캔들의 파장은 단지 보수당의 각료 한 명에게 정치적·사회적 불명예를 안기는 데 그치지 않았다. 궁극적으로는 한 정부의 몰락에 기여했다. 야당이었던 노동당은 보수당 총리 해럴드 맥밀런이 정치적 이유로 워드의 거래에 대한 자세한 조사 내역을 숨겼다는 의혹을 제기했다. "총리는 이 문제가 절대 빛을 보지 못하도록 도박을 하고 있습니다."[2] 언론 역시 계속해서 비판했다. 누군가의 말마따나 "총리는 엄청나게 순진하거나 무능하거나 기만적이거나 이 셋 중 하나 혹은 전부를 입증해야만 빠져나갈 수 있는 견딜 수 없는 딜레마"에 빠져 있는 듯했다.[3] 몇 달 후 보수당 콘퍼런스가 열린 날 저녁, 맥밀런은 건강 악화를 핑계로 사임했다. 그리고 1년 후 보수당은 권력을 잃었다.

프러퓨모를 결정적으로 침몰시켰던 것은 크리스틴 킬러와의 불륜이 아니었다. 그가 하원에서 위증했다는 사실이었다. 마찬가지로 맥밀런의 지위가 깎인 것은 내각의 장관 중 한 명이 잘못을 저질러서가 아니라 그의 신뢰성 판단이 잘못으로 드러났기 때문이었다. 신뢰는 어떤 인간관계에서든 결정적이다. 메신저가 타인과 어떻게 관계를 맺는지, 메신저가 어떻게 인식되는지, 그리고 메신저의 개인적 관계가 얼마나 탄탄한지에 영향을 미친다. 또한 모든 인적 거래에 근간을 이룬다. 만약 신뢰가 없다면 로맨틱한 관계를 성공적으로 맺거나, 생산적인 직장 내 협력을 이루거나, 번영하는 경제적 거래 관계를 조성하기 어렵다. 사람이 타인을 얼마나 신뢰하느냐는 개별적으로는 창출되기 어려운 이익 산출 능력에 직접적인 영향을 끼친다.[4]

프러퓨모 사례가 보여주듯 신뢰는 개인 간만큼이나 집단 간에도 존재해야 한다. 사람들은 자신의 리더를 믿어야 한다. 국가들은 서로를 믿어야 한다. 타국이 무역 협정을 취소하지 않으리라는 믿음 혹은 기후변화 같은 국제적인 과제를 해결하겠다는 약속을 깨뜨리지 않을 것이라는 믿음은 국가 간 파트너십이 성공적으로 지속되는 데 중요한 역할을 한다. 오직 신뢰와 신뢰의 사후 결과물인 협력이 있어야만 개인, 집단, 커뮤니티, 사회, 국가는 위업을 달성할 수 있다. 그리고 이 위업을 개인에게만 맡겨둘 경우 거의 확실하게 쇠락하고 말 것이다.

그렇다면 대체 '신뢰'란 정확히 무엇인가?

신뢰는 사람에 따라 각기 다른 많은 것을 의미할 수 있다. 우리가 대니얼을 신뢰하는 이유는 그의 장려 조치가 우리의 생각과 일치하기 때문이다. 우리가 알렉스를 신뢰하는 이유는 그녀가 과거에 충성심을 입증했기 때문이다. 우리가 엘르를 신뢰하는 이유는 그녀가 훌륭한 행동을 확실하게 기록으로 남겼기 때문이다. 우리가 윌리엄을 믿는 이유는 그가 하고 있는 일을 쉽게 확인해볼 수 있기 때문이다. 우리가 서맨사를 믿는 이유는 그녀가 계약을 존중하기 때문이다. 기본적으로 신뢰란 우리가 타인의 행동과 의도에 대해 갖는 기대를 반영한다. 미

264 소프트 메신저

래에도 선의가 계속되리라고 예측하는 것이다.

신뢰는 크게 **역량** 기반의 신뢰와 **정직** 기반의 신뢰로 나뉜다.[5] 역량 기반의 신뢰는 메신저의 능력에 대한 믿음을 전제로 하며, 주로 과거의 성과에 대해 알려진 바에 따라 결정된다. 이를 통해 미래에 메신저가 어떻게 행동할지 알 수 있다고 추측하는 것이다. 계속해서 볼을 잡을 수 있다는 믿음을 주는 크리켓과 럭비 선수를 우리는 '안심을 주는 손'이라고 부른다. 반면 정직 기반의 신뢰는 메신저가 도덕적인 사회 규칙과 규범을 준수하리라는 믿음에 의해 좌우된다. 설사 그 규칙과 규범을 위반하라는 유혹이 생겨날 때도 말이다. 여기에는 대부분의 사람들이 그 원칙을 받아들일 수 있다고 생각한다면 당연히 따를 것이라는 전제가 깔려 있다.

앞 장에서 우리는 취약한 메신저가 사람들이 자신에게 귀를 기울이도록 만들기 위해서는 사회적 위험을 감수해야 한다는 것을 살펴봤다. 반면에 신뢰에 의존하는 메신저는 타인으로 하여금 자신에게 모험을 걸도록 권하는 쪽이다. 그리고 존 프러퓨모의 사례처럼 만약 타인들이 자기가 배신당했음을 알게 되거나 자신의 기대에 미치지 못한다고 여기게 된다면 그 결과로 인한 피해는 매우 광범위할 수 있으며 심지어 파멸에 이를 수도 있다.

사회 집단이 협력하고 번영하기 위해 신뢰는 필수적이다.[6] 이 기본적인 진실은 '신뢰 게임'을 통해 잘 드러난다. 이것은 행동과학자들이 만든 실험적인 패러다임으로 플레이어는 상대 플레이어에게 얼마의 돈을 보낼 것인지 결정해야 한다. 자신이 얼마를 보내든 3배가 될 것이란 사실은 알지만 상대 플레이어가 돈을 돌려보낼 가능성에 대해서는 확신이 없다. 첫 번째 플레이어는 다른 참가자의 신뢰도를 판단해야 한다. 그 사람이 얼마나 설득력이 있는지, 그 사람에 대해 뭘 알고 있는지, 혹은 뭘 알아낼 수 있는지에 기반해 판단해야 하며 아무런 정보가 없을 수도 있다.[7] 또한 신뢰 부족으로 한 플레이어가 게임에서 아웃될 수도 있지만 만약 서로 신뢰할 수 있다면 서로가 이익을 얻게 된다.

같은 원칙이 우리의 일상에도 적용된다. 당신이 동료에게 호의를 베풀 때는 필요할 때 그 호의를 되돌려 받을 수 있다는 사실을 안다. 양쪽 모두 얻는 게 있다. 친구에게 돈을 빌려줄 때는 그 친구가 되도록 빨리 돈을 갚을 거라는 믿음이 있다. 그렇지 않으면 우정이 흔들릴 것이고 다시는 친구에게 돈을 빌려주지 않을 것이다. 친구가 돈을 제때 갚으면 우정은 유지될 것이며 미래에도 서로 돈을 빌려주는 관계가 계속될 것이다. 신뢰가 없다면 사회적 거래와 관계는 무너진다.

일반적인 신뢰의 수준은 제재적 규범injunctive norm[8]에 의해 조절된다. 이는 대개의 경우 사람들이 타인을 믿을 준비를 해야 한다는 점을 암시한다. 낯선 사람의 면전에서 불신의 신호를 대놓고 드러내면 사회적으로 위험에 처할 수 있다. 예를 들어 처음 가본 낯선 나라에서 밤에 택시를 타고는 택시 기사에게 의심스러운 눈초리를 보낸다면 비록 이해할 수 있는 행동이긴 해도 일이 잘 풀리기를 기대하기란 어렵다. 그런 행동은 상대에게 모욕으로 여겨질 것이며 그로 인해 당신은 실제로 덜 안전해질 수 있다. 더 나아가 낯선 사람을 믿으려고 하지 않는다면 자신이 떳떳하지 못하기 때문이라고 여겨지기까지 한다. 그러므로 일반적으로 사람들은 타인을 믿어야 하며 그렇게 하면 타인들이 자신을 도덕적으로 받아들여줄 것이라고 느낀다.[9]

"당신은 사람들을 믿을 수 있다고 생각하는 쪽입니까, 아니면 매우 조심해야 한다고 생각하는 쪽입니까?"라는 질문으로 설문조사를 했을 때 대개 신뢰 수준이 높다고 여겨지는 답을 내놓는 나라의 국민들은 주변 사람들과 더 쉽게 협력하고 자원봉사에 참여할 가능성도 더 높다. 이들은 더 민주적으로 사고한다. 또한 주관적인 만족도에서도 높은 순위를 차지한다.[10]

국민이 주변 사람들을 신뢰할 수 있다고 믿을 때 협력하고 함께 일하기 쉬운 분위기가 조성된다. 최근 세계가치관조사World Values Surveys에서 스칸디나비아 국가 국민은 대부분의 사람들을 신뢰할 수 있다고 답한 비율이 60퍼센트 이상이었고 최고 순위를 차지했다. 반면 콜롬비아, 브라질, 에콰도르, 페루 등 남아메리카 국가들에서는 긍정적으로 응답한 비율이 10퍼센트 수준이었다.[11]

이러한 발견은 신뢰 수준이란 개인 간의 상호작용보다는 사회에 의해 형성된다는 점을 암시한다. 신뢰 수준이 높은 국가의 국민들은 타인과 협력하며 착취나 배신을 당할 걱정을 적게 한다. 주변 사람들이 자기가 한 말을 지킬 거라고 예측하기 때문이다. 똑같은 이유에서 미국의 워터게이트 사건이나 엔론Enron 사태, 2003년 이라크 침공이나 2008년 금융위기 같은 특정한 스캔들이나 논란에 의해 믿음이 흔들릴 경우 국민들의 전반적인 신뢰 수준은 하락하는 경향을 보일 것이다.[12] 신뢰 수준이 높은 청중들과 그들이 속한 사회가 서로 협력할 가능성이 높다는 점은 어떤 메신저에게든 중요한 사실을 강조해준다. 바로 메신저의 지위, 유대감, 메시지의 실제 내용과는 상관없이 청중들이 '사람들은 대개 신뢰할 수 있다'는 믿음을 얼마나 가졌느냐에 따라 메신저의 성공이 좌우될 때가 많다는 사실이다. 많은 사람들은 비즈니스와 정치에 관여하는 모든 이들이 몇 차례 스캔들을 거치고 나면 더 많은 것을 갖고자 하는 욕구와 원하는 것을 얻기 위해 도덕 규칙도 무시해버리는 의지 때문에 반드시 부패하게 된다고 생각한다. 만약 사회가 원활하게 작동하는 데 신뢰가 필수적이라면 역효과를 발휘하기도 매우 쉬운 것이다.

스캔들로 인해 쉽게 신뢰를 잃을 수 있다는 점은 2009년 유명 골퍼 타이거 우즈의 추문 폭로로 인한 결과를 보면 잘 알 수 있다. 당시 우즈의 명성과 그에게 쏟아지던 찬사는 엄청나서 그가 나이키 골프 광고를 시작한 지 18개월 만에 나이키의 시장 점유율이 1.5퍼센트에서 6.6퍼센트로 치솟을 정도였다. 실제로 우즈가 나이키 모델로 활동한 10년 동안 거의 1,000만 개의 골프공이 더 팔린 것으로 보인다. 나이키 브랜드와 우즈의 관계를 고려해볼 때 그의 간통 사건이 밝혀지면서 나이키의 실적이 엉망이 됐으리라는 점은 쉽게 짐작할 수 있다. 그로부터 한 달 이내에 캘리포니아대학교의 두 경제학자가 우즈의 성욕이 나이키뿐 아니라 그와 관계된 모든 브랜드에 미친 비용을 추산해본 결과, 50억 달러(5조 8,300억 원)를 상회했다.[13] 하지만 우즈가 끼친 파장은 그의 스폰서 기업들에서만 그치지 않았다. 이후 몇 달간 타이거 우즈와 아무런 연관이 없는 곳까지 포함해서 전체 골프공 브랜드가 일제히 판매 하락을 경험했다. 이것은 하나의 예외적 현상이 아니다. 이 같은 스캔들이 발생했을 때 피해를 입게 되는 건 메신저를 후원하거나 지지하던 기업만이 아니다. 업계 전체가 고통받을 수 있다.[14] 2008년 금융위기 동안에도 이런 일이 발생했다. 은행 **여러 곳**이 멍청하거나 비윤리적인 짓을 저질렀지만 거의 **모든** 은행이 평판에 피해를 입었다. 신뢰를 잃으면 그로 인한 어두운 그림자는 아주 널리 퍼져나갈 수 있다.

신뢰 매트릭스

우리가 신뢰하기로 결정한 곳은 어떻게 관리해야 할까? 이를 단순히 사회적 위험부담으로 여기는 사람도 있다. 즉 누군가의 미래 행

	타인이 신뢰에 보답할 경우	타인이 신뢰를 배신할 경우
신뢰	이익 × 보답할 확률	손해 × 배신할 확률
불신	믿지 않기로 선택할 경우의 예상 가치	

신뢰 매트릭스: 믿을 것인지 믿지 않을 것인지 결정하기 위해 가능한 결과에 따라 예상되는 가치를 계산해볼 수 있다.

동을 예측하는 일종의 도박이거나 혹은 많은 학자들이 말하는 것처럼 단순한 위험-보상 계산이라고 말이다.[15] 이런 맥락에서 보자면 신뢰는 '신뢰 게임'의 기저를 이루는 게임 이론의 지배를 받는다. 여기에는 단지 몇 가지 변수들만 관여하지만 각각의 변수는 복잡하고 예측이 까다로울 수 있다. 가장 먼저 할 일은 신뢰 혹은 불신으로 인해 벌어질 잠재적인 손익을 예측하는 것이다. 그다음에는 상대의 현재 신뢰도를 측정해야 하는데 이를 위해서는 상대가 현재의 신뢰도를 유지하거나 유지하지 않음으로써 얻거나 잃을 수 있는 손익을 계산해야 한다. 그리고 나서 (1) 우리가 협력을 통해 얻는 이익과 그들이 우리의 신뢰에 보답할 확률을 곱하고, (2) 우리가 입게 될 손해와 그들이 우리를 배신할 확률을 곱하여, (3) 신뢰로 인한 전반적인 예상 가치와 불신으로 인한 전반적인 예상 가치를 서로 비교해보면 된다.

이를 이해하기 위해서는 조지 R. R. 마틴George R. R. Martin의 소설이자 TV 시리즈 《왕좌의 게임》의 줄거리를 떠올려보면 된다. 당신이 로버트 바라테온 왕에게 충성하는 네드 스타크 경이라고 하자. 당신은 왕의 핸드(《왕좌의 게임》에서 왕을 보좌하는 2인자에 해당하는 직책_옮긴이)에 임명되어 수도로 소환되었다. 당신은 살인 혐의를 조사하기 위해 수도를 향해 남쪽으로 여행을 떠난다. 왕국의 재무대신이자 일명 리틀핑거로 불리는 피터 베일리쉬 경이 당신을 돕지만 그가 전에 당신의 아내에게 그녀를 사랑했다는 말을 꺼낸 이후로 당신은 그를 완전히 신뢰하지 못하는 상태다.

조사를 계속하면서 당신은 세르세이 왕비가 왕을 배신하고 부정을 저질렀으며 왕비의 자식들이 로버트 바라테온이 아니라 왕비의 쌍둥이 남동생의 핏줄이라는 사실을 알게 된다. 이는 왕비의 자식들의 왕위 승계 순서가 뒤로 밀려 사실은 왕의 형인 스태니스 바라테온이 적법한 후계자임을 의미한다. 하지만 당신이 이 정보를 왕에게 알리기 전, 왕은 사냥 도중 의문의 사고를 당하고 당신이 정의를 회복하지 않으면 왕비의 첫째 아들이 (성년이 되면) 왕위에 앉게 될 상황에 처한다. 당신은 왕비의 경호원들을 제압하고 왕의 치안기구인 시티워치에 왕비와 왕비의 자식들을 가두려는 계획을 구상한다. 그러나 이렇게 하려면 시티워치를 매수하기 위해 리틀핑거를 설득해야 한다. 당신이 처한 딜레마는 이 중요한 계획을 수행하는 데 리틀핑거를 신뢰할 수 있을 것인지, 아니면 불신을 준 그의 과거 행동을 고려해볼 때 그가 당신을 배신할 것인지 여부다.

당신은 어떻게 하겠는가? 당신의 신뢰 매트릭스를 통해 변수들을 살펴보자. 먼저, 리틀핑거를 신뢰하기로 했을 경우 가능한 결과들이다.

1. 리틀핑거가 당신의 요청대로 시티워치를 매수하여 세르세이 왕비와 그녀의 자식들을 구금시킨다.
2. 리틀핑거가 당신을 배신하고 세르세이 왕비 편에 선다.
3. 예측하기 힘든 다른 일이 벌어진다.

이제 당신이 리틀핑거를 신뢰하지 않을 경우 가능한 결과들이다.

1. 당신은 리틀핑거를 우회하여 직접 시티워치를 설득한다.
2. 북쪽으로 도망쳐서 적법한 왕인 스태니스 바라테온과 힘을 합친다.
3. 진실을 알고 있지만 세르세이 왕비의 첫째 아들에게 충성을 맹세한다.

이런 선택지 중 어떤 것은 당신에게 더 매력적일 것이고 당신은 다른 선택보다 그 선택에 더 큰 가치를 두고 싶을 수 있다. 그러나 분명한 것은 리틀핑거를 신뢰했을 때 발생하는 잠재적 비용과 이익이 매우 높다는 것이다. 그러므로 이제 게임 이론가의 신뢰 매트릭스 중 두 번째 단계로 나아가야 한다. 즉 보답의 가능성을 측정해보는 것이다.

《왕좌의 게임》 사례를 계속 적용해보자면, 리틀핑거가 당신의 믿음대로 행동할 가능성이 얼마나 될까? 그리고 당신의 믿음에 보답하는 게 아니라 당신을 배신할 가능성은 또 얼마나 될까? 이에 대한 답을 얻기 위해서는 리틀핑거의 입장에서 신뢰 매트릭스를 고려해봐야 하며 약간의 독심술이 필요하다. 리틀핑거는 뭘 원할까? 당신에게 협력하면 그는 무엇을 얻게(혹은 잃게) 될까? 그리고 당신을 배신하면 그는 무엇을 얻게(혹은 잃게) 될까?

여기서 문제는 타인의 동기를 평가하는 것이 쉽지 않다는 데 있다. 당신은 리틀핑거가 당신만큼 왕좌에 적법한 후계자를 앉히는 것을 중시하는지 알지 못한다. 과거에 리틀핑거가 당신에게 이런 행동을 하지 말라고 충고한 적이 있긴 하지만 그가 진짜로 반대하는 입장인지는 의심스럽다. 또한 당신은 리틀핑거가 과연 자신이 한 말을 지킬 것인지도 알 수 없다. 다시금 그가 자신의 말을 지키지 않을 거라는 의심이 생긴다. 리틀핑거는 거짓말을 하는 데 거리낌이 없어 보이고 당신은 그가 명예롭지 못한 사람이라고 믿는다. 또 리틀핑거가 당신을 배신할 경우 얻는 게 많다는 걸 당신은 안다. 세르세이 왕비와 그 아들이 권력을 잡게 되면 그들은 리틀핑거에게 엄청난 빚을 지게 되는 셈이다. 그리고 당신을 몰아낼 경우 리틀핑거는 과거의 연인이었던 당신의 아내를 차지하여 자신의 아내로 맞이할 수도 있게 된다.

실제로 소설에서 네드 스타크가 최종적으로 택했던 결정은 수많은 오산으로 이뤄졌다. 그는 모두가 자신만큼 명예, 정직, 법을 중시하리라고 잘못 예상했다. 옳고 적법한 일이라면 리틀핑거가 자신에게 협력할 것이라는 예상도 잘못이었다. 스타크는 리틀핑거가 자신에 대해 갖는 유대감도 잘못 판단했다. 그렇게 택한 일련의 행동으로 인해 스타크는 목숨을 잃었다. 믿을 만하지 못한 메신저에게 신뢰를 준 궁극적인 대가를 치렀던 것이다.

맨디 라이스-데이비스 적용

특정한 상황에서 어떤 개인에 대한 신뢰를 더 강화하느냐, 아니면 약화하느냐에 기여하는 다양한 직접적 요인들이 있다. 대개는 이런 요인들이 조합되어 기능을 발휘한다. 섹스는 강력한 동기 요인이다. 여러 인간 행동에서 흥분과 욕구는 판단과 의사 결정에 명백한 영향을 끼친다. 사람들은 성적 만족을 위해 원치 않는 임신이라는 위험을 감수하거나 성병에 걸릴 수 있는 상황에 자신을 노출하거나 자신의 도덕적 기준을 위반하기도 한다.[16] 야망 또한 강력한 동기다. 영국이 과연 유럽연합을 탈퇴해야 하느냐 마느냐 하는 비통한 논쟁이 벌어지는 와중에도 '탈퇴'를 주장하는 측의 간판인 보리스 존슨을 믿지 못한 사람들은 그가 국가를 위해 옳은 일을 하는 것보다 총리가 되려는 데 더 관심이 있다고 주장했다. "보리스가 관심을 갖는 건 오직 자기 자신뿐입니다." 한 고위 정부 소식통의 말이었다.[17]

숨기고 싶은 비밀이 드러나는 당황스러움을 피하고자 하는 단순한 욕구가 사람들을 신뢰할 수 없게 만드는 요인이 되기도 한다. 존 프러퓨모는 자신이 저지른 불륜의 전모가 드러날 경우 개인적으로 모욕을 입고 직업적으로도 피해를 받을 가능성이 있기 때문에 거짓말을 했다. 스티븐 워드의 비도덕적인 직업에 대한 재판이 진행되는 동안 킬러의 룸메이트 맨디 라이스-데이비스는 그 악명 높은 파티가 열렸던 장소인 클리브덴 하우스의 소유주인 애스터 경과 자신이 관계를 가졌다고 주장했다. 워드의 변호사는 법정에서 그녀를 조롱하면서 애스터 경은 관계를 가지기는커녕 그녀와 만난 적도 없다고 주장했다. 매릴본Marylebone 형사법원 증인석에서 라이스-데이비스가 이죽거리며 던진 말은 역사에 기록돼 있다. "뭐 그렇게 말하겠죠. 안 그러겠어요?"

그녀의 답변은 워낙 유명해져서 '맨디 라이스-데이비스 적용Mandy Rice-Davies Applies, MRDA'은 특정한 상황에 처한 사람이 즉각적인 어려움을 피하기 위해 거짓말을 할 것인지 여부를 시험해보는 유용한 리트머스지가 되었다. 이는 소셜 뉴스인 '레딧Reddit' 같은 인터넷 사이트에서 메신저가 주장하는 동기와 실질적인 인센티브 간의 갈등을 부각시킬 때 사용된다(심지어 옥스퍼드 인용사전에 한 자리를 차지하고 있을 정도다).[18]

문제는 이러한 갈등을 처음부터 포착하고 평가할 수 있냐는 것이다. 이런 갈등을 인지하고 있을 경우 사람들은 상당히 조심스럽게 군다. 1장에서 우리는 유명인이 어떤 제품을 드러내놓고 칭찬할 경우 역효과가 날 수 있다는 점을 언급했다. 유명인이 대가로 돈을 받았을 거라고 소비자들이 여기게 되면 신뢰도는 감소한다. 그러나 현명한 광고주는 이기적인 동기를 가릴 수 있다. 유명인이 공개적으로 제품을 칭찬하게 만들기보다는 직접 **사용**하도록 하면 훨씬 더 성공적인 결과를 얻는다.[19] 동기라는 것은 항상 명백하게 드러나지 않으며 숨길 수도 있다. 리틀핑거가 말했듯이 "동기가 없는 인간은 누구도 의심하지 않는다. 그런 사람은 늘 적을 혼란스럽게 만든다. 그들이 당신의 정체와 바람을 모른다면 당신의 다음 계획도 알 수 없다."

타인의 동기를 읽는 것이 어렵다는 사실은 우리가 특정 상황에서 누군가를 신뢰할 수 있는 가능성을 수량화하기보다 대개 그 사람이 어떤 사람인지 평가하려고 애쓰는 이유를 설명해준다. 우리는 "내가 이 사람을 신뢰할 수 있는 가능성이 얼마나 될까?"라고 물어볼 수 있는데도 대부분 훨씬 더 단순한 질문을 택한다. "이 사람에 대한 나의 전반적인 평가는 어떤가?" 앞의 질문에는 항상 명확하지는 않은 증거를 저울질해보는 게 필요하다. 그러나 뒤의 질문을 던지면 우리는 인간이 매일 행하는 일종의 순간적 판단을 쉽게 내릴 수 있다.

그리고 여기서 본질적으로 우리는 세 가지 인물 유형 중에서 하나를 찾는 것이다. 첫 번째는 우리가 믿으며 우리를 속이거나 배신하지 않을 인물이다. 두 번째는 우리를 속이거나 배신하리라고 의심은 되지만 내적인 갈등을 겪을 것 같은 인물이다. 자신의 도덕적 신념이나 충성심과 유대감이 우리를 저버리려는 유혹을 충분히 이겨낼 듯한 사람 말이다. 세 번째는 스탠드업 코미디언 크리스 락Chris Rock이 "정직함이 선택인 사람들"이라고 묘사했던 유형이다. 그는 자신의 배우자를 속이면서도(자기 자신이 그랬듯이) 일반적인 규칙은 훨씬 더 잘 지키는 사람들을 이렇게 지칭했다. 첫 번째와 두 번째 유형의 사람들은 때로 우리를 실망시킬 수 있다. 그러나 우리의 신뢰를 가장 배신할 것 같은 사람들은 세 번째 유형이다. 이들에게는 정직성이란 것이 없다. 이들에게는 자신의 관계에 충성해야 할 내적인 동기가 결여돼 있다. 아마 가격만 맞는다면 자기 할머니라도 팔아버릴 사람들이다.

만약 '정직함이 선택인' 메신저가 가장 신뢰할 만하지 못하다면 다른 두 유형 중 더 믿을 만한 쪽은 누구일까? 유혹을 극복하는 메신저? 아니면 처음부터 아예 유혹받지 않은 메신저? 유혹받지 않은 메신저가 더 신뢰할 만하게 보이는 이유는 알기 쉽다. 순수한 영혼인 이들은 현재의 선택만큼 좋은 선택이 없기 때문에 대안적 선택을 거절할 필요도 없다. 물론 배신을 저지를 강력한 인센티브를 제시받게 된다면 어떻게 행동할지 알기 어렵다는 게 문제다. 예일대학교 심리학자 크리스티나 스타만스Christina Starmans와 폴 블룸은 내적인 갈등을 경험하고 그것을 극복할 수 있는 사람이 종종 더 강력한 도덕성을 가진 사람으로 여겨진다는 점을 발견했다.[20] 그러나 사실 간단하지 않은 문제다. 예를 들어 부부 관계에서 가장 신뢰할 만한 사람은 유혹을 극복한 사람이 아니라 아예 유혹을 경험하지 않은 사람이다. 배우자에 대한 그들의 유대감이 자동적으로 매력적인 대안에 대한 관심을 거두게 만드는 것이다. 그 결과, 한눈팔고 유혹을 경험한 사람보다 경험하지 않은 사람이 혼외정사에 빠질 확률이 거의 50퍼센트 더 적다.[21] 자신에게 추파를 던지는 아름다운 팬과 자고 싶은 충동을 이겨낸 유명인은 도덕 테스트를 통과한 듯 보일 수 있지만 그 유혹에 저항해야 했다는 바로 그 사실 때문에 결국은 신뢰가 더 떨어지게 된다.

'믿을 만한 사람'의 진짜 의미

우리는 누군가의 신뢰도를 평가할 때 정교한 게임 이론을 따지기보다는 그 사람의 성격에 관한 일반적인 추론에 의지하는 편이다. 그리고 이 사실은 신뢰할 만한 메신저의 세 가지 범주 중 하나에 대한 우리의 해석에 중대한 영향을 미친다. 이론상으로 우리는 타인이 협력할 만한 내적·외적 인센티브에 대한 정보를 찾고서 우리의 인센티브와 비교한 후 믿을지 말지 결정해야 한다. 그러나 현실에서 우리는 상대에 대한 전반적인 인상으로 판단을 하기 때문에 훨씬 덜 정교한 방식으로 결정하게 된다. 누군가를 진실하다고 보는 것과 그들을 신뢰할 수 있다고 여기는 것은 같지 않다. 진실은 사실에 기반하고 증거와 가능성에 대해 평가를 해야 한다. 반면 신뢰는 관계에 기반을 두고 있으며 더 광범위하고 애매한 평가에 의존한다.

그리고 어떤 경우에는 신뢰할 만하다고 간주되는 편이 진실하다고 여겨지는 것보다 중요하다.

이 명백한 수수께끼는 도널드 트럼프가 대중을 대하는 태도에서 잘 드러난다. 메신저로 보자면 그는 분명히 '정직함이 선택인' 유형에 속한다. 그는 모든 전직 대통령들의 전례에도 불구하고 납세 내역 정보를 공개하라는 요청을 거부했다. 그는 불륜을 저질렀다는 혐의로 비난을 받아왔고(본인은 부정하고 있다) 전직 〈플레이보이〉 모델 캐런 맥두걸에게 자신과의 관계에 대해 입을 다물도록 돈을 전달했다는 혐의도 받은 바 있다(역시 본인은 부정한다). 2019년 중반 〈워싱턴포스트〉의 팩트체크팀의 발표에 따르면 트럼프가 대통령 재임 기간에 내놓은 거짓 주장은 총 9,000건이 넘는다.[22]

그러나 그의 핵심 팬층은 트럼프를 신뢰할 만하다고 여긴다.

여기에는 두 가지 이유가 있어 보인다. 첫 번째는 그가 자신의 핵심 원칙을 위반한 적이 없다는 점이다. 그는 자신이 특정 국가의 무슬림들이 미국에 입국하는 것을 금지하는 사람, 남쪽 국경에 장벽을 지을 사람, 세금을 줄이고 미국을 기후변화협약에서 탈퇴하게 해줄 사람이라고 선전해왔다. 이런 일들이 과연 존경받을 만한 것인지 여부는 논점 밖에 있다. 그가 이 모든 핵심 공약들을 이행했거나 이행하려고 노력했다는 것은 사실이다.[23] 그는 여행 금지 법안을 제출할 것이라고 말했다. 그리고 3건 이상을 제출했다. 그는 멕시코 국경에 물리적 장벽을 세울 것이라고 말했다. 그리고 국가비상사태를 선포하여 장벽 건설을 시도했다. 그는 세금을 감면할 거라고 말했다. 그리고 그렇게 했다. 그는 파리 기후변화협약에서 미국을 탈퇴시킬 것이라고 말했다. 그리고 다시금 그는 자신의 말을 지켰다.

뿐만 아니라 트럼프의 반대자들은 그를 두고 정직함이 선택인, 믿지 못할 사람이라며 폄하할지 몰라도 그의 지지자들은 이러한 선택이 자신들의 원칙과 세계관에 일치한다고 여긴다. 이들은 워싱턴의 말만 번드르르한 정치인들보다는 자신을 아웃사이더라고 주장하는 사람을 좋아한다. 이들은 트럼프의 '할 수 있다'는 태도, 품행, 협력, 타협이라는 규범들과 소위 '정치적 올바름'에 대한 그의 무관심을 존경한다. 그리고 그의 반대자들은 트럼프를 변덕스럽고 충동적이라고 여기는 반면, 트럼프의 팬들은 그의 성급한 태도에 환호성을 보낸다. 이들은 트럼프가 상징하는 바가 무엇인지 알고 있으며 트럼프가 상징하는 바는 곧 그들이 믿는 바와 일치한다.

연구자들은 처음부터 특정한 집단 규범을 따르고 순응하는 사람들이 '집단 신용'을 얻는다는 점을 입증했다. 간혹 실수를 만회하기 위해 이 집단 신용이 사용되기도 한다. 그리고 충분한 양이 모이면 처음에 그 개인에게 인기를 부여했던 주요 정책의 변경이나 마음의 변화마저도 만회해줄 수 있다.[24] 그러므로 트럼프의 지지자들이 트럼프가 거짓말을 했거나 거짓 정보를 제공했다는 걸 알게 되더라도 투표 성향에는 거의 영향을 끼치지 않는다는 심리학자 브리오니 스와이어-톰슨Briony Swire-Thomson의 연구 결과는 별로 놀랍지 않다.[25] 갤럽을 포함한 여론 조사에 의하면 2018년 2월부터 4월 사이에 대통령이 '정직하며 신뢰할 만하다'고 여기는 미국 국민의 수는 10퍼센트포인트나 감소했지만 트럼프의 전반적인 지지율은 조금도 변하지 않았다.[26] 반대로 '집단 신용'을 얻는 데 실패한 이들은 자신들을 향한 호의가 아주 빨리 사라져버린다는 점을 확인하게 된다. 프랑스 대통령 마크롱이 그런 예다. 처음에 그의 실력을 드러나게 해줬던 부족한 정치적 기반은 좌파 우파 양측 모두가 그를 공격하러 나서면서 곧장 문젯거리가 되었다. 집단의 경계가 모호하면 집단 신용을 구축하기가 어렵다. 첫 취임 시 그의 지지율은 55퍼센트였다. 그리고 1년 후 그의 지지율은 역대 최저인 35퍼센트로 급락했다.[27]

두 번째 이유도 있다. 우리는 앞에서 신뢰 위반이 특정 영역, 기관, 정부에서의 전반적인 믿음 상실로 이어질 수 있다고 언급했다. 그러나 신뢰를 유지할 수 있는 환경이라면 수용 가능한 행동에 대한 기준 자체를 바꿀 수도 있다. 최근 공공종교조사기관PRRI과 브루킹스 연구소Brookings Institution의 여론 조사에 따르면 트럼프와 공화당의 강력한 지지층이면서 도덕적 인격에 사회가 중대한 가치를 부여해야 한다고 믿을 가능성이 가장 높은 미국의 백인 복음주의자들은 이 문제에 대한 관점을 근본적으로 변화시켰다. 2011년, 백인 복음주의자 중 70퍼센트는 사생활에서 부도덕한 행위를 저지른 선출직 공직자는 공직 생활에서 윤리적으로 행동하지 못하고 의무에 충실할 수 없을 것이라고 믿었다. 2016년 대통령 선거 시점에는 이 수치가 약 30퍼센트로 떨어졌다.[28] 마치 유권자들이 개인적 정직성에 대해 두는 중요성은 가변적이며 후보자의 본질과 인기에 따라 달라질 수 있는 듯이 보인다. 로마 시대의 저술가 푸블릴리우스 시루스Publilius Syrus는 "신뢰는 영혼처럼 한 번 사라지면 되돌릴 수 없다"라고 했지만 신뢰에는 신축성이 있다. 하버드대학교의 맥스 베이저먼Max Bazerman과 프란체스카 지노 연구진이 입증한 바에 따르면 사람들이 타인의 비윤리적 행동을 비난할 가능성은 비윤리적 위반이 일반화되면 점차 감소한다고 한다. 뿐만 아니라 일단 비난의 목소리가 사라지면 침묵은 동의로 쉽게 간주되어 더 많은 비윤리적 행동이 장려되기까지 할 수 있다.[29]

핵심 원칙의 일관성을 유지하는 힘은, 하버드대학교와 프린스턴대학교에서 수학했고 법무장관과 뉴욕주지사를 지낸 엘리엇 스피처Eliot Spitzer, 그리고 내무부특별위원회 위원장을 역임했고 오랫동안 영국 하원의원으로 재직한 키스 배즈Keith Vaz의 대조적인 정치 운명에서 잘 드러난다. 둘 다 섹스 스캔들에 발목을 잡혔다. 2008년 스피처는 자신의 워싱턴 호텔에서 매춘부를 만날 계획을 세우는 내용을 도청당했다. 2016년 배즈는 성적 서비스를 대가로 두 명의 남성 매춘부에게 현금을 지불했다.[30] 그러나 스피처는 사임을 강요당했던 반면, 배즈는 직위를 유지했음은 물론 후에는 법무부특별위원회에 임명되기까지 했다. 매우 비슷해 보이는 사건에 이처럼 다른 결과가 뒤따르다니 이유를 묻지 않을 수가 없다. 대체 왜일까?

분명 여기에는 지역적인 요인이 작용했을 수도 있지만 두 남자가 얼마나 공통점이 많은지 강조해볼 가치가 있다. 둘 다 고위급 직책에 올라 있었고, 기혼이었으며, 둘 다 전통적으로 매춘부와 관계한 정치인을 좋지 않게 여기는 사회에 속해 있었고, 공개적으로 자신의 잘못을 사과했다. 그러나 이들 간에는 한 가지 확실한 차이점이 있었다. 자신을 곤란에 처하게 한 행위에 대해 과거에 매우 다른 태도를 취했다는 점이다. "나는 동기 따위엔 관심 없어요. 신뢰도가 중요하지"처럼 산뜻하고 언론이 좋아할 만한 말들을 꺼내놓는 재주를 키워왔던 스피처는 법무장관으로 재직할 당시 수많은 매춘업계 관계자를 기소했다. 반면 배즈는 성매매의 비범죄화를 대놓고 옹호했으며 성을 구매한 남성은 처벌받지 말아야 한다고 공개적으로 선언한 바 있었다. 내무부특별위원회 위원장이었던 배즈가 성적 서비스 구매에 형사 제재를 받아야 하느냐 마느냐에 대한 조사를 주관하면서 이해 상충의 비난 속에 자신을 스스로 내던졌다는 점은 논란의 여지가 있을 수 있다. 그러나 매춘에 대한 그의 태도가 일관적이었다는 사실은 그에게 매우 유리하게 작용했다. 반면 스피처는 자신의 위선에 배신당했던 셈이다.

일관된 스토리가 주는 힘은 잘못의 증거가 모호할 때도 똑같이 적용된다. 심리학자 다니엘 에프롱Daniel Effron과 베누아 모닌Benoit Monin이 수행한 실험에서는 사람들에게 성희롱 혐의를 받고 있는 허친슨이라는 관리자와 관련된 가상의 상황을 고려해보게 했다.[31] 진술된 바에 의하면 허친슨은 승진 가능성을 논의한다는 명목으로 여직원을 저녁 식사에 초대했다. 이 여직원의 말에 의하면 그는 자신과의 사적인 관계가 승진에 도움이 될 것이라고 암시했다. 여직원은 초대를 거절했고 허친슨은 다른 사람을 승진시켰다. 허친슨 본인은 저녁 식사가 비공식적이지만 매우 직업적인 면접이었을 뿐이며 여성 측에서 자신의 의도를 오해한 것이라고 주장했다. 그는 또한 자신이 다른 후보자들도 저녁 식사에 초대했음을 밝히면서 결국 가장 강력한 후보자로 여겼던 사람을 승진시킨 거라고 말했다. 하지만 에프롱과 모닌은 이 스토리를 약간 비틀어서 소개했다. 그중 한 버전에서는 과거 허친슨이 성희롱 반대 정책을 펼쳐서 회사 내 성희롱 발생률을 성공적으로 감소시켰다는 점을 언급했다. 그리고 다른 버전에서는 이 정보가 생략됐다.

연구 참가자들에게 의견을 물었을 때 허친슨이 과거 성희롱을 줄이려고 노력했다는 점에 대해 읽은 사람들은 그가 유죄라는 점을 믿으려 하지 않았다. 아주 간단히 말하면 이 스토리는 그들이 알고 있는 그의 인격과 일치하지 않았던 것이다. 반면 이 추가적인 사실을 모르는 사람들은 허친슨이 유죄라고 판단하는 비율이 훨씬 높았다. 스피처와는 대조적으로, 성적 착취를 척결하려는 허친슨의 과거 노력이 그에게 유리하게 작용했던 것이다. 증거가 모호했기에 사람들은 그의 혐의와 과거 입장 간의 불일치보다는 그의 변명과 인격 간의 일관성을 찾으려 했다.

이는 성범죄 사건이 수면 위로 떠오르는 데 종종 시간이 오래 걸리는 이유를 설명해준다. 약 20년간 미국 체조팀의 접골의사였던 일명 '올림픽 의사' 래리 나사르Larry Nassar가 적절한 예이다. 그에 대한 신뢰가 얼마나 깊었던지 심지어 〈인디애나폴리스 스타The Indianapolis Star〉에 의해 전직 체육 교사와 두 번째 익명 고발자의 피해 사실이 공개된 이후에도, 나사르에게 피해를 입은 소녀들의 부모 다수를 포함한 그 누구도 그가 성폭력을 저질렀을 리 없다고 믿었다.[32] 그는 동료와 고객들에게 메신저로서 엄청난 신용을 쌓아두었던 것이다. 올림픽 선수가 되기 위해 훈련받는 소녀들의 부모들은 그가 이 업계 최고라는 얘기를 들었다. 그리고 실제로 부모들이 자녀의 증상을 설명했을 때 그는 정확히 무엇이 문제이고 부상을 치료하기 위해 무엇을 해야 하는지 알고 있는 듯했다. 그가 치료했던 소녀들은 이를 가리켜 '래리의 마법'이라고 불렀다.

사람들은 나사르의 역량뿐 아니라 그의 정직성도 믿었다. 그는 자신의 필요보다 남을 우선하는 사람이라는 평판을 얻었다. "언제든 전화를 하면 제가 아이를 치료하겠습니다." 그는 소녀들의 부모에게 이렇게 말했다. 그리고 그 말을 실천했다. 친구들에게 문제가 생기면 래리는 도우러 갔다. 그는 겨울에는 눈을 치워주고 응급상황에는 병원에 데려다주리라 믿을 수 있는 그런 사람이었다. 뿐만 아니라 의료 전문가라는 겉모습 아래 자신의 폭행을 감추는 데도 능했다. 나사르는 손가락을 여성 고객의 다리 사이에 넣고 성기 주변을 압박하는 '천결절인대 이완sacrotuberous-ligament release' 등의 유별난 치료를 시행했다. 이는 등과 엉덩이 통증을 줄이도록 물리치료사가 시행할 수 있는 합법적인 치료법이다. 이렇게 그는 자신이 하는 일을 더 모호하게 만들었다. 그가 어린 소녀들의 민감한 부위를 합법적으로 건드렸다는 데는 의심의 여지가 없었다. 문제는 그의 행동이 적절했느냐 하는 점이었다.

그래서 첫 고발이 이뤄졌을 때 래리의 지인 중 누구도 이 고발 내용을 믿지 않았다. 제기된 혐의는 그들이 지켜본 래리라는 사람과 전혀 일치하지 않았기 때문이다. 경찰이 어린아이들의 사진이 포함된 나사르의 하드 드라이브를 찾아낸 다음에야 비로소 사람들이 귀를 기울이기 시작했다. 과거 그의 모든 행동이 너무도 강력한 신뢰도를 쌓아두었기에 사람들의 추측과 믿음을 흔들기 위해서는 논란의 여지가 없는 증거가 필요했던 것이다.

신뢰를 쌓는 법

일관성이 우리의 신뢰성 인식에 결정적인 역할을 하는 것은 누군가가 미래에 어떻게 행동할지를 예측하는 데 도움이 된다는 단순한 이유 때문이다. 물론 도널드 트럼프는 일관성 측면에서 예외적 사례이며 대부분의 상황에서는 더 직접적으로 드러난다. 간단히 말하자면 우리는 누군가와 반복적이고 일관되고 긍정적인 상호작용을 주고받게 될 경우 그에게 신뢰성을 부여한다.[33]

스탠퍼드대학교 경영대학원의 프랭크 플린Frank Flynn은 통신 회사에서 근무하는 엔지니어 161명 간의 사회적 교류 효과를 조사하며 바로 이러한 사실에 주목했다.[34] 설문과 실적 기록에 근거하여 플린은 동료들과 동등하고 상호적인 교환을 지속하는 직원들이 조직 내에서 생산성이 가장 높을 뿐 아니라 신뢰성 또한 가장 높다는 점을 발견했다. 그리고 이런 상호 교환 빈도가 증가할수록 협력, 성과, 신뢰 등 다양한 가시적·비가시적 이익들도 증가했다. 플린은 과거에 신뢰할 만하다고 증명된 동료가 향후 더 많은 재량권을 얻는 이유는 성실하게 행동하리라고 믿을 수 있기 때문이라고 주장했다. 더 많은 사람들이 그의 말에 귀를 기울이고 기꺼이 그를 돕게 된다.

온라인 거래 플랫폼과 시장에서의 추천도 완전히 똑같은 방식으로 작동한다. 과거 거래의 질을 확인함으로써 미래의 성과에 대한 메시지가 제공되는 것이다. 구매자 중 60퍼센트 이상이 피드백을 남긴다는 이베이eBay 거래 내역을 살펴보면 좋은 후기가 이중의 효과를 낳는다는 것을 알게 된다.[35] 첫 번째는 명확하다. 이베이에서 긍정적인 후기를 읽은 사람은 그 제품을 주문하게 될 확률이 높아진다. 두 번째는 좋은 평판이 판매자가 붙일 수 있는 추가 프리미엄을 통해 가치를 높여준다.

연구에 따르면 경쟁자보다 긍정적인 평가가 2배 많은 온라인 판매자가 중고 휴대폰에 대해서는 0.35퍼센트, 새 휴대폰과 DVD에 대해서는 각각 0.55퍼센트와 3.7퍼센트의 추가 금액을 더 붙일 수 있는 것으로 나타났다. 이 정도 차이는 언뜻 작아 보일 수 있지만 대기업부터 1인 밴드까지 광범위한 판매자에게 모두 적용된다는 점을 생각해야 한다. 이는 다수의 메신저로부터 똑같은 메시지를 받았을 때(핸드폰 사고 싶어요?) 우리가 단지 가격에만 영향받지 않는다는 점을 보여준다. 신뢰성 역시 상당한 가치가 있다(이 판매자가 제대로 된 거래를 하려는 건가, 아니면 장물이나 위조품을 떠넘기려는 건가). 따라서 다수의 긍정적 평가는 금전적 가치를 지닌다. 그러므로 온라인 평가 시스템이 대체로 잘 작동하는 것처럼 보이는 것은 이상하지 않다. 메신저가 자신의 말을 지키도록 하는 데 강력한 인센티브로 작용하기 때문이다.

또한 모든 후기가 똑같지 않다는 점 또한 짚고 넘어가야 한다. 예를 들어 별점 5개짜리 후기 6개, 별점 4개짜리 후기 2개, 별점 1개짜리 후기 2개를 받은 판매자의 평균 별점은 4개로 준수한 편이지만 잠재적 고객의 마음에는 별점 1개짜리 후기 2개가 더 크게 보일 수 있다. 부정적인 평가가 긍정적인 평가보다 강력한 영향력을 갖는다는 단순한 이유 때문이다. 대부분 나쁜 후기 1개를 읽은 후에 온라인 구매를 쉽게 포기했던 경험을 해본 적이 있을 것이다. 아무리 수십 개의 긍정적인 후기들이 달려 있더라도 말이다. 신뢰성에 대한 오래된 믿음 또하나를 확인할 수 있는 현상이다. 신뢰할 만한 가치가 있는 관계를 구축하려면 아주 오랜 시간이 걸리지만 연약한 꽃병처럼 그 관계는 부주의한 행동 하나만으로도 순식간에 깨어지기 쉽다.[36]

개인적 관계에서도 마찬가지다. 타인의 신뢰를 배신하는 메신저는 결코 회복할 수 없는 강력한 부정적 감정을 일으킬 수 있다. 즉 사람들은 '배신 혐오감'을 드러낸다. 사람들은 순전히 우연에 의해 생기는 손실보다 배신으로 인해 생기는 손실에 더 큰 무게를 둔다.[37] 제재적 규범은 물질적 이익이 전혀 없더라도 사람들로 하여금 타인을 믿도록 강제할 수 있다. 그러나 배신에 대한 두려움은 반대 방향에서 강력한 힘으로 작용한다. 사람들이 타인을 의심하고 회의적인 태도를 취하도록 이끄는 것이다. 이는 낯선 사람들 사이의 신뢰 형성에 늘 존재하는 장벽이다.[38]

표정과 행동은 거짓말을 하지 않는다

과거의 기록을 평가해 한 사람의 미래에 대한 신뢰성을 형성하려면 과거의 기록을 살펴볼 수 있어야 한다. 공적 인물, 친구, 직장 동료, 온라인 판매자를 판단하는 문제라면 살펴볼 자료들이 있다. 그러나 처음 만나는 사람이라면 어떻게 신뢰성을 판단해야 할까? 그 답은 우리가 임시 변통의 신호에 의존한다는 데 있다.

중요한 것은 간단한 접촉이다. 수십 년간의 연구 결과, 당신이 요청하거나 행동하기 전에 미리 의사소통의 통로를 열 수 있다면 낯선 사람이 당신과 협력할 가능성이 급격히 증가한다는(실제로 40퍼센트가량) 점이 밝혀졌다.[39] 처음 누군가를 만나는 시점부터 우리는 그들에 대한 단서를 찾는다. 친근해 보이는가, 수상한 구석이 있는가? 약속을 존중하는 사람에 대해 우리가 마음속으로 그렸던 이미지에 부합하는가? 긍정적인 정보를 즉시 얻을 수 있다면 이후에 첫인상을 확정하거나 부정할지 여부와는 별개로 우리는 이어지는 거래에 더 호의적으로 대할 가능성이 높아진다. 대개는 누군가와 단순히 어울리기만 해도 우리는 유대감을 느낀다. 공통의 인간성을 경험하는 것이다. 그리고 얼굴을 맞대고 교류한다면 유대감은 훨씬 높아진다. 글로 적는 것보다 말로 했을 때 효과가 2~3배 더 높다.[40] 일단 실제로 낯선 사람을 만나면 이제 그들은 추상적인 이름에 그치지 않고 진짜 '사람'이 되는 것이다. 이메일을 버리고 전화기를 들어야 할 때가 언제인지에 대해서는 갖가지 주장들이 많다.[41]

대면 접촉은 또한 외모를 통해 인격을 추론해내려는 근본적인 인간적 충동을 일으킬 수 있다. 지배적인 메신저 그리고 역량 있는 메신저와 마찬가지로 신뢰할 수 있는 메신저도 얼굴을 가지고 있으며 우리는 거의 1,000분의 몇 초 내에 얼굴에 대한 판단을 내린다. 사람들이 얼굴에 주는 신뢰성 점수에 기반해 얼굴에 대한 계산 모델을 개발한 심리학자들에 따르면, 신뢰감을 주지 못하는 얼굴은 분노와 매우 유사하게 표현되는 반면, 신뢰감을 주는 얼굴은 행복해 보인다고 한다.[42] 이 기본적인 사실은 얼굴이 '표현 중립적'이라고 판단될 때조차 적용된다. 쉬는 동안에도 어떤 사람들의 얼굴은 다른 사람들에 비해 행복해 보인다. 만약 당신이 운 좋게도 행복을 암시하는 자연스러운 표정을 갖고 있다면 더 신뢰감을 주는 사람으로 인식될 가능성이 높다. 불운하게도 당신의 평소 표정이 분노를 암시한다면 아무리 그 정도가 미약하다고 해도 당신은 신뢰성이 떨어지는 사람이라고 여겨질 것이다.

인간이 이런 식의 연결 고리를 만든다는 건 다소 이상해 보이기도 한다. 사람의 자연스러운 표정이 얼마나 행복해 보이느냐와 그 사람의 신뢰성 간에는 아무런 공통점이 없기 때문이다. 그러나 그 사람이 얼마나 접근 가능하느냐에 우리가 반응한다고도 볼 수 있다. 그 사람이 행복해 보인다면 우리는 안심하고 그 사람을 더 믿게 된다. 그러나 그 사람이 화가 난 듯하다면 우리는 더 조심하게 되고 그 사람을 믿지 못하게 된다. '신뢰 게임'의 시나리오에서 연구진은, '신탁자' 역할을 맡은 사람들은 일반적으로 신뢰할 수 있을 것처럼 보이는 투자자에게 더 많은 돈을 보낸다는 점을 발견했다. 그리고 현실에서도 더 신뢰가 가는 얼굴을 가진 사람들이 P2P 대출사이트에서 대출받을 가능성이 더 높다. 심지어 신용 기록, 부채 대비 소득 비율, 소득 및 고용 상태 등 훨씬 연관성 높은 정보가 이용 가능할지라도 말이다.[43]

겉으로 보기에 놀랍도록 단순해 보이지만 실제로 그렇다. 전반적으로 사람들은 처리하기 쉬운 신호를 더 선호한다. 타인의 진정한 동기나 의도를 파악하기란 거의 불가능에 가깝기 때문이다. 외모에 근거해 빠르게 평가하는 편이 훨씬 쉽고 노력도 훨씬 덜 든다.[44] 무엇보다 우리는 일상에서 얼굴 신호를 이용해 다른 사람들의 마음 상태를 추론한다. 누가 진실을 말하는지 여부를 나타내는 신호를 포착하는데 우리가 대부분 젬병이라는 사실도 우리의 시도를 막지 못한다.[45] 신뢰성에 대한 우리의 적중률이 별로 좋지 못하다는 사실 역시 마찬가지다. 신뢰할 수 있는 외모라고 우리가 판단하는 사람과 실제로 신뢰할 수 있는 사람 사이에는 기껏해야 약한 연결 고리가 존재하는 정도지만 그렇다고 해도 우리가 외모에 근거해 추론을 내리는 행위를 막지는 못한다.[46]

타인과 더 많은 시간을 보낼수록 우리는 신뢰성을 판단하는 데 타인에 대한 느낌을 포함한 직관적 신호들에 의존하기 시작한다. 우리의 정서적 반응은 얼굴을 흘깃 보고 내리는 인상보다는 더 신뢰할 만한 안내자 역할을 해주는 듯하다. 이 점은 여러 쌍의 여성들을 데리고 진행한 연구에서 매력적으로 나타났다. 이 실험에서는 이제 막 서로를 소개받은 여성들에게 히로시마와 나가사키에 핵폭탄이 떨어진 직후를 기록한 끔찍한 영상을 보여준 후 서로 대화를 나누게 했다. 하지만 각 쌍마다 1명씩인 자원 참가자는 상대편이 "당신이 어떤 감정을 느끼고 있는지 당신의 파트너가 절대 모르도록 행동하라"라는 지시를 받은 상태인지 알지 못했다. 영상이 끝나고 참가자들 간의 대화를 관찰한 결과, 두 가지가 매우 명확히 드러났다. 첫 번째, 자신의 진정한 감정을 억누르라는 지시를 받은 여성은 혈압이 상승했다. 두 번째, 그 사람의 파트너 역시 혈압이 상승했다. 자신의 감정을 억눌렀기 때문이 아니라 자신과 대화하는 여성이 뭔가를 숨기고 있다는 것을 직관적으로 알 수 있었기 때문이었다. 이들의 신체가 신뢰가 결여된 상황에 반응한 것이었다.[47]

이는 우리 모두 경험해본 감정이다. 관찰자로서 우리는 메신저의 말과 감정 신호가 뭔가 어긋나 있다고 의심될 때 '이거 뭔가가 있다'는 느낌을 받는다. 그리고 히로시마와 나가사키 영상을 본 다음 타인과 이야기를 나눴던 여성이 알게 된 것처럼 여기에는 신체적이고 신경학적인 징후가 뒤따른다. 또 다른 연구에서는 참가자들에게 피부 전도 기록기를 부착한 후 양전자 방사 단층 촬영PET 스캐너에 넣고 배우가 슬프거나 중립적인 이야기를 1인칭으로 하는 영상을 보여줬다. 이때 얼굴 표현은 배우가 말하는 이야기와 일치하거나 일치하지 않게 조정했다. 연구진이 발견하게 된 것은 참가자들이 배우의 스토리와 감정 표현 간의 불일치를 목격한 경우 이들의 피부 전도 반응이 상승했으며 사회적 갈등 처리와 연관된 뇌 영역의 활동이 활발해졌다는 점이었다. 즉 참가자들의 뇌와 신체가 '이거 뭔가가 있다'고 기록하고 있었던 것이다.[48] 그리고 뭔가가 옳지 않다는 감각은 비록 정확한 거짓말 탐지기처럼 작동하지는 않아도 일상적으로는 충분히 잘 작동하는 것으로 보인다.[49]

비선호 표시

누군가의 신뢰도에 대한 우리의 순간적 판단이 그 사람의 외모에 의해 영향을 받는다면, (실제 말한 내용이 아니라) 그들이 말하는 방식 또한 우리의 관점에 영향을 미칠 수 있다. 예를 들어 누군가가 자기 주장의 강점을 제시하기 전에 그 주장의 약점을 언급한다면 우리는 그 사람이 신뢰할 만하다고 추측하게 될 가능성이 높다. 우리는 그들이 "이건 대단한 일이에요" "누가 봐도 최고의 아이디어예요" "정말 훌륭해요" "누구도 이보다 잘할 순 없어요"라고 말하지 않았다는 그 사실에 무장해제되는 것이다. 그리고 앞서 다뤘듯이 불확실성을 인정함으로써 사람들의 신뢰를 얻는 전문가들처럼 우리는 그들이 더 신뢰할 만하다고 추측하게 된다. 상대측 변호사가 지적하기 전에 먼저 약점을 인정하는 변호사는 법정에서 더 많이 이긴다. 상대편에 대한 긍정적인 말로 연설을 시작하는 정치 운동가는 인식된 신뢰성이 종종 상승한다. 광고주가 자사의 제품이나 서비스의 장점을 강조하기 전에 사소한 결점을 지적하면 판매 상승을 경험할 수 있다. 이 방법은 청중이 그 약점에 대해 잘 알고 있을 경우에(그래서 피해가 어느 정도 갈무리된 다음에) 특히 성공을 거둘 수 있다.[50] 이와 비슷하게 "당신에게 거짓을 말하지 않을 겁니다" "불평하긴 싫지만…" 또는 "솔직히 말하자면…" 등의 표현은 신뢰 수준을 높이는 데 특히 효과를 발휘할 수 있다. 이러한 '비선호 표시disprefered markers'는 알려진 것처럼 의심이나 부정적 측면을 드러내면서도 화자의 진심을 강조하여 호감과 신뢰성을 유지하는 방법이다. 실제로도 이 방법을 통해 자신의 메시지에 대한 타인의 반응에 영향을 줄 수 있다. 예를 들면 이런 문구가 포함된 부정적인 후기는 아예 순화하지 않은 후기에 비해 해당 상품에 대한 소비자의 지불 의욕에 미치는 영향이 적다.[51]

사과의 힘

메신저의 신뢰성에 의문이 제기되면 다양한 선택지가 생긴다. 첫 번째는 주로 도널드 트럼프가 택하는 전술로서 주류 언론이 제기한 혐의에 완전한 부정으로 대응하는 것이다. "당신이 보고 있는 것과 당신이 읽고 있는 것은 사실과 다릅니다." 트럼프는 종종 이렇게 주장한다.[52] 하지만 이 방법은 위험한 전략이다. 만약 그 부정이 거짓임을 증명할 수 있는 결정적 증거가 제시되면 훨씬 가파르고 아픈 추락을 맞이하게 된다.

그다음으로 정당화와 변명이 있다. 사회학자 마빈 스콧Marvin Scott 과 스탠퍼드 라이먼Stanford Lyman에 따르면 정당화란 부정적인 결과에 대한 책임은 받아들이지만 그 행동이 부도덕적이라는 점은 부정하는 것이다. 예를 들면 군인이 전쟁에서 적을 사살하는 경우다. 그리고 변명은 그 행동이 부도덕적이라는 점은 받아들이지만 그에 대한 책임은 부정하는 것이다. 예를 들면 전쟁 중 양민을 죽인 군인이 단지 명령에 따랐을 뿐이라고 주장하는 경우다.[53]

그리고 마지막으로 사과가 있다. 사과는 대개 피해를 입힌 행위에 대해 책임을 져야 할 때 메신저가 취할 수 있는 적절하고 도덕적이고 성숙한 행동으로 여겨진다. 사과는 잘못에 대한 부정적 반응을 줄여주고 사회적 유대감과 협력을 되찾는 데 도움을 줄 수 있다. 연구에 의하면 불만을 품은 고객들은 비난의 화살을 다른 곳으로 돌리는 기업보다 잘못에 대한 직접적 책임을 인정하고 유감을 표현하는 기업을 기꺼이 용서하는 것으로 나타났다. 사과하는 개인이나 집단의 입장에서는 위험을 감수해야 하는 것이 분명하다. 사과라는 행위 자체가 유죄에 대한 인정 또는 확인이기 때문이다. 곧바로 의례적인 사과를 한다면 솔직함에 대한 칭찬뿐 아니라 잘못에 대한 비난 또한 받을 수 있다.[54] 하지만 그런 경우에도 사과는 매우 강력한 도구가 된다. 세 가지 기본 규칙을 따른다면 말이다. 사과는 빨리 이뤄져야 한다. 성심껏 행해져야 한다. 그리고 후회와 앞으로의 변화에 대한 약속이 드러나야

한다.[55]

재빠른 사과는 불확실성, 분노, 절망을 없애는 데 도움이 된다. 난리 통인 공항에서 묵묵부답인 상황을 경험해본 사람이라면 알 것이다. 하지만 이런 사과는 잘 조정돼야 한다. 만약 항공사가 출발 지연을 신속히 알리고, 사과와 함께 충분히 구체적인 이유를(기계 고장의 경우라면 무엇이 잘못됐으며 고치는 데 얼마가 소요될지) 알려준다면 그 사과는 대개 받아들여질 것이다. 선제적이고 두루뭉술한 사과는 좋지 않지만 사실이 아직 명확히 밝혀지지 않았을 때는 빠르게 자리를 잡고 사과하는 편이 아무런 사과가 없는 것보다는 훨씬 더 낫다. "승객 여러분, 출발이 지연되어 대단히 죄송합니다. 현재 원인은 정확히 파악하고 있지 못합니다만 최선을 다해 규명하여 여러분을 모실 것이며 향후 이런 일이 재발하지 않을 것임을 약속드립니다."

2014년 페이스북의 형편없는 일 처리는 빠른 사과를 하지 않아 치른 대가에 대한 사례 연구를 제공해준다. 당시 이 거대 소셜미디어는 한 주 동안 거의 70만 사용자의 뉴스피드를 조작했다. 사용자가 이전에 긍정적 또는 부정적 뉴스 중 어느 쪽에 더 노출됐는지에 따라 이 사용자가 더 긍정적이거나 부정적인 게시물을 작성할 것인지 여부를 알아내려 했던 것이다. 그 결과는 '정서적 전염'이라는 개념을 뒷받침했고, 일류 과학 학술지에 정식으로 게재됐다. 그러나 페이스북이 고객을 이해하는 데 도움이 될 것이라고 믿었던 바는 곧바로 홍보 측면에서는 악영향을 미쳤다. 하루에도 여러 차례 사용하고 그때까지는

소프트 메신저

대체로 신뢰했던 소셜미디어 플랫폼에 의해 조종당했다는 사실을 사람들이 깨닫게 되자 항의가 잇따랐던 것이다.

그러나 CEO 마크 저커버그가 해당 사안에 대해 입을 열기까지 거의 일주일이 걸렸다. 심지어 해당 연구에 관한 소통에 잘못이 있었다는 무기력한 논평만 내놓았다. 페이스북이 한 행동을 정당화하기 위해 신중하게 작성된 논평은 엎친 데 덮친 격이었다. 이 논평은 사용자들이 페이스북 가입 당시 9,000단어짜리 약관에 서명했다는 사실을 지적했다. 몇 달 뒤 또 다른 페이스북 대변인은 또 하나의 익명 논평을 내놓았다. 그 논평에는 "우리는 그 반응에 대비가 돼 있지 않았다" "우리가 달리 행동했어야 할 사안들이었다"라는 내용이 담겨 있었다. '유감'이나 '사과'라는 단어는 눈에 띄지 않았다.

이 사건이 곧 잊힌 것은 페이스북으로서는 행운이었을 것이다. 현대 세계는 빠르게 움직이니까. 그러나 대중의 불안이라는 이 경고 신호는 개인 정보를 사용하는 것에 대한 귀중한 교훈을 주었다. '신뢰의 배신에 어떻게 대응하지 말아야 하는가'에 대한 추가 교훈까지 주었음은 말할 것도 없다. 그러나 세상만이 그 교훈을 잊은 것은 아니었다. 페이스북도 마찬가지였다. 4년도 채 지나지 않아 페이스북은 그 대가를 단단히 치렀다.

2018년 크리스토퍼 와일리Christopher Wylie라는 이름의 내부고발자는 영국 신문 〈디 옵서버〉에 보수파 백만장자 로버트 머서Robert Mercer와 도널드 트럼프의 핵심 조언가 스티브 배넌Steve Bannon이 설립한 영국 소재 정치 컨설팅 회사 케임브리지 애널리티카Cambridge Analytica가 어떻게 5,000만 개의 페이스북 계정에서 정보를 입수했는지 알렸다.[56] 사용자들에게 더욱 고통스러웠던 것은 페이스북이 케임브리지 애널리티카에게 정보를 수집하도록 허락한 대상에는 설문에 동의했던 사용자뿐 아니라 설문자와 연결된 친구와 가족까지 포함돼 있었다는 와일리의 설명이었다. 케임브리지 애널리티카는 '학술적 목적'으로 자신의 데이터가 사용되는 데 동의했던 초기 사용자 수십만 명으로부터 그들과 연결된 다른 페이스북 사용자 수백만 명의 데이터를 채굴하는 정교한 모델을 구축할 수 있었다. 이 데이터는 이후 선거와 국민투표 결과에 영향을 미치기 위해 미국 정치인 테드 크루즈와 도널드 트럼프, 영국의 브렉시트 운동가들에게 팔린 것으로 알려졌다.[57] "우리는 페이스북을 이용해 수백만 명의 정보를 수집했습니다. 그리고 우리가 그들에 대해 알고 있는 것을 이용하고 그들 내면의 악마를 타깃으로 하는 모델을 만들었습니다. 이것이 이 회사를 떠받치는 기초였습니다." 크리스토퍼 와일리는 〈디 옵서버〉에 이렇게 진술했다.[58]

빠른 사과는 곧 진실한 사과를 의미한다. 그러나 마크 저커버그가 이 뉴스가 터진 지 5일이 지나서야 입장을 공개하게 된 것은 후회가 아니라 쏟아지는 증거와 대중의 분노에 영향을 받은 것으로 보였다. "우리에게는 여러분의 데이터를 보호할 책임이 있으며 만약 우리가 그렇게 하지 못한다면 여러분에게 서비스할 자격이 없는 것입니다."

저커버그는 이렇게 적었다. "저는 정확히 어떤 일이 벌어졌는지 그리고 어떻게 이런 일이 재발하지 않게 할 수 있는지 파악하기 위해 노력해왔습니다. 좋은 소식은 이런 일의 재발을 방지할 가장 중요한 행동에 우리가 이미 수년 전부터 착수해왔다는 것입니다. 그러나 우리는 또다시 실수를 저질렀고, 아직 할 일이 많으며, 시스템을 더 강화해야 할 필요가 있습니다."[59][60]

여기서도 사과는 없었다. 그리고 사용자 데이터 보호에 페이스북이 왜 실패했는지에 대한 실질적인 설명도 거의 없었다. 심지어 페이스북은 오랫동안 이 사건을 '데이터 유출'이라고 부르기를 거부하고 4년 전에 의존했던 약관 이야기를 재활용하는 방법을 택했다. 페이스북은 결국 투명성 부족과 사용자 정보 보호 실패에 해당하는 최고 벌금인 50만 파운드(8억 원)를 부과받았다. "페이스북은 데이터 보호법에서 요구하는 수준의 보호를 제공하는 데 실패했다"라고 영국의 정보위원 엘리자베스 덴헴Elizabeth Denham은 말했다. 다시금 행운은 페이스북의 편이었다. 만약 2018년 4월에 시행된 새로운 유럽일반데이터보호법GDPR이 적용됐다면 벌금은 19억 달러(2조 2,200억 원)로, 페이스북의 전 세계 매출 4퍼센트에 달했을 것이다. 그러나 이런 규모의 기념비적인 벌금조차도 페이스북의 평판에 입은 중대한 피해에 비하면 빛을 잃는다. 2018년 7월 페이스북 주가는 18퍼센트 하락했다. 약 1,190억 달러(139조 원) 가치의 손실이었다.[61]

이것은 주식시장 역사상 한 기업이 맞은 최악의 날이었다. 이 신뢰 스캔들의 여파로 페이스북이 '사과 광고'라고 볼 수밖에 없는 일에 거대한 투자를 단행했다는 점은 흥미롭다. 또한 이 지출 중 상당액이 소셜미디어 플랫폼의 등장으로 인해 가장 피해를 많이 입은 미디어 플랫폼들, 즉 TV, 종이 신문, 잡지, 옥외 광고판과 버스와 기차의 광고판에 집중됐다는 점도 흥미롭다. 애틀랜타에서 암스테르담, 런던에서 LA, 상트페테르부르크에서 시드니까지 "페이스북이 변하고 있습니다"란 메시지가 내걸렸다.

"지금부터 페이스북은 당신의 안전을 도모하고 당신의 비밀을 보호하기 위해 더 노력할 것입니다." 광고는 이렇게 주장하고 있다.

뭐 그렇게 말하겠지. 안 그러겠는가?

사람은 달라질 수 있을까

와튼스쿨경영대학원 교수 모리스 슈바이처Maurice Schweitzer는 컬럼비아대학교의 애덤 갤린스키Adam Galinsky 그리고 하버드대학교 경영대학원의 앨리슨 우드 브룩스Alison Wood Brooks와 함께 가장 효과적인 사과의 가장 중요한 특징은 '변화에 대한 약속'을 표현하는 것이라고 주장한다. 이들은 이렇게 적었다. "사과는 '과거의 자기'와 거리를 두어야 하며 비슷한 행동에 참여하지 않을 '새로운 자기'를 드러내야 한다."[62] 이런 약속은 매우 강력하고 설득력도 있을 것이다. 그러나 표범이 무늬를 바꾸겠다는 말을 정말 믿을 수 있을까?

　　　　　　　　　　　　　　　　　　　　소프트 메신저

슈바이처와 우드 브룩스가 수행한 연구에 따르면 놀랍게도 사과를 받는 사람의 마음가짐은 사과를 하기 전에 달라지겠다는 약속이 이뤄지느냐에 따라 크게 좌우된다고 한다. 이 두 교수는 긍정적인 수익을 기대하면서 참가자들이 투자자에게 돈을 건네는 신뢰 게임을 기획했다. 하지만 투자자를 믿을 수 없다는 사실이 곧 드러났다. 첫 번째 라운드가 끝났을 때는 어떤 자금도 회수되지 않았다. 두 번째 라운드가 끝났을 때도 마찬가지였다. 당연하게도 신뢰도는 급격히 떨어졌다. 2라운드가 끝난 후 참가자들 중 단 6퍼센트만이 9달러(1만 원)의 현금을 다시 넘겨주는 위험을 감수할 준비가 돼 있었다.

그러나 세 번째 라운드가 끝난 후 이들은 투자자로부터 메시지를 하나 받았다. "죄송합니다. 당신에게 나쁜 결과를 안겼군요. 하지만 저는 바뀔 수 있습니다. 지금부터 9달러를 돌려드리지요." 그때부터 자신의 말에 충실하게도 투자자는 상당한 금액을 되돌려주기 시작했고 신용은 다시 회복되었다. 그러나 흥미로운 점은 모든 참가자의 믿음이 똑같이 회복된 건 아니었다는 것이다. 신뢰 게임을 시작하기 전, 한 집단의 참가자들에게는 한 사람의 인격은 돌과 같아서 변하지 않는다는 내용이 적힌 논문을 읽게 했다. 다른 집단에게도 인간 행동에 대한 논문을 읽게 했으나 이 논문에는 인간의 성격은 고정돼 있지 않으며 새로운 결정과 경험을 할 때마다 점차 바뀐다고 적혀 있었다. 이 게임의 최종 라운드에서는 '인격은 돌과 같다'는 논문을 읽은 참가자 중 단 38퍼센트만이 투자했다. 그러나 '인격은 바뀔 수 있다'는 내용을

읽은 사람들 중에서는 53퍼센트가 투자했다.[63]

표범이 무늬를 바꿀 수 있을까? 그렇다. 그러나 이들이 배신했던 사람들이 무늬가 바뀔 수 있다는 점을 받아들일 때만 가능하다. 만약 청중이 인격은 고정돼 있다고 믿으면 이들에게 기회를 줄 리 만무하기 때문이다.

물론 신뢰가 극심하게 붕괴된 상황에서는 아무리 변하겠다는 명확한 약속이 동반될지라도 간단한 사과로는 효과가 없을 것이다. 남은 방법은 인간이 관계를 맺는 방식으로 신뢰를 천천히 그리고 투명하게 재구축하는 길뿐이다.

이런 사례 중에서 가장 고무적인 것은 핵무기를 둘러싼 적대감이 고조됐던 1970년대 후반과 1980년대에 브라질과 아르헨티나가 화해를 이뤄냈던 방법이다. 미국 국가정보국National Intelligence Agency은 아르헨티나가 핵무기를 만들 경우, 전 지역의 안보 관계가 영원히 훼손될 것이라고 믿었다. 또한 브라질이 "안보를 지키고 국격을 회복하기 위해" 자체적인 핵무기 생산을 추진할 수 있다고도 예측했다. 브라질과 아르헨티나의 관계는 이미 심각했다. 핵무기는 그 관계를 더욱 나쁘게 만들 게 분명했다.

그러나 양국의 지도자인 브라질의 호세 사르네이와 아르헨티나의 라울 알폰신은 상황을 반전시켰다. "우리는 서로 신뢰하는 관계를 만들 겁니다." 2015년 사르네이는 말했다. "우리는 지금 이란이 엄청난 어려움을 겪고 있는 걸 보고 있습니다. 여기 남아메리카에서는 국제적 중재 없이도 해낼 겁니다." 천천히 그리고 조심스럽게 양국은 일련의 불안감을 없애는 행동에 착수했고, 결국 상호 핵사찰 프로그램에 합의하여 투명성을 높이고 상호 협력을 긴밀하게 발전시켰다.[64]

동시에 두 사람은 개인적 관계도 발전시켰다. 처음 사르네이를 만났을 때 알폰신은 거의 10년간 국제적 물 분쟁의 핵심에 있던 이타이푸 댐Itaipú Dam을 방문하고 싶다는 의사를 드러냈다. 사르네이는 이를 받아들였다. 알폰신은 그 보답으로 사르네이를 아르헨티나의 필카니유Pilcaniyeu 핵 시설에 방문하도록 초대했다. 이는 두 사람의 입장에서 새로운 상호주의 정신을 이끄는 신뢰의 제스처였다. 킹스칼리지 런던의 전쟁학과 방문연구원인 프란체스카 그라넬리Francesca Granelli가 위기에 대한 그녀의 놀라운 설명에 기록한 대로, 양국 지도자들은 군과 군의 접촉, 과학기술 교류, 핵 정책 공동위원회 구성 등을 포함해 투명한 '신뢰와 안보 구축 방안'을 주도하겠다고 개인적으로 약속했다. 두 남미 국가 간의 긴장이 첨예했다는 사실은 오히려 그들에게 유리하게 작용했다. 양쪽 모두 취약하다고 느꼈고, 자신의 취약함을 드러낼 준비가 돼 있었으며, 그렇게 함으로써 진실되고 지속 가능한 신뢰를 일궈낼 수 있었던 것이다. 미래의 폭풍우를 충분히 견뎌낼 만큼 강한 신뢰 말이다.

프레임 8

카리스마

비 전 , 정 열 성 , 자 신 감

94세의 존 마크스John Marks는 카리스마가 넘치는 인물이다. 유대인 술집 주인의 아들로 태어난 그는 아버지가 거칠고, 고되게 일하고, 고되게 술을 마시는 런던의 교외에서 술집을 운영하는 동안 어머니 로즈가 가정을 꾸려갔던 어린 시절을 생생히 기억하고 있다. 시끄럽지만 단란했던 그의 집에는 사랑이 가득했다. 또 집 안에는 사람이, 집 밖에는 가축이 넘쳤다. 강아지, 거위, 닭, 토끼, 심지어 염소까지 정원을 돌아다녔고 종종 남루한 복장에 가끔은 신발도 신지 않은 동네 아이들이 저녁 식사에 초대되곤 했다. 그 아이들에게는 아마 한 주간 최고의 식사였을 것이다.[1]

제2차 세계대전 기간에 어린 존 마크스의 학교 생활은 중단되었다. 런던을 휩쓴 독일군의 폭격을 피해 도시 아이들을 시골 지역으로 실어 보냈기 때문이었다. 그러나 반항적인 성격을 일찍부터 드러낸 마크스는 시골 학교에서 도망쳐 나와 부모가 있는 런던으로 돌아갔다. 의학을 공부하겠다는 결심은 아마 어린 시절 자주 목격했던 타인의 사랑과 보살핌 덕택이었을 것이다. 그가 의사 자격을 얻은 1948년 7월 5일은 영국의 혁명적이고 새로운 (그리고 무상인) 국민건강보험이 탄생한 날과 같았다. 그리고 아마도 선천적이고 건강한 도전정신과 반항심이 배려심과 어우러져 그의 40년 의료 경력이 그토록 성공적이고 활동적이며 두드러지게 되었을 것이다.

마크스는 영국 왕립일반의대학Royal College of General Practitioners의 창립 멤버였고, 영국에서 낙태가 합법적 지위를 유지하는 데 중요한 역할을 했으며, 자동차 안전벨트 착용 캠페인을 펼치는 과정에서 수백, 아니 수천 명의 생명을 구했다. 그는 HIV 바이러스에 대한 전 세계의 집단적 공포가 공황과 히스테리를 초래했던 시기에 에이즈 환자의 사생활을 존중해야 한다고 주장했다. 1984년에는 영국의료협회British Medical Association 회장이 되었고, 그 후 찰스 왕세자가 영국의료협회를 두고 "편협하고, 빈사 상태에, 냉담하다"라고 평했던 일로 그와 갈등을 빚었다. 의료 개혁과 의료 서비스 공급망의 내수 시장 도입 문제에 관해 정부와 대립각을 세우지만 않았던들 지금쯤 존 마크스 '경Sir'이라는 칭호로 알려졌을 인물이다.

그는 또한 조지프 마크스의 할아버지이기도 하다.

손자 마크스가 할아버지 마크스에게 자신이 현재 쓰고 있는 현대의 메신저에 관한 책에 대해 이야기하자 할아버지는 자연스레 자랑스러워하면서 관심도 가졌다. "그중 한 장이 카리스마에 관한 것이라고?" 카리스마 넘치는 90대가 물었다. "흠, 거 참 힘들겠구나. 카리스마는 발견하기는 쉬워도 정의하기는 불가능하니까." 할아버지 마크스의 말이 맞다. 메신저를 카리스마 있게 만드는 요인이 정확히 무엇인지 짚어내기란 매우 어려운 일이다. 카리스마에 대해 정의할 때 사람들은 보통 또다시 정의가 필요한 모호하고 추상적인 용어를 사용한다. "타인에게서 헌신을 고취시킬 수 있는 강력한 매력"이라는 정의만 해도 대체 '강력한 매력'이 무엇인지에 대한 또 다른 궁금증을 남겨놓는다. 로잔대학교의 조직행동학 연구자인 존 안토나키스John Antonakis가 2016년에 주장한 바에 따르면 카리스마는 "불분명하고 측정되지 않은 재능"이다.[2] 그렇다고 존재하지 않는다는 뜻은 아니다. 존 마크스가 말한 것처럼 카리스마는 쉽게 발견할 수 있다. 카리스마에 대해 대부분의 사람들은 미국 대법관 포터 스튜어트Potter Stewart가 노골적인 포르노에 대해 썼던 유명한 표현을 사용할 것이다. "보면 알 수 있다고!"[3] 어떤 메신저가 카리스마 있고 어떤 메신저가 그렇지 않은지 사람들은 대부분 동의한다. 실제로 성격 조사에서 자신에게 카리스마 점수를 높게 준 사람은 다른 사람들에게도 높은 점수를 받는 경향을 보인다.[4] 말 그대로 보면 알게 되는 것이다.

카리스마는 종종 마치 언어학적으로 결합된 쌍둥이처럼 '리더십'

이라는 단어와 연결된다. 카리스마에 대한 인식을 만들어내는 신비로운 특징은 사람들이 특정한 리더에게 귀를 기울이고 따르게 만드는 특성과 동일한 경우가 많다. 그런 이유로 우리는 이 용어를 그 자체의 성질로서 분석하기보다는 특정한 사람과 연관 지으려 한다. '카리스마 있다'는 표현을 쓸 때 우리는 다이애나 왕세자비, 오프라 윈프리, 버락 오바마, 마하트마 간디, 심지어 아돌프 히틀러의 이미지를 떠올린다. 그러므로 이 개념에 대한 공적·학술적 관심이 널리 퍼져 있지만 카리스마 연구자들이 연구 범위를 리더십의 영역에 국한시켜왔다는 점은 별로 놀라울 게 없다. 실제로 가장 초기의 공식적인 카리스마 연구를 수행했던 독일 철학자 막스 베버는 리더십에 대해 논하면서 카리스마의 핵심적인 역할에 대해 진술했다.[5]

'카리스마'라는 용어는 독창적이고 초자연적·초인간적이거나 적어도 특별하게 예외적인 힘이나 자질을 부여받았다고 간주되는 특정한 개인적 성격에 적용된다. 카리스마는 평범한 사람이 접근할 수 없고, 신성한 기원이나 모범으로 여겨지며, 이를 바탕에 둔 개인은 '리더'로 대우받는다.

근대 리더십 이론 중 다수가 카리스마에 커다란 중요성을 부여한다는 점, 또 카리스마 넘치는 기업 중역이 인기가 높고 좋은 대우를 받는다는 점은 별로 놀랍지 않다. 약 25년간의 데이터를 메타 분석한 결과, 카리스마 있는 리더는 자신의 무리를 어느 때보다 높은 수준의 성과를 내도록 고취하는 능력을 가졌음은 물론, 그와 동시에 무리의 정신에 깊은 헌신성을 불어넣는다는 사실이 증명됐다.[6] 위기나 거대한 변화의 시기에 특히 그렇다. 3장에서 우리는 지배적인 메신저가 종종 갈등이나 불확실성이 만연한 시기에 특히 효과를 발휘한다는 점이 입증됐다고 기술한 바 있다. 카리스마 있는 메신저 또한 그런 시기에 번성한다. 타인에게 활기를 불어넣는 이들의 능력은 강력한 설득 효과를 가진다.[7] 베버는 카리스마 넘치는 메신저가 주로 사회적 변혁기의 최전선에 등장한다는 점을 내세우며 지배적인 메신저와의 연관성을 암시했다. 이러한 시기에 사람들은 누군가가 자신들의 정체성과 자신들이 대변하는 바를 결합시켜주길 원한다.

여기에는 자기 선택의 요소가 있다. 군중 속에서 두각을 나타내고 싶은 욕구, 사람들 앞에서 목소리를 높이고 싶은 의욕, 파격적인 태도 등 카리스마의 특정 과시 요소를 소유한 이들은 리더의 역할을 맡길 원하고 리더십을 향해 전진할 가능성이 더 높다.[8] 그러나 카리스마를 오직 리더십과만 연관시키는 것은 실수다. 카리스마는 많은 사람들이 가지고 있는 것이기도 하다. 친구들, 가족들, 심지어 낯선 사람들에게서도 카리스마를 발견할 수 있다.

카리스마의 요소

카리스마는 다양한 특징들과 연관된다. 자신감, 표현력, 에너지, 미래에 대한 긍정, 수사적 능력, 위험 감수에 대한 수용적 태도, 현상 유지에 대한 도전, 그리고 창의성 등을 거론할 수 있다. 그러나 카리스마 있는 어떤 개인도 이러한 자질들을 균등하게 보유하고 있지 않고, 사실은 이 중 일부가 아예 결여됐을 수 있기 때문에, 연구자가 핵심적인 특징을 정확히 짚어내고 측정하는 것은 매우 어렵다는 점이 입증되었다. 그럼에도 불구하고 누가 더 카리스마 있다고 여겨지는지를 구분하는 징후가 존재한다.

그중 하나는 집단적 정체성과 전망을 분명하게 표현하는 능력이다. 마틴 루터 킹 목사는 평등, 연민, 사랑을 옹호했다. 아돌프 히틀러는 한 국가의 분노를 집약시켰다. 처칠은 한 나라의 회복력을 대표했다. 에바 페론은 약자들의 편에 선 선동가였다. 그 외 다른 면에서는 이들 각자가 서로 완전히 달랐지만 이들 모두 공통의 역사와 변화의 필요성을 상기시키고 미래의 이상적 전망을 표현함으로써 자신 앞의 집단이 가진 정체성에 호소할 줄 알았다. 이들 각자에게는 자신의 방식으로 복잡성을 줄이는 재능이 있었다. 때로는 내집단과 외집단, 포함과 제외, 혹은 영웅과 악당 등 거의 둘 중의 하나만 선택하면 될 정도로 일을 단순하게 만들었다. 그럼으로써 이들은 추종자들 사이에 유대감을 불러일으켰고 추종자들은 서로 간의 결연뿐 아니라 자신의 이익보다 우선시하는 집단의 목표 또한 강화시켰다. 추종자들은 변모

했다. 또 그들을 이끄는 카리스마 있는 메신저는 변혁적인 인물로 간주되었다.[9]

이러한 능력을 가진 사람은 자신과 마주친 이들로부터 경외감을 불러일으킬 수 있다. 카리스마와 마찬가지로 경외감 또한 모호하게 들리는 말이지만 연구진에 따르면 경외감이란 개인적 자아를 감소시키고 연결 욕구를 강화하는 마음의 인지 상태를 의미한다. 따라서 사람의 윤리적 행동을 바꿀 수 있다는 뜻이다. 심리학자 폴 피프Paul Piff의 연구에 따르면 경외감을 느꼈던 때를 떠올려보라거나 높이 솟은 나무들 사이에 서 있으라는 지시를 받은 참가자들은 자아가 줄어드는 느낌을 받았을 뿐 아니라 친사회적 행동에 참여하려는 의지가 더 커졌다.[10] 달리 말하면 경외감은 사람들이 자기 자신을 더 큰 전체의 일부로서 바라보게 만든다. 심지어 자신의 기대에 부응하는지와는 무관하게 리더에게 숭배나 영웅적 지위를 부여할 수도 있다.

카리스마 있는 리더가 자신의 이상적인 미래 세계에 대한 관점을 성공적으로 표현할 수 있는 방법은 다양하다. 그중에서도 특히 강력한 방법은 은유를 사용하는 것이다. 아리스토텔레스는 은유가 수사적 무기 중에서도 필수적이라고 했다. 은유가 강력한 도구인 이유는 즉각적이며 강렬한 시각화를 일으키기 때문이다. 은유는 대화의 의미를 바꾸지 않으면서도 상징적 의미를 자극하고 정서적 반응을 촉발한다. 예를 들어 1993년 대통령 취임 연설에서 빌 클린턴이 계절적 은유를 사용해 미국인들에게 새로운 시작에 대한 관심을 갖게 했던 사례를 떠올려보자. "동료 미국인들이여, 당신들은 봄을 불러왔습니다. 이제 이 계절에 필요한 일을 할 때입니다."[11] 혹은 존 F. 케네디가 1960년대 우주 개발 경쟁에 박차를 가하기 위해 행했던 연설의 핵심 문구를 생각해보라. "이 나라는 우주의 벽 너머로 모자를 날렸습니다."[12] 은유가 반드시 독창적일 필요는 없다. 단지 즉각적이고 감정적이기만 하면 된다. 1968년 영국 하원의원 이녁 파월Enoch Powell이 '피의 강' 연설에 베르길리우스의 서사시 〈아이네이스Aeneis〉의 한 대목을 가져다가 대량 이민의 위험성을 경고했듯이 말이다. "앞을 내다보면 불길한 예감이 들어요. 로마인들처럼 '피가 흘러넘치는 티베르강'이 보이는 듯합니다."[13]

은유의 사용과 인식된 카리스마 사이의 연결 관계에는 통계적 증거가 존재한다.

캘리포니아폴리테크닉주립대학교의 심리학과 교수 제프리 스콧 미오Jeffery Scott Mio는 전임 미국 대통령들의 연설에서 이런 특징을 면밀히 연구한 끝에 '사이먼턴 카리스마 점수Simonton's Charisma ratings'[14]가 높은 사람일수록 취임 연설에서 은유를 많이 사용했다는 점을 발견했다.[15] 예를 들면 존 F. 케네디, 프랭클린 D. 루스벨트, 린든 존슨과 로널드 레이건(넷 모두 카리스마 넘치는 미국 대통령 중에서 상위 75퍼센트에 든다)은 첫 번째 임기의 취임 연설에서 은유적 표현을 평균 20번 사용했다. 이와 반대로 그로버 클리블랜드, 러더퍼드 B. 헤이즈, 제임스 먼로와 윌리엄 태프트(모두 하위 25퍼센트에 속한다)의 평균 은유 사용 횟수는

3번에 불과했다. 스콧 미오는 또한 사이먼턴 카리스마 점수가 낮은 대통령들이 재선에 패배해 단임에 그친 비율이 매우 높았다는 점을 지적했다. 프랭클린 D. 루스벨트의 사이먼턴 카리스마 점수는 역대 대통령 중에서 최고로 높았다. 단 3분 38초 만에 끝났던 그의 취임 연설에서 그는 21번 은유를 사용했다(10초당 1번꼴이다). 그는 대통령에 네 번 선출됐다.

스토리와 일화 역시 즉각적이고 감정적인 반응을 촉발한다. 스토리에는 추가적인 장점도 있다. 공통의 경험, 배경, 고난을 떠올리게 함으로써 화자와 청자 간에 개인적 유대가 형성되도록 돕는다. 사디크 칸Sadiq Khan은 런던 시장 선거 유세에서 자신이 파키스탄 이민자 가정에서 태어난 여덟 명의 자녀 중 하나라는 사실을 강조했다. "제 아버지는 버스 운전기사였고 어머니는 재봉사였습니다." 그는 선거운동 중에 이렇게 밝혔다.[16] 이 전략은 성공했다. 기업들 역시 개인적 신화에 필적하는 이야기들을 제시한다. 스티브 잡스와 스티브 워즈니악이 대학을 중퇴하고 캘리포니아 로스알토스에 있는 잡스의 부모님 집 차고에서 애플의 초기 프로토타입을 완성했다는 이야기가 대표적인 예이다. 이러한 배경 스토리는 청중, 소비자, 유권자가 메신저의 특성에 공감할 수 있게 해준다.

사람들이 어떤 유형의 배경 스토리에 가장 잘 반응하는지는 사람들이 추구하는 바가 지위인지 유대감인지에 달려 있다. 연민과 유대감을 느끼기 시작했을 때 사람들은 약자가 성공하는 스토리를 가진 사람이나 사업을 더 선호하는 경향을 보인다. 오직 자신의 힘으로 스스로 일어선 정치인이나 바로 옆의 대기업 체인점과 힘겹게 경쟁하는 소규모 독립 커피숍 같은 스토리 말이다. 그러나 자랑스러움을 느낄 때는 지위가 높은 개인이나 앞서 나가는 브랜드, 잘 알려졌거나 유명한 배경 스토리를 선호하는 경향이 더 커진다. 부유하고 지배적이고 유능하며 신체적으로 매력적인 메신저에게 열등감을 느껴온 사람이라면 멋진 배경 스토리를 가진 약자를 응원할 가능성이 높다. 반면 지위가 높은 사람은 강자의 스토리를 더 선호한다.[17]

정열성

카리스마와 주로 연관되는 또 다른 자질은 정열성surgency이다. 정열성은 긍정적인 전망, 높은 에너지와 보상 경험에 대한 강력한 욕구를 특징으로 삼는 기질을 말한다. 외향성이 높은 사람은 긍정적이고 사회적이며 접근하기 쉽게 여겨진다. 대부분의 심리학자는 성격을 다섯 가지 주요 관점, 성실성conscientiousness, 우호성agreeableness, 신경성neuroticism, 개방성openness, 외향성extraversion에 따라 설명할 수 있다는 데 동의한다. 그리고 정열성은 외향성과 가장 근접해 있다.[18]

정열성과 감정적 표현은 불가분의 관계다. 카리스마 있는 메신저는 감정적으로 표현하려는 경향이 타인에 비해 강하며 청중과 감정적 단계에서 성공적으로 교감할 수 있다. 그 교감이 긍정적인 것이든

(마틴 루터 킹), 부정적인 것이든(히틀러) 간에 말이다. 정열성이 긍정적인 감정과 연결되면 다른 사람들이 주의를 기울이고 협력하도록 만든다. 감정에는 전염성이 있으며 사람에서 사람으로 퍼져나가기 때문이다.[19] 간단히 말하자면 메신저가 더 많이 표현할수록 청중이 그의 열정을 '포착'하기가 쉬워진다.

심리학자 윌리엄 도허티William Doherty는 타인의 감정을 포착하는 성향을 측정하기 위해 '감정 전염 점수Emotional Contagion Scale'를 개발했다.[20] 그의 주장에 따르면 감정 전염에 가장 민감한 사람들은 감정 표현을 읽어내는 데 능숙하다. 타인에게 주의를 집중하고 자신이 다른 사람들과 독립된 게 아니라 상호 연결돼 있다고 여긴다. 이것은 바로 정열성이 호소하고 있는 자질이기도 하다. 도허티의 감정 전염 점수에서 두드러지게 나타나는 흉내 내기는 정열성의 또 다른 핵심 특징이다. 카리스마 있는 메신저에게 신체 언어가 중요한 이유는 아마이 때문일 것이다. 순수한 미소, 잦은 눈 맞춤, 생생한 동작 표현은 카리스마 있는 사람의 메시지를 증폭시킨다. 마치 향신료를 적절히 사용해야 맛있는 카레가 만들어지듯이 말이다.[21]

연설 영상에서 음성을 제거하고 발표자의 모습만 막대 그림 애니메이션으로 표현했던 놀라운 연구에서 이 점이 가장 잘 드러났다. 연구 참가자들은 애니메이션 영상(물론 음성 신호와 얼굴 표정은 알 수 없다)을 보고 난 후 막대 모양으로 표현된 사람의 특정한 성격 특성 점수를 매겨야 했다. 이 성격 특성에는 심리학의 소위 빅-파이브 성격 특성, 즉 성실성, 우호성, 신경성, 개방성, 외향성뿐 아니라 신뢰성, 지배력, 역량까지 포함돼 있었다. 평가 결과 분명한 패턴이 드러났다. 에너지, 열정, 표현력(즉 정열성)을 소유했다고 판단된 애니메이션 캐릭터는 전반적으로 손동작을 많이 사용했으며 가만히 멈춰 있는 순간은 잠깐에 불과했다.

그뿐만이 아니었다. 막대 사람의 신체적 움직임을 잠시 살펴본 후 내려진 참가자들의 성격 점수는 원래 연설이 받은 호응의 양 또한 예측해냈다. 그들의 (올바른) 추론은 정력적이고 활발하게 신체 언어를 사용한 이들이 정열적으로 보일 것이며 따라서 환호를 받을 가능성도 높다는 것이었다.[22] 손의 움직임은 마치 일종의 '두 번째 언어'로서 기능하는 듯하다. 청중에게 신호와 특성을 알려주는 언어를 생성하여 청중이 메신저의 정열성에 대해 판단을 내릴 수 있게 해준다. 이러한 손짓 표현은 메신저의 기저 감정을 있는 그대로 전달하고 메신저가 현재 사안이나 상황에 어떤 감정을 갖는지에 대한 신호를 발산한다. 이는 메신저가 청중의 관심을 끌 가능성, 청중의 듣고자 하는 의지, 그리고 궁극적으로 행동에 나설 청중의 각오에 중대한 역할을 한다.

만약 막대 그림 실험이 단지 이론에 그치는 듯해 보였다면 온라인 테드 강연에서 얻은 증거는 일반적인 패턴을 확인시켜준다. 리더십에 대한 몇 가지 강연을 예로 들어보자. 첫 번째로 런던증권거래소 전략 국장을 지냈고 현재 사회적 기업 리더스 퀘스트Leaders' Quest를 이끌고 있는 필즈 위커-미우린Fields Wicker-Miurin의 강연은 세 명의 뛰어난 리더들의 이야기를 들려준다. 이 세 명은 아마존 부족 추장, 인도 NGO 단체 대표, 그리고 중국 남서 지방 어느 박물관의 큐레이터다. 한마디로 좋은 강연이다. 명확하고 증거가 탄탄하며 캐릭터가 풍부하다. 전형적인 경영대학원의 강의 계획서에는 전통적으로 빠져 있는 사람과 장소로부터 리더십에 대한 중요한 교훈을 배울 수 있다는 점을 사례와 멋진 그래프를 통해 설득력 있게 제시한다.[23]

두 번째 테드 강연은 작가이자 조직 컨설턴트인 사이먼 사이넥 Simon Sinek이 주인공이다. 그 역시 개인적·조직적 차원의 리더와 그들이 타인의 행동을 고쳐시키는 방법에 대해 이야기한다. 위커-미우린의 강연처럼 사이넥의 강연도 훌륭하다. 명확하고 증거가 탄탄하며 마틴 루터 킹이나 라이트 형제 같은 인물들을 떠올리게 한다.[24]

그러나 사람들이 각각을 받아들인 방식에서 이 두 강연의 차이점이 드러난다. 이 글을 쓰는 시점에 위커-미우린의 강연 조회수는 약 100만 회를 기록하고 있다. 그리고 사이넥의 강연 조회수는 4,300만 회가 넘는다. 대체 18분짜리 리더십에 대한 강연이 얼마나 설득력이 있기에 같은 주제의 다른 18분짜리 강연을 이렇게 압도하는 걸까? 물론 여기에는 여러 요인들이 작용하겠지만 사이넥의 뛰어난 손짓이 중요한 역할을 했다고 말하지 않기는 어렵다.

작가이자 신체 언어 트레이너인 버네사 반 에드워즈Vanessa Van Edwards는 수백 편의 테드 강연을 분석하여 왜 어떤 강연은 큰 인기를 끌지만 어떤 강연은 흔적도 없이 사라지는지를 알아내고자 했다. 심지어 강연 주제가 비슷하고 내용과 매력의 측면에서 유사한 메시지로 구성되었을 경우라 해도 말이다.[25] 그녀는 사이먼 사이넥의 리더십 강연이 필즈 위커-미우린의 강연보다 40배나 많은 시청자를 끌어모은 이유를 설명할 수 있는 연구를 계획했다. 크라우드 소싱을 이용해 연구자를 모으고 다양한 테드 강연에서 드러나는 언어적·비언어적 패턴들을 분석하게 한 결과, 반 에드워즈는 흥미로운 패턴을 구별해낼 수 있었다. 테드 웹사이트에서 가장 성공한 강연들은 덜 성공한 강연들에 비해 발표자가 손짓을 거의 2배 수준으로 사용했다는 점이었다. 일반적인 18분짜리 테드 강연을 기준으로 했을 때 평균 465회 대 272회의 비율이었다. 강연자가 손을 많이 이용해 말할수록 그들은 더 따스하고 활기차게 보였다. 손짓 표현의 횟수가 강연자의 카리스마에 대한 시청자 점수를 예측하는 지표가 됐다. 덜 활동적이고 더 딱딱한 강연자는 차갑고 분석적으로 보일 가능성이 높았다.

물론 삶은 결코 그렇게 간단하지 않다. 한쪽 측면에 늘 좋은 일만 있는 것은 아니란 얘기다. 2016년 대통령 경선에서 공화당 주지사 존 케이식John Kasich은 '닌자 손짓'을 공격적으로 너무 자주 사용한다고 조롱받았다. 외교 정책에 대한 논쟁 도중에는 미국이 "러시아에 일격을 가해야 한다"라는 슬로건을 내세울 때마다 파리채를 휘두르는 손짓을 했다.[26] 공격적이었느냐고? 분명히 그랬다. 하지만 카리스마가 있었냐고? 아마 분명 아닐 것이다.

직관적 사고

그 핵심 구성 요소를 파악하기 위해 연구자들이 카리스마에 은유적 현미경을 들이댈 때는 지능과의 관련성을 찾는 필연적인 경향이 존재한다. 충분히 이해되는 일이다. 우리는 카리스마를 리더십과 연관 지어 생각한다. 우리는 리더가 똑똑할 것이라고 추정한다. 그렇다면 카리스마 있는 사람은 똑똑한 사람이다.

사실 연구 결과에 의하면 메신저의 카리스마와 전반적인 지능 사이에는 연관성이 거의 없다.[27] 잠깐만 생각해봐도 지능은 평균 수준에 불과하지만 카리스마적인 능력이 넘치는 사람들의 목록을 금방 떠올릴 수 있을 것이다. 그리고 아예 카리스마가 없는 대단히 현명한 사람들의 목록은 더 많을 것이다. 똑똑한 사람이라면 자신의 메시지를 카리스마 있게 전달하는 방법을 알 것이라는 생각은 겉으로 보기에 타당해 보인다. 자신이 하는 말을 청중이 더 잘 받아들일 수 있게 만드는 방법 말이다. 그러나 카리스마가 있는 사람들은 축구를 잘하는 사람들과 비슷하게, 합리적이고 신중한 사고를 통해 생산되는 능력이 아닌 직관적인 능력을 소유하고 있다.

알베르트 아인슈타인을 생각해보자. 현대 이론물리학의 아버지인 그를 누구나 '가장 똑똑한 사람' 목록에 올려놓을 것이다. 그러나 그는 대중 강연에는 그리 뛰어나지 못했다. 아니 평균 수준에도 미치지 못했다. 실제 그의 강연은 지루하다고 정평이 나 있었다. 그가 베른대학교에서 열역학을 가르쳤을 때 저 유명한 $E=mc^2$ 공식을 발표한 직후였음에도 소수의 학생들만이 그 강의를 들었다. 그리고 모두가 그의 가까운 친구들이었다. 그다음 학기에 대학은 이 수업을 아예 폐강하기로 결정했다. 아인슈타인의 스위스연방공과대학 Swiss Federal Institute of Technology 교수 지원은 만약 한 친구가 개입하여 총장을 설득하지 않았다면 실패로 돌아갔을지 모른다. 이 친구는 총장에게 아인슈타인이 비록 '뛰어난 연설가'는 아닐지 몰라도 그 지위에 지적으로는 모자람이 없다고 강변했다. 월터 아이작슨 Walter Isaacson은 아인슈타인의 전기에 "그의 강연은 체계적이지 못하다는 평가를 받았다"라고 적으면서 아인슈타인이 결코 훌륭한 교사는 아니었다고 명시했다.

소통 능력이 형편없지만 똑똑한 사람은 아인슈타인만이 아니었다. 와튼경영대학원의 조직심리학자 애덤 그랜트가 날카롭게 지적했듯이 "실천하지 못하는 사람이 가르친다는 흔한 말이 있지만 실제로 최고의 실천가는 대개 최악의 선생일 경우가 많다."[28] 아이러니하게도 가장 카리스마 넘치는 교사는 학술적인 업적을 통해 명성을 얻은 교수들이 아니라 소통하는 법을 아는 후배 학자인 경우가 많다.[29] 그랜트가 보기에 "문제는 단지 무엇을 아느냐가 아니라 그것을 얼마나 최근에 그리고 얼마나 쉽게 깨달았느냐 그리고 얼마나 명확하고 열정적으로 그것을 가르칠 수 있느냐 하는 것이다."

그렇다고 지능과 연관된 특성 중에 카리스마와 관련된 것이 없다는 의미는 아니다. 카리스마 넘치는 사람들이 많이 갖고 있는 정신적 재능 중 하나는 빠르고 유동적으로 정보를 처리하는 능력이다. 빠르게 사고하여 상황에 대한 즉각적인 판단을 내리고 그에 따라 자신의 행동을 수정한다. 이러한 빠른 사고는 훨씬 더 똑똑한 사람들이 종종 겪는 고통스러운 우유부단함을 방지해준다. 또한 카리스마 있는 사람은 재치 있고 창의적이며 재미있는 한마디 말의 형태로 다양한 반응을 이끌어낼 수 있어서 이런 능력을 갖추지 못한 우리들이 "나도 저런 생각을 떠올렸다면 좋았을 텐데" 하는 부러움의 눈길을 보내도록 만든다. 정신적 처리 속도가 능숙한 사회적 기능을 촉진하는 것이다. 그 결과, 생각이 빠른 사람들은 말도 매끄럽게 한다.[30]

그러나 더 느리고 성찰하는 메신저가 위트 있는 매력덩어리보다 훨씬 더 지혜로울 수 있다. 박식한 청중들의 까다로운 질문 세례를 받는다면 한낱 매력덩어리는 실력이 들통나고 말 것이다. 예를 들어 아인슈타인의 상대성 이론을 설명하라는 요구를 받는다면 말이다.

하드 카리스마, 소프트 카리스마

카리스마의 기초가 되는 것으로 보이는 다양한 특징들, 그리고 결과만 보고 카리스마를 정의하려는 경향 때문에 카리스마의 정체를 정확히 설명해줄 명확한 이론적 틀을 만드는 데 어려움이 있었다. 혹은 적어도 최근까지는 그랬다. 그러나 콘스탄틴 차이 박사Dr. Konstantin Tskhay의 연구는 그 기초적인 패턴을 제시해주었다. 차이의 연구에 따르면 카리스마는 이 책에서 다룬 두 가지 메신저 효과를 반영하는 한 쌍의 요소들, 즉 하드 메신저 효과의 '지배력'과 소프트 메신저 효과의 '온화함'으로 구성돼 있다.[31] 차이에 따르면 카리스마 있는 메신저는 자기 의견을 주장하고 집단을 이끌며 존재감을 드러낼 수 있지만(지배력), 그와 동시에 사람들과 잘 어울리고 사람들을 편안하게 해주며 긍정적인 관심을 전할 수도 있다(온화함). 본질적으로 카리스마 있는 메신저는 관심을 끌고 자신에게 귀를 기울이게 만들 수 있을 정도의 지배력을 갖고 있지만 공격적이거나 지배적이라고 인식될 정도는 아니다. 카리스마 있는 사람은 억압보다는 매력을 통해 통치한다. 지배력과 온화함에 대한 평가를 통해 카리스마를 측정하고자 설계된 차이 박사의 질문지는 메신저가 카리스마와 설득력을 갖춘 인물로 여겨지는지를 예측하는 데 매우 뛰어난 효과를 보인다. 예를 들면 메신저가 다른 전기 발전 수단(가스나 석유 등)보다 수력발전을 지지하기 위해 펼치는 강하거나 약한 주장을 청중에게 들려주었을 때 차이의 '카리스마 보유 점수General Charisma Inventory Scale'가 높았던 사람들이 더 설득력 있는 것으로 드러났다. 메시지 자체나 메시지를 지탱하는 합리성의 강도가 미치는 영향은 미미했다. 여기서 핵심은 이것이다. 청중들이 주장의 강도에 초점을 맞추려고 아무리 노력해도 결국은 카리스마 있게 주장을 펼친 사람들에게 더 잘 설득되었다는 것이다.

물론 역사상 모든 카리스마 있는 인물이 온화함을 보여주지는 않왔다. 일단 히틀러가 먼저 떠오른다. 그러나 그 때문에 차이 박사의 카리스마 구성 요소에 대한 근본적인 통찰력이 틀렸다고 말할 수는 없다. 흔히 알고 있는 것처럼 히틀러가 온화함이 부족했을 수는 있지만 그는 유대감을 효과적으로 투사할 줄 아는 사람이었다.

로렌스 리스 Laurence Rees 감독의 다큐멘터리 〈아돌프 히틀러의 어두운 카리스마 The Dark Charisma of Adolf Hitler〉에는 심리학자 유타 뤼디거 Jutta Rüdiger의 인터뷰 영상이 등장한다. 여기서 그녀는 히틀러를 봤을 때 갑자기 그와 어떤 유대감을 느꼈다고 진술했다. "지금 여기에서 자기 자신과 자신의 이익은 생각하지 않는, 오로지 독일 국민의 이익만을 걱정하는 사람이라는 느낌을 받았어요." 또 1920년 맥주홀 사건 당시 히틀러의 연설을 직접 들었던 한스 프랑크는 이렇게 적었다. "히틀러는 모든 사람들의 의식 속에 존재하던 것을 입 밖으로 꺼냈습니다." 그리고 1920년대 히틀러의 연설을 들었던 에밀 클라인에 따르면 "그는 뭘 말하든 사람들이 믿게끔 만드는 카리스마를 가졌다."

일반적으로 지배력과 온화함은 상충된다고 여겨진다. 또한 경쟁적이고 대립적인 사람은 따스하고 친절하며 보살피는 사람이 될 수 없다고들 말한다. 같은 이유로 온화한 사람은 만만한 사람이라는 인상을 주기가 쉽다. 그러나 카리스마 있는 사람은 이 두 가지 자질의 균형을 맞출 수 있다. 그들은 지배적 메신저의 특징인 공격성과 분노를 피할 수 있고, 아니면 적어도 그것들이 '외집단'을 향하도록 경로를 바꿀 수 있으며, 개인 간의 강력한 결속감을 느끼게 만들 수 있다. 하드 메신저 효과와 소프트 메신저 효과를 이렇게 조절할 수 있다면 그것은 곧 강력한 무기가 된다.

카리스마를 배울 수 있을까

카리스마는 지능과 마찬가지로 재능이다. 복잡한 수학 문제를 푸는 능력이 우리 중 대부분에게 선천적으로 주어지지 않는 것처럼, 열정적이고 활기차며 적극적으로 소통하는 경향은 오직 소수의 운 좋은 사람들에게만 허락된다. 그러나 카리스마 있는 메신저를 통해 몇 가지 기술을 배울 순 있다. 집단을 다루는 법, 적절한 은유를 사용하는 법, 손짓이나 적절한 표정 같은 비언어적 신호를 활용하는 법, 공통된 감정과 소속감을 자극하는 법은 우리도 써먹을 수 있다. 과학계가 카리스마에 대한 활용 가능한 정의에 합의하는 데 주도적인 역할을 담당해온 존 안토나키스는[32] 카리스마 훈련에 대한 과학적 연구도 개척했으며 그러한 기술이 실제로 개발될 수 있다는 점을 발견했다.[33]

이 책의 초반에 우리가 다뤘던 연구를 떠올려보자. 지배력과 온화함(카리스마의 음과 양)을 발산한 교사들이 학생들에게 더 좋은 인상을 남기고 더 좋은 평가를 받는다는 점을 발견했던 연구 말이다. 또한 그 학생들이 계속해서 이 교사들에게 좋은 점수를 주었던 결과도 떠올려보자.[34] 아인슈타인이 열역학 이론을 가르치기 전에 존 안토나키스의 카리스마 훈련을 받았더라면 어떤 일이 발생했을지 상상해보자. 강의가 폐쇄되지 않고 더 많은 학생들이 그의 수업을 듣기 위해 몰렸을까? 그리고 그런 열정이 교사에게서 교사로, 대학에서 대학으로, 학교에서 학교로 번져나갔다면, 오늘날의 어린이들이 "장래 희망이 뭐니?"라는 영국 설문조사의 질문에 '부자' '유명인' '부자이면서 유명한 사람' 대신에 '과학자'라고 답하게 됐을까?

이 책의 결론을 향해 나아가면서 잠시 지금까지의 여정을 되짚어보고자 한다. 1부에서는 하드 메신저에 대해 살펴봤다. 사회경제적 위치, 역량, 지배력, 신체적 매력에 의해 형성되는 지위를 소유한 사람들 말이다. 2부에서는 온화함, 취약성, 신뢰성, 카리스마라는 유대감 기반의 특징들을 보여주는 소프트 메신저에 대해 다뤘다. 우리가 주장한 바는 이것이다. 우리 삶의 거의 모든 측면들, 즉 우리가 추구하는 가치, 우리가 내리는 선택, 우리가 따르는 사상, 우리가 진실이라고 믿는 것, 우리가 거짓이거나 부적절하다는 이유로 떨쳐내는 것, 우리의 태도, 우리가 참여하는 집단과 거부하는 집단 등은 메시지뿐 아니라 그 메시지를 전달하는 메신저에 의해 영향을 받는다. 메신저는 사회의 구조와 사회 내에서 우리가 차지하는 위치에 핵심적인 역할을 담당한다. 메신저는 우리의 생각과 신념뿐 아니라 궁극적으로 우리의 정체성 그리고 우리의 바람에까지 엄청난 영향력을 행사한다. 그렇다면 메신저의 특징 중에서 우리에게 가장 강력한 영향력을 끼치는 것은 무엇일까? 누구에게 귀를 기울이고 누구를 믿어야 할지 결정하는 순간 가장 중요하게 고려해야 할 것은 무엇인가? 다양한 메신저 효과들은 서로 어떻게 상호작용을 하는가? 그리고 우리가 이런 강력한 효과의 잠재성을 더 잘 파악하고 이해하기 위해 할 수 있는 일은 무엇인가?

이것이 바로 이제 우리가 관심을 돌려야 할 영역이다.

모든 메신저를 압도하는
절대 메신저는 존재할까

1981년 영국 내무성은 잠재적인 핵 공격 가능성에 대비할 필요를 밝힌 《민방위: 왜 필요한가Civil Defence: Why We Need It》라는 소책자를 발행했다. 이후 의회에서 이 주제가 다뤄졌을 때 한 장관이 중요한 정보를 대중에게 전달하기에 최적의 인물이 누구인지 물었고 최악의 결과가 발생했다.

두 명의 이름이 등장했다. 케빈 키건Kevin Keegan과 이언 보덤Ian Botham.[1]

키건도 보덤도 분명 민방위 분야의 전문가는 아니었다. 공습 직후에 어떤 행동을 취해야 하는지 혹은 그 뒤에 따르는 민간의 혼란과 소요를 어떻게 처리해야 할지에 대해 어떤 훈련도 받은 적이 없었다. 그리고 불안을 진정시키고 불확실성을 감소시킬 메시지를 전파하는 법에 대해서도 들은 바가 없었다. 요약하자면 "핵전쟁 발발 시에 필요한 메시지를 전달하는 데 가장 적합한 사람은 누굴까?"라는 질문에 절대 답이 될 수 없는 바로 그런 사람들이었다. 이들보다는 지방 정부 관료, 경찰관, 커뮤니티 지도자가 그 역할에 훨씬 더 적합했다.

그러나 키건과 보탐이 이름을 올린 까닭은 그들이 전문가여서가 아니었다. 이들이 거명된 이유는 특정한 지위를 소유하고 있기 때문이었다. 키건은 당시 영국에서 가장 유명한 축구 선수였다. 보탐은 바로 그 전 해에 영국-호주 국가 대항 크리켓 경기에서 혼자서 호주인들을 쓰러뜨렸다.

한 영역에서 지위를 소유한 사람에게 그가 거의 알지 못하는 다른 영역의 메시지를 전달하도록 하는 것은 드문 방법이 아니다. 미국 대선주자들은 늘 그래왔다. 1920년대 워런 하딩은 백악관 입성을 위해 알 졸슨과 메리 픽포드 같은 할리우드 스타들의 지지를 성공적으로 얻어냈다. 1960년대 초, 존 F. 케네디가 유명 가수이자 배우 딘 마틴과 그의 패거리를 징집했던 일은 유명하다. 2007년 오프라 윈프리는 CNN 〈래리 킹 라이브〉 방송 도중 버락 오바마를 지지하는 발언을 했고 미국 경제학자들이 추산한 바에 따르면 이를 통해 오바마는 101만 5,559표를 추가로 얻었다.[2]

유명인의 정치인 지지 선언 중 최근에 벌어진 흥미로운 사례는

2018년 미국 중간선거 기간에 가수 테일러 스위프트가 1억 1,000만 명에 달하는 자신의 인스타그램 팔로워들에게 민주당 후보들을 홍보했던 일이다. 그녀는 이렇게 적었다. "저는 상원의원에 필 브레드슨 Phil Bredesen을, 하원의원에 짐 쿠퍼Jim Cooper를 찍을 거예요. 제발, 제발 여러분이 사는 주의 후보자들에 대해 공부하고 여러분이 추구하는 가치를 가장 잘 대변하는 사람에게 투표하세요. 모든 문제에 대해 우리가 100퍼센트 동감하는 후보자나 당을 찾을 수는 없더라도 어쨌든 반드시 투표는 해야 하잖아요." 스위프트는 이전에 자신의 정치적 성향을 밝힌 적이 없었다. 실제로 일부 여론은 2016년 대통령 선거에서 힐러리 클린턴을 지지하지 않은 것에 대해 스위프트를 비난하기까지 했었다. 따라서 2018년 중간선거에 관여하기로 한 스위프트의 결정에 대해 여론은 엇갈린 반응을 보였다. 대개는 기뻐했다. 일부는 그녀가 "정치가 아닌 컨트리 뮤직에나 신경 써야 한다"라면서 못마땅해했다.

테일러 스위프트의 인스타그램 게시물이 중간선거 결과에 영향을 미쳤을까? 어떤 면에서 보면 꽤 명확히 '아니오'라고 답할 수 있다. 어쨌거나 그녀가 선호했던 후보 중 한 명만이 선거에서 승리했기 때문이다. 따라서 "테일러 스위프트가 테네시주 선거판을 뒤흔들지 못했다"와 "테일러 스위프트의 지지가 완전히 실패했다"라는 신문 헤드라인이 나온 것은 필연적인 결과였다.[3]

그러나 면밀히 살펴보면 진상은 좀 더 미묘하고 복잡하다.

명심해야 할 것은 스위프트가 게시물을 올리기 하루 전 실시된 CBS의 여론조사 결과에 따르면 스위프트가 지지했던 후보자인 필 브레드슨이 상대방인 공화당 마샤 블랙번Marsha Blackburn 후보에게 8퍼센트포인트 차이로 뒤지고 있었다는 점이다.[4] 스위프트는 치열한 경쟁 구도에 개입했던 것이 아니었다. 테네시주는 앞선 네 번의 대통령 선거에서 공화당 후보를 지지했던(2016년 선거에서 60퍼센트가 도널드 트럼프에게 표를 던졌다) 충실한 공화당 지역이었다. 인기 가수 한 명이 제안했다는 이유로 공화당 지지자가 하룻밤 만에 생각을 바꾸리라고는 기대하기 어렵다. 오히려 그 반대라고 보는 게 옳다. 자신이 지지하는 후보자에 대한 스위프트의 비난이 우파 지지자들을 자극하여 그녀가 공격하려던 대상이 아니라 그녀 자신에게 등을 돌리게 만들었다.[5] 그녀가 자신의 입장을 공개하자 공화당 지지자들은 그녀에게 더 이상 유대감을 느끼지 못했고 대신 경멸의 눈초리를 보내기 시작했다. 그들의 눈에 스위프트의 메신저 지위는 '사랑스러운 고향의 스타'에서 '할리우드의 진보적 엘리트'로 바뀌었던 것이다.

　그러나 스위프트에게 귀를 기울인 듯한 사람들도 있었다. 팝스타를 존중하거나(대개 밀레니얼 세대의 특징) 특정한 정당보다 스위프트에게 친밀감을 느낀 사람들이 갑자기 정치적 무관심을 벗어던지고 투표에 나서기 시작했다. 투표 장려를 위한 활동을 하는 초당파적 단체인 보트닷오알지Vote.org의 발표에 따르면 스위프트가 게시물을 올린 지 48시간 내에 21만 2,871명의 새로운 투표자들이 이 사이트에 등록했다. 직전 달 전체 등록 인원에 거의 근접한 숫자였다. 이들 중 절반 이상(13만 1,161명)이 18세에서 29세 사이였다. 앞선 네 번의 중간선거에서는 이 연령대의 유권자 중 단지 20퍼센트만이 투표했다. 그러나 〈뉴욕포스트〉에 따르면 스위프트가 올린 게시물의 영향으로 18~29세 유권자의 중간선거 조기 투표 참여자는 2014년과 비교해 무려 663퍼센트나 뛰어올랐다.[6] 비록 브레드슨은 졌을지언정 현재 정치 시스템에 환멸을 느끼고 그로부터 분리되었다고까지 여겨지는 무리에서 등장한 투표자들이 미래에 무엇을 할지 누가 알겠는가? 전에는 투표한 적 없던 이 유권자들은 어쩌면 정치적인 변혁을 겪었을 수 있다. 단지 그들이 유대감을 느낀 높은 지위의 메신저로부터 전해진 진심 어린 메시지에 응답했기 때문에 말이다.

테일러 스위프트의 정치적 개입은 메신저 효과가 얼마나 복잡하게 나타날 수 있는지를 보여준다. 그러나 복잡하다는 이유로 놀랄 만큼 강력한 효과를 낼 수 없다는 의미는 아니라는 점 또한 보여준다. 때로는 우리가 직관적으로 예상하지 않았던 방식으로 효과가 나타나기도 한다. 점점 어려워지는 퀴즈를 맞힐수록 상금이 눈덩이처럼 불어나는 TV 게임쇼 '퀴즈쇼 밀리어네어Who Wants to Be a Millionaire?'에 참가한 제인을 상상해보라. 이제 그녀는 정확히 대답하기만 하면 엄청난 보상을 얻을 수 있는 질문까지 잘 버텨왔다. 문제는 그녀가 전혀 들어보지 못한 1950년대 옛날 영화에 대한 이 질문에 그녀가 완전히 당황했다는 점이다. 넘겨짚기엔 너무 위험하다는 걸 잘 아는 그녀는 찬스 중 하나를 사용하기로 결심하고 친구에게 전화로 조언을 구하기로 한다. 그런데 어떤 친구에게 전화를 걸지? 제인은 두 친구와 영화에 대해 수다를 떨었던 기억을 떠올려본다. 그중 누군가가 특히 영화에 대해 잘 알았지만 그게 누구였는지가 잘 기억나지 않는다. 그리고 이 두 친구 중 한 명은 제인과 정치적 견해가 같고, 다른 한 명은 매우 다르다. 하지만 그건 제인이 지금 고려할 문제는 아니다. 그녀는 어떤 친구가 영화 퀴즈를 맞힐 가능성이 높은지를 고민하고 있다.

이 퀴즈쇼 시나리오는 2부를 시작하면서 언급했던, 우리 중 한 명이 엘로이즈 코플랜드, 엘리노어 로, 캐스 선스타인, 탈리 샤롯과 함께 수행했던 연구와 공통점이 많다. 우리의 결과에 따르면 제인은 결국 자신과 정치적 견해가 같은 친구에게 전화를 걸 것이다. 정치적인 견해가 다른 친구보다 이 친구가 영화에 대해 잘 모른다고 하더라도 말이다.[7] 객관적으로는 정치적 견해가 영화 지식과 전혀 관련이 없다는 걸 제인도 안다. 그러나 그녀는 객관적인 입장을 취하지 않는다. 그녀는 전형적인 인간적 실수를 저질렀다. 서로 다른 능력과 특징이 서로 독립적인 게 아니라 불가분의 관계로 연결됐다고 믿는 실수다. 그리고 한 영역에서 자신과 비슷한 친구가 완전히 다른 영역에서 역량을 발휘할 거라고 믿는 것이다. 말하자면 제인은 메신저가 내는 신화 속 세이렌의 목소리를 듣고 있는 것이다.

이 목소리는 우리 마음속에 자리 잡을 정도로 너무나 강력해서 사실상 완전히 비논리적인 연결로 우리를 이끌기도 한다. 케빈 키건은 위대한 축구 선수이자 국가대표팀 주장이었으니 우리가 핵폭탄에 위협받는 상황에서도 그를 신뢰할 수 있다거나, 테일러 스위프트가 뛰어난 팝가수니까 그녀의 정치적 조언을 따라야 한다는 등으로 말이다. 우리 연구의 결과에 따르자면 만약 테일러 스위프트가 인스타그램에 게시물을 올린 다음 날인 10월 9일에 테네시주 공화당원에게 "테일러 스위프트가 얼마나 똑똑할까?"를 묻는다면 게시물을 올리기 이틀 전에 물었을 때에 비해 훨씬 더 낮은 점수를 매겼을 것이다. 행동주의 심리학자 에드워드 손다이크Edward Thorndike는 이런 현상을 '후광 효과Halo Effect'라고 불렀다.[8] 대부분 대기업에서 이뤄진 연구들을 통해 그는 사람들이 얼마나 자주 한 영역에서의 강점이나 약점을 다른 영역에서의 강점이나 약점과 비슷하다고 여기는지 발견했다. 두 가지 각기 다른 특성에 대해 부하 직원을 평가하라고 요청하자(예를 들면 '리더십'과 '지능', 혹은 '신뢰성'과 '결단력') 관리자들은 한 특성에 대한 점수를 기반으로 또 다른 관련 없는 특성에 점수를 매기는 경향을 보였다. 강력한 리더감으로 여겨지는 직원이 대개 똑똑하다는 평가 또한 받게 마련이었다. 우유부단하다고 생각되는 직원은 다른 영역에서도 부족한 사람으로 평가받는 경향을 보였다. 똑똑하지만 우유부단하다거나 신뢰는 가지만 똑똑하지 않다고 평가받는 직원은 거의 없었다. 기본적으로는 두 가지 집단이 존재했다. 좋은 직원 그리고 나쁜 직원. 사람들은 표지를 보고 책만 판단하지는 않는 듯하다. 아예 도서관 전체를 판단하는 데까지 나아가는 것이다. 일단 청중이 단지 명성, 온화함, 역량, 카리스마, 매력 등을 나타내는 단 하나의 신호만으로 어느 메신저가 하나의 메신저 효과를 소유했다고 인식해버리면 강력한 '후광 효과'가 작용하여 다른 자질의 평가에까지 영향을 미친다.

이러한 추론은 대인관계에서도 작동된다. 어느 콘퍼런스에서 당신이 누군가를 만났는데 당신이 친절하다고 여기는 누군가를 공통의 친구로 두고 있다는 점을 알게 된다면 당신은 아마 방금 만난 상대 또한 친절할 거라고 추측할 것이다.[9] 마찬가지로 그 상대가 만약 당신이 좋아하지 않는 사람과 친구라면 당신은 상대에 대해 즉각적인 반감을 가질 수 있다. 물론 이 원칙은 사람과 사물 사이의 연상 작용에서도 적용된다. 광고의 세계가 이 점을 가장 잘 보여준다. 우리는 우리가 좋아하거나 지위를 가졌다고 인식하는 사람이 입고 나오는 티셔츠에 호의적인 시선을 보낸다. 혹은 나이키 광고 모델이었던 타이거 우즈나 랜스 암스트롱의 사례에서 알 수 있듯이 그 제품을 홍보했던 메신저의 인기가 떨어졌다는 이유만으로 전에 좋아했던 제품에 등을 돌리기도 한다.[10]

이러한 메신저 편향의 함정에 빠진다는 것이 의미하는 바를 알아채기는 어렵지 않다. 우리가 전문가보다는 유명인에게 귀를 기울이고, 단지 매력적인 사람을 연상시킨다는 이유로 물건을 구매하고, 단지 친구의 의견이라서 특정한 정치적 견해에 긍정적인 반응을 보인다면 가짜 뉴스와 음모론, 형편없는 조언이 넘쳐나는 세상에서 살게 되리란 것은 결코 놀랍지가 않은 일이다. 이러한 메신저 특징들과 그 존재를 우리에게 경고하는 신호의 결과는 우려스럽다. 쉽게 인정하고 싶지는 않더라도 잘못된 메신저에게 귀를 기울이게 될 위험이 있는 것이다. 물론 우리는 이러한 효과들에 대한 면역을 갖추고 있다고 생각하고 싶어 한다. 우리는 스스로에게, 명성과 유대감 등을 가졌을 뿐인 제대로 알지 못하는 메신저의 의심스러운 메시지에 민감하게 반응하는 건 우리가 아닌 다른 사람들일 뿐이라고 말한다. 우리는 그러한 힘을 중화시킬 수 있는 저항력을 갖췄다고 말이다. 우리는 고급 로고가 박힌 옷을 입고 있는 매력적인 메신저에게 우롱당하지 않으며, 생각은 다르지만 훨씬 똑똑한 전문가보다 생각이 비슷한 아마추어를 선호하는 함정에 빠지지도 않을 거라고 믿는다. 또한 많은 정책을 약속하지만 실천은 거의 하지 않는 카리스마 넘치는 정치인에게 굴복하지도 않을 거라고 생각한다. 우리는 1장에서 설명한 것처럼, 단지 고급 차라는 이유로 움직이지 않는 앞차에 경적을 울리지 않을 거라는 예측을 조롱했던 그 학생들과 같다고 믿는다.

그러나 물론 증거는 그렇지 않다고 말해준다.

그렇다면 어떻게 해야 하겠는가? 두 가지 생각이 떠오른다.

첫 번째, 진실과 신뢰를 위한 비용을 치러야 한다. 허위 정보를 사악한 것으로 만들어야 한다. 예를 들어 독립적 팩트체크 조직 여섯 곳을 운영하여 사실과 허구를 구별해온, 트위터상에서 유통되는 12만 5,000건 이상의 뉴스 스토리를 분석한 2018년의 한 연구에 의하면 가짜 뉴스가 진짜 뉴스보다 유해하며 가짜 스토리는 진짜보다 청중 사이로 더 빠르고 깊고 이질적으로 퍼져나간다.[11] 허위나 과장된 스토리, 특히 테러, 폭력, 금융과 도시 괴담에 관한 이야기는 유포될 가능성이 특별히 더 높으며 일반적으로 진짜 뉴스보다 더 '참신'하고 '공유 가능'하다고 간주된다. 많은 사람이 생각하는 것과는 반대로 컴퓨터 프로그램은 허구만큼 사실도 똑같이 퍼뜨릴 뿐이다. 인간만큼은 아니다. 슬픈 진실은 가짜 뉴스를 만들어내는 것도 인간이요, 그것을 전파시키는 것 역시 인간이라는 점이다.

이 우울한 발견은 사회적으로 가장 중요한 메시지를 다루는 플랫폼의 신뢰도를 높이기 위해서는 일종의 보상을 제시할 수 있는 프로그램과 정책을 고려해야 한다는 점을 시사한다.

식품 포장 시 신선도를 알리는 신호등 시스템처럼 뉴스 아이템과 기사의 신용도를 알리는 뉴스 분류 도구가 도움이 될 수 있다. 유명 소셜미디어와 뉴스 플랫폼에서 알고리즘을 활용하여 사용자가 신뢰할 수 있다고 평가한 출처에서 제공하는 콘텐츠를 우선적으로 보여주는 방법도 마찬가지다. 또 다른 최근의 연구에서 이러한 아이디어를 뒷받침하는 증거를 발견했다. 이 연구는 CNN, NPR, BBC와 폭스 뉴스 같은 주류 미디어와 브라이트바트Breitbart, 나우에이트뉴스닷컴 now8news.com 등의 더 편파적인 웹사이트를 포함한 총 60개의 출처에서 얻은 뉴스들을 이용해 독자들이 저품질과 고품질의 출처를 꽤 잘 구분해낸다는, 어쩌면 놀라운 사실을 밝혀냈다. 실제로 얼마나 잘 구분하는가 하면, 신뢰도를 독립적으로 평가하기 위해 8명의 팩트체크 직원을 고용한 것과 같은 효과를 냈다.[12] 이는 진실과 사실을 구별해 내는 능력에는 이념만큼이나 게으름이 중요한 요소로 작용한다는 점을 시사한다. 부분적으로 보자면 그저 방송되는 정보의 양이 너무 많다는 게 문제라는 것이다.[13] 그러므로 신뢰도 분류와 알고리즘 활용을, 정직한 사실과 믿을 만한 스토리를 제공하는 미디어 플랫폼에 인센티브를 주는 정책과 결합시킬 수 있다. 살펴볼 가치가 있는 아이디어 중 하나는 신뢰도가 높다고 판단되는 뉴스 조직과 소셜미디어 업체에 개별적으로 세금 감면 혹은 인센티브(아마도 법인세 감면의 형태로)를 주는 방법이다. 이 말은 해당 기업의 주주나 임원에게 추가적인 현금을 제공하자고 제안하자는 것이 아니다. 그보다는 모든 직원에게 혜택이 균등하게 분배되어 모두가 게임에 발을 들이도록 만들어야 한다. 신뢰를 실천하는 관점과 규제하는 관점 모든 쪽에서 말이다.

세금과 정책을 통해 신뢰성을 규제하는 방법은 복잡한 일이므로 두 번째이자 어쩌면 더 쉬운 방법은 우리 자신부터 시작하는 것이다. 강력한 메신저 특성에 우리의 마음이 어떻게 반응하는지 잘 이해하면 우리를 기다리는 위험성에 대해서도 더 잘 알게 될 것이다. 따라서 우리 뇌의 작동 방식에 대해서 인생 후반에 정확히 아는 것보다 일찍 배우는 편이 유용하다. 대부분 국가의 학생들은 16세가 되면 수학, 영어, 과학 등의 과목에서 시험을 치른다. 여기에 심리학이 포함되는 경우는 드물다. 실제로 영국과 미국 학생들 중 16세가 되기 전에 지리학을 2년 이상 배우는 비율은 40퍼센트가 넘지만 심리학을 공부하는 비율은 단 2퍼센트에 불과하다.[14] 지리학이 더 유용하고 인기 있기 때문이라고 생각해야 할까? 아마 아닐 것이다. 심리학 학위는 이후의 고등 교육으로 나아갈수록 지리학 학위보다 인기가 높으며 경제학, 마케팅, 커뮤니케이션, 정치학 등 다른 학부 및 대학원 학위 프로그램에 필수 교과목으로 포함되는 경우가 더 늘고 있다.[15] 그럼에도 대부분은 기본적인 심리학이나 어떤 유형의 메신저에 본인이 가장 반응할 가능성이 높은지에 대해 배우지 못한 채 학교를 떠나게 되는 게 현실이다.

사회에서 가장 중요한 메신저는 분명 교사뿐 아니라 부모이다. 부모들은 우리가 매일 마주하는 질문과 이슈에 대해 가정에서 대화와 토론을 장려하는 중요한 역할을 수행한다. 우리가 누구를 믿어야 할지 어떻게 결정해야 하나? 혹시 카리스마와 신념과 겉모습에 너무 휩쓸리고 있지 않나? 이러한 이슈들은 언젠가 우리 앞에 등장하며 결코 사라지지 않는다. 우리는 이 책이 어느 정도 해답을 줄 것이라고 생각한다. 또한 하드 메신저든 소프트 메신저든 영향력 있는 메신저에게서 실용적인 교훈을 얻는 법 또한 알려주리라는 기대도 갖고 있다.

단 하나의 메신저 프레임이 있다면

연구 과정에서 우리가 수없이 던져온 하나의 질문은 우리가 살펴본 여덟 가지 메신저 프레임 중에서 특별히 강력하여 다른 것들을 압도하는 하나의 프레임이 존재하느냐 여부였다. 유명인이 추천하는 제품 광고 영향력에 관한 연구들의 최근 메타 분석에 의하면 그럴 가능성이 있다. 바로 신뢰성이다.[16] 신뢰성은 영국 정부의 영향력 있는 보고서에도 세 가지 특징 중 하나로 포함되었다(다른 두 가지는 전문성과 유사성이었다).[17] 또한 전 세계 사람들이 가장 중요시하는 특성을 찾아내기 위한 또 다른 대규모 연구에서도 높은 점수를 얻었다(조사 대상은 일본, 에콰도르, 모리셔스의 오지 사회에 사는 개인들부터 영국, 미국, 호주의 대도시 거주자까지 다양했다). 한 광고 설문조사에서는 역량이 두 번째, 매력이 세 번째를 차지했다. 중시하는 특성에 관한 설문에서는 목록 최상위를 차지한 온화함과 함께 역량이 다시금 두드러진 성적을 냈다.[18]

여기서 반드시 유의해야 할 점은 이 결론이 아주 구체적인 질문들에 대한 응답에서 도출한 내용이라는 것이다. 하나는 광고와 관련이 있었고, 다른 하나는 성격 특성에 관한 것이었다. 그리고 신뢰성과 역량이 두 조사에서 모두 높은 점수를 얻었다고 하더라도 광고 설문에서 매력이 그럴듯한 선택지인 것과 보편적인 조사에서 온화함이 그럴듯한 선택지인 것 사이에는 분명 간극이 존재한다. 이 사실만으로도 어떤 메신저 효과가 다른 메신저 효과보다 본래 강력하다고 추측하는 것은 위험하다는 점을 충분히 알 수 있다. 오히려 확실해 보이는 것은, 신뢰성이 다양한 상황에서 핵심이기는 하지만 우리가 지금까지 다뤄온 다양한 메신저 효과의 효율성이 구체적인 맥락과 주변 상황에 크게 좌우된다는 점이다.

하드와 소프트, 선택지가 언뜻 두 가지로 보인다는 점이 좋은 예다. 일반적으로 하드 메신저는 그로부터 자원, 정보, 따를 만한 지도자 등 구체적인 뭔가를 얻으려고 하는 청중에게 영향을 끼칠 가능성이 높다. 소프트 메신저는 개인적인 유대감, 충성심, 상호 존중 같은 덜 구체적인 이익에 관심이 있는 청중에게 더 호소력을 발휘한다. 재미있게도 매력이라는 하드 메신저 효과는 소프트 메신저에게 어울리는 것처럼 보이는 시나리오에서 강력한 힘을 발휘할 수 있다. 하드 메신저에게 맞는 듯한 상황에서 카리스마 있는 소프트 메신저 효과가 더 잘 발휘되는 것과 마찬가지다. 그리고 어떤 효과든지 주변 사람들이 전반적으로 그 특성이 부족한 상황일 때 더욱 중요해진다.[19] 그러므로 능숙한 메신저라면 다양한 특성을 보유했다는 신호를 발산할 수 있어야 할 뿐만 아니라 어떤 구체적인 상황에서 어느 한 특성이 다른 특성을 압도할 수 있을지에 대해서도 민감하게 대응해야 한다.

예를 들어 위계, 아니 더 구체적으로 최상위에 위치한 사람들을 보자. 하드 메신저는 조직의 계층 구조에서 자리를 차지하고 지위를 상승시키는 데 뛰어난 경향을 갖는다.[20] 특히 불확실과 갈등의 시기나 외부의 위협에 대한 인식 때문에 사람들이 지배력 같은 특성에 잘 반응할 때 더욱 그렇다.

그러나 리더십을 유지하기 위해 계속해서 지위를 드러내야 한다는 의미는 아니다. 대만 군대에서 상급자와 하급자 간 역학 관계를 조사한 최근의 연구 결과에 의하면, 하급자에게 지배적이고 권위적인 태도로 행동한 상급자는 부하들로부터 좋은 성과를 끌어낼 가능성이 적었고, 그 결과 결국 공감형의 리더에 비해 하급자들에게 불만족스러운 리더가 되고 만다.[21] 실제로 타인들로부터 지위를 소유하고 있다고 인식되는 리더들이야말로 온화함, 신뢰성, 취약성을 드러내는 소프트한 접근법을 통해 이익을 얻을 가능성이 가장 높은 사람들인 것이다.

이 마지막 요점은 심리학에서 잘 알려진 현상인 이른바 **실수 효과**pratfall effect와 일치한다. 실수 효과란 지위의 일시적 상실이 메신저를 더 인간답게 보이게 해주고 그로 인해 호의적인 평가를 받을 수 있는 현상을 가리킨다.[22] 이 효과가 처음 입증된 것은 1960년대 사회심리학자 엘리엇 애런슨Elliot Aronson에 의해서였다. 그는 똑똑하고 능력 있는 메신저가 자신에게 커피를 쏟는 등의 실수를 저지르는 모습이 목격됐을 때 관찰자가 그 메신저에 대해 전보다 능력 점수는 낮게 주지만 호감도는 훨씬 높아진다는 점을 보여주었다. 반대로 능력이 떨어지는 메신저가 똑같은 실수를 저지르는 모습을 목격한 경우에는 그 메신저가 정말로 무능한 증거라고 여겼고 호감도도 더 낮게 평가했다. 지위가 높은 메신저에게 작은 흠은 음에 양을 더하는 것과 같다. 더 원만하고 완벽한 사람으로 보이게 해주는 것이다.

이외에도 메신저 효과에 영향을 미치는, 매우 복잡하고 맥락과 연관된 특징들이 있다. 이들 중 주목할 만한 것들은 젠더(사회적 성별) 및 문화와 관련돼 있다.

고정관념상 남성은 사회에서 하드 메신저를 담당한다. 남성은 전통적으로 여성에 비해 권위적으로 간주돼왔으며 따라서 리더십과 권력의 지위에 더 적합하다고 여겨져왔다. 이와는 반대로 여성은 소프트 메신저로 간주돼왔다. 배려하고 동의하며 정서적으로 민감하고 심지어 취약하다고 말이다(소설이나 영화에서 '구조를 기다리는 여성' 캐릭터가 흔히 사용된다는 점을 생각해보라).[23] 그 결과 여성은 하드 메신저 효과가 주로 발휘되는 상황에서 심각한 불리함을 겪어왔고, 지금도 계속 겪고 있다. 타인이 여성의 말을 듣지 않거나 여성의 조언과 아이디어에 별 가치를 두지 않을 수 있다. 또한 여성은 승진이나 공직 선거에서도 무시당할 수 있다.

자녀를 둔 여성이라면 상황은 더욱 악화된다. 조사에 따르면 자녀를 둔 직장 여성은 직업적 의무와 부모로서의 의무를 다루는 능력이 의문시될 가능성이 같은 처지의 남성보다 훨씬 높다. 한 연구에서는 먼저 참가자들에게 역량과 온화함을 기준으로 다양한 관리 컨설턴트들의 이력을 평가하게 한 다음, 누구와 같이 프로젝트를 진행하겠느냐고 물었다. 대체로 자녀가 없는 컨설턴트보다 부모 쪽이 온화함 측면에서 더 좋은 점수를 얻었다. 그러나 여성들은 이중고를 겪었다. 아이가 없는 경우에는 유능하지만 차갑게 비쳐진다. 아이가 있는 경우에는 온화하지만 능력이 떨어진다고 여겨진다. 자녀가 있는 남성에게는 이러한 교환이 성립되지 않는다. 사실 오직 장점만 주어진다. 능력

점수는 똑같이 유지되지만 온화함 점수가 올라가니 말이다.[24]

이처럼 남성이 전통적으로 더 높은 지위를 부여받아왔기에 1970년 대의 광고주들은 물건을 파는 일에도 남성이 더 적합하다고 여겼다. 1970년대의 광고 중 70퍼센트는 남성을 핵심 인물로 내세웠다. 그리고 비록 우리는 지금 더 계몽된 시대에 살고 있다고 여기겠지만, 46건의 연구를 종합한 2017년의 메타 분석에 따르면 제품, 브랜드, 정치 후보자 추천에 관한 한 여전히 남성 유명인이 가장 영향력 있는 메신저로 활용되고 있는 게 사실이다. 이들의 인식된 힘, 전문성, 신뢰감이 청중에게 강력하게 작용하는 것이다.[25]

물론 사회 전반적으로 또 특히 광고에서 남성보다 여성에게 더 잘 연관되는 하드 메신저 특성이 하나 존재한다. 바로 매력이다. 이 자질은 주의를 잡아끌고 남성에게 성적 관심을 불러일으키며 다른 여성으로부터 열망을 유도해낸다("나도 저 여자처럼 보이고 싶고 저 여자가 가진 걸 갖고 싶어"). 따라서 벌거벗은 남성은 광고에서 흔하지 않지만 반쯤 벗은 여성은 어디에나 쓰인다.[26]

매력 신호는 보는 사람 입장에서 바람직하지 못한 행동으로 이어질 수 있다. 증거에 따르면 여성을 성적 대상화한 광고를 보고 난 후 남성은 외모에 더 신경 쓰게 되고, 실제 삶에서 인간 중심적인 자질에 신경을 덜 쓰게 된다고 한다.[27] 이런 광고는 또한 여성들 사이에 사회적 기대감을 창조하여 스스로를 덜 매력적이라고 여기는 여성들은 자신이 덜 가치 있는 사람이라고 여기는 결과를 초래한다.[28] 이런 추세를 거스르기 위해 노력해온 이들이 있다. 보습제, 헤어 관리 제품, 샤워젤과 발한 억제제 브랜드인 도브Dove는 2004년에 자기 브랜드가 옹호하는 다양한 신체 형태와 사이즈의 (전문 모델이 아닌) 일반 여성들을 이용해 여성의 미에 대해 재평가하도록 촉구했다. 비록 이 캠페인이 보편적인 호응을 얻지는 못했지만 여성에게 가하는 기대치와 압박감에 대한 담론을 자극했던 것만은 분명하다. 약간 우울한 얘기지만 이러한 광고에 대한 여성의 반응은 남성들이 어떻게 반응하느냐에 달려 있을 수 있다. 최근의 연구에 따르면(모델 표준 사이즈인 2사이즈가 아니라) 미국 사이즈 8~10(한국 사이즈로 '미디엄'에 해당_옮긴이)에 해당하는 여성 모델의 사진을 본 여성들은 자존감과 만족감이 높아졌다. 단 이들에게 지금 본 사진이 **남성**들에 의해 매력적으로 꼽혔다고 말해줬을 경우에만 그랬다. 이런 정보 없이 사진만 보거나 혹은 다른 여성들은 평균 사이즈의 여성 모델을 매력적으로 여겼다는 말을 들은 사람들의 경우에는 그러한 부양 효과를 경험하지 못했다.[29]

매력 신호가 여성에게 문제를 일으켜왔다면 남성과 연관된 지배력 신호는 역사적으로 사회 전체에 문제를 야기해왔다. 많은 사람들이 주장해온 바에 따르면 (반론이 없는 건 아니지만) 지난 반세기는 인류 역사상 가장 평화로운 시기였다.[30] 그 결과, 지배적인 메신저가 한때 누렸던 것과 같은 수준의 권력과 영향력을 갖지 못하며, 점점 더 연결돼가는 세상에서 더 소프트한 메신저가 주도권을 잡게 될 거라 추론하고 싶어진다. 그리고 일부에서는 "여성들이 세상을 지배하면 갈등과 전쟁이 줄어들 것이다"라는 주장도 제기돼왔다. 이것이 사실일 수 있지만 우리는 다른 관점을 제시하려 한다. 사회에서 더 하드한 메신저, 특히 지배적이고 권위적인 메신저가 일반적으로 위기와 위협, 경쟁적 갈등 상황에서 번성해왔다는 점을 고려한다면 대안적인 결론이 더 어울릴 수 있다.

만약 세상에 갈등과 전쟁이 더 줄어든다면 그때는 남성들에 비해 전형적으로 온화하고 공감 능력이 뛰어난 여성들이 세상을 지배할 것이다.

문화

상호의존적인 문화권, 즉 개인적 기여보다는 집단의 응집성이 더 가치를 인정받는 곳에서는 온화함과 신뢰성 같은 소프트 메신저의 특성이 더 높이 평가된다. 독립적인 문화권에서는 하드 메신저의 특성이 메신저가 성공하는 데 좀 더 효과적인 경로가 된다. 이는 조직 차원에도 사회적 차원에도 모두 적용된다.[31] 일반적으로 좀 더 집단주의적이라고 여겨지는 라틴아메리카 국가들은 온화함과 관대함 같은 소프트 메신저의 특성을 더 장려하는 반면, 북미 국가들처럼 개인주의적인 국가에서는 지배력과 사회경제적 지위 같은 하드 메신저의 특성에 더 큰 가치를 둔다. 집단주의적 문화권에서 온 사람들은 개인주의적인 문화권의 사람들에 비해 자기 과시와 자기 향상 전략을 활용하는 경우가 상대적으로 적다.[32] 예를 들어 중국 어린이들은 선행을 한 뒤에 겸손한 태도를 취할 가능성이 높다. 반면에 캐나다 어린이들은 좋은 행동을 했다면 그 사실을 과시하려는 경향이 훨씬 강하다.[33]

정치인으로서 선호하는 메신저의 특성 또한 문화권마다 다르다. 미국에서는 지배적으로 여겨지는 정치인이 유능하다고 간주될 가능성이 높으며 그에 따라 표를 얻게 된다. 반면 일본에서는 온화하다고 여겨지는 정치인이 유능하다고 간주될 가능성이 높으며 더 많은 표를 얻는다. 실제로 일본 문화에서는 일반적으로 겸손, 겸양, 자기 개선이라는 이념에 큰 중점을 둔다.[34]

그렇다고 한다면 중국의 시진핑이나 베네수엘라의 니콜라스 마두로처럼 완전히 지배적이고 하드한 리더에게 표를 던지는 집단주의 문화권의 수많은 사례를 어떻게 설명할 수 있을 것인가? 여기서는 분명 다른 일이 일어나고 있는 듯하다. 한 국가가 어느 정도까지 하드 메신저의 특성을 가진 지도자를 선출하는가 혹은 소프트 메신저의 특성을 가진 지도자를 선출하는가 하는 문제는, 그 문화권의 '권력간격지수Power Distance Index' 또한 영향을 미친다. 이 용어는 네덜란드의 사회심리학자 헤이르트 호프스테더Geert Hofstede가 한 문화권 내에서 시민들이 불공평한 권력 분배를 얼마나 예상하고 수용할 것인지를 표현하기 위해 사용한 것이다.[35] 권력간격지수가 높은 국가들(중국 80점, 베네수엘라 81점)은 권력이 불공정하게 분배되며 따라서 소수의 지도자들에게 집중된다는 점을 받아들인다. 권력간격지수가 낮은 문화권(미국

40점, 영국 35점, 핀란드 31점)의 국민들은 더 독립적이며, 메신저 특성들이 훨씬 더 균형 잡힌 지도자를 요구한다. 필요할 경우 때로는 하드하지만 대체적으로는 호감과 유대감을 갖춘 리더 말이다.

우리는 어떻게 행동해야 하는가

이 책은 사람들이 가장 귀를 기울이고 싶어 하는 전달자의 특성을 탐구한, 60년 이상의 연구들을 조사한 결과물이다. 이 연구 내용은 직장부터 정치와 가정에 이르기까지 풍부한 삶의 궤적을 다루고 있으며, 일상적 대화에서부터 미디어와 온라인 세상에 이르는 다양한 형태의 커뮤니케이션을 망라하고 있다. 우리가 다뤄온 여덟 가지 메신저 효과들(그중 넷은 '지위 중심의' 하드한 효과, 나머지 넷은 '유대감 중심의' 소프트한 효과)은 일상 속 사회적 상호작용의 모든 측면을 뒷받침한다. 그리고 세 가지 과정을 설명하는 데 도움을 준다. 어떤 사람의 말을 들을 것인가. 어떤 사람을 믿을 것인가. 그리고 어떤 사람이 될 것인가.

누구의 말을 들을 것인가

여덟 가지 메신저 신호 각각에는 자동적이고 지각 없이 주의를 사로잡는 자질이 있다. 그러나 최근 연구에 의하면 강력하고 지배적이라고 인식되는 사람들, 즉 우리의 행복에 가장 큰 영향을 미칠 수 있는 사람들이 부드러운 유형에 비해 빠르게 관심을 얻는다.[36] 이와 비숫하게, 매력적인 개인은 이 메신저 특성의 진화적·사회적 가치 덕분에 매우 쉽고 빠르게 관심을 얻는다.[37] 물론 관심을 끌 뿐이지 이들의 생각, 의견, 요청이 수락되거나 수용된다는 보장은 없다. 그러나 이들이 무시받지 않을 거라는 점은 확실하다. 그들이 관심을 얻고 사람들이 그들의 말에 귀를 기울인다는 사실은 바로 그들의 의견이 존중될 가능성이 높다는 의미인 것이다.

누구를 믿을 것인가

만약 사람들이 이 여덟 가지 메신저의 신호에 끌릴 경우 그에 대한 반응은 그 메신저에 대한 인상과 메시지가 조화되는 정도에 따라 형성된다. 생명을 구할 수 있는 조언이라면 전문가 같은 외모를 한 사람이 전달했을 때 더욱 설득력 있게 들릴 것이다. 소방 훈련 중에 내려지는 지시 사항을 지배적인 목소리를 사진 사람이 내리는 경우에 더 믿음이 생긴다. 격려와 공감의 말은 온화하다고 인식되는 메신저가 전달했을 때 더 진실돼 보일 것이다. 사람들은 모든 메신저 효과에 귀를 기울이게 될 수 있지만 들은 것을 믿을 준비는 메신저의 성격과 그들이 보내는 메시지의 성격이 얼마나 잘 조화되는지에 영향을 받는다.

어떤 사람이 될 것인가

듣는 사람이 더 주의 깊고 민감해짐에 따라 세 번째 요소가 작동하게 된다. 그들은 이제 잠재적으로 메신저를 믿기 시작할 뿐 아니라 그 믿음을 바탕으로 어떻게 행동하고 어떤 사람이 될지를 만들기 시작한다. 소심한 10대는 공격적이고 지배적인 친구에게 마약을 하거나 폭력 조직에 가입하라는 자극을 받을 수도 있고, 카리스마 넘치는 급우에게 좁고 바른 길을 고수하라고 설득당할 수도 있다. 경력이나 배우자에 대한 성인의 선택은 특별히 강력한 메신저의 영향에 따라 결정될 수 있다. 자녀에게 예방접종을 시킬지 말지에 대한 부모의 결정 또한 본인 자녀의 건강뿐 아니라 주변 많은 사람들의 건강에도 영향을 미칠 수 있다. 정치적으로 무관심했던 사람이라도 유명인에 의해 열혈 투표자로 변모할 수 있다. 어떤 경우에는 심지어 그 유명인이 표를 받는 주체일 수도 있으며, 한 나라의 미래가 반드시 유능한 메신저가 아니라 단지 유명하고 지배적인 메신저에 의해 결정될 가능성도 있다.

우리의 근본적 성격은 유전적으로 암호화되어 시간이 지나도 변함없이 유지될지 몰라도, 우리 삶의 다른 모든 것은 우리가 귀를 기울이는 메신저에게 공정한 게임이다.

감사의 말

우리에겐 이 책에 기여해준 사람들뿐 아니라 친구, 동료, 협력자, 그리고 사랑하는 사람들이 너무 많다.

그 명단 맨 위에 린지 마틴과 로렌 포터가 있다.

린지는 우아함, 이해심, 유머를 가지고 공저자인 마틴의 반려자로 살아왔다. 그녀의 지지와 사랑은 헤어릴 수 없을 만큼 가치가 있다.

로렌은 이 책의 핵심 주제와 일화를 반복해서 듣는 내내 늘 미소를 잃지 않았다. 그녀는 놀라운 동반자이며 모든 상황에 밝은 빛과 좋은 기운을 불어넣는 삶 자체다.

사라 토비트, 캐서린 스코트, 아라민타 네일러, 보베트 고든, 에일리 밴더미어, 카라 트레이시, 그레그 니더트, 캐런 곤살코랄, 크리스

켈리, 바스티앙 블랭, 필리프 게시아르즈는 이 프로젝트를 기꺼이 지지해주었을 뿐 아니라 충실한 동료가 돼주었다.

이 책의 원고를 검토해주고 유용한 피드백을 준 연구자와 동료들에게서도 많은 통찰을 얻었다. 알렉스 체스터필드, 알렉스 존스, 앨리스 소리아노, 앙트완 페레르, 크리스천 헌트, 딜 시두, 에릭 레비, 프란체스카 그라넬리, 헬렌 맨킨, 이언 버비지, 줄리언 시워드, 저스틴 잭슨, 로렌 고든, 마리엘 빌라모, 마리우스 볼버그, 매트 배터스비, 나스린 하페즈파라스트, 닐 멀라키, 닉 포프, 니콜 브리간디, 폴 애덤스, 폴 돌란, 롭 블래키, 롭 멧칼프, 로버트 치알디니, 루퍼트 던바-리스, 수전 힐에게 감사한다.

날카로운 시선과 주의력으로 우리의 주장이 기존 논문들과 일치하는지 확인해준 엘로이스 코플랜드에게는 특별히 감사하다는 인사를 전한다. 우리가 이 책에서 다룬 연구를 전해주었을 뿐 아니라 생각을 형성하는 데 큰 도움이 된 학술적 조언을 해준 탈리 샤롯에게도 감사를 표한다.

뉴욕 퍼블릭 어페어스 출판사의 존 마하니와 그의 팀에게도 고마움을 전한다. 존의 조언과 안내로 중요한 내용들을 강조할 수 있었다. 특히 미국 독자를 고려한 조언에 감사한 마음이다.

르바인 그린버그 로스탄의 짐 르바인과 그의 팀은 시기적절한 조언, 현명한 상담, 인내심 있는 커뮤니케이션 능력과 흔쾌한 태도로 집필 작업을 지지해주었다. 또한 이사벨 랩스, 엘리 기본스, 키스 에드슨 앤더슨, 알렉스 마이어스, 캐런 비티, 조시 언윈, 미겔 세르반테스에게도 감사를 전한다.

마지막으로 펭귄 랜덤 하우스의 나이젤 윌콕슨이 남았다. 나이젤은 이 책이 존재하게 된 이유다. 그는 한 쪽짜리 낙서에 불과했던 아이디어에서 잠재력을 발견하고 결과물로 만들어냈다. 그는 유능하고 신뢰감 있고 온화하며 호감 가는 모습을 통해 출판계에서 성공적인 메신저는 어떠해야 하는지를 완벽히 보여주었다. 그에 걸맞은 감사를 보낸다.

스티븐 마틴, 조지프 마크스
2019년 런던

주석

프롤로그

1 The story of Cassandra comes from the *Agamemnon* of Aeschylus.

2 Buffett, W. (2000), 'Letter to the Shareholders of Berkshire Hathaway Inc.', p.14. Available at: http://www.berkshirehathaway.com/letters/2000pdf.pdf; Dukcevich, D. (2002), 'Buffett's Doomsday Scenario'. Available at: https://www.forbes.com/2002/05/06/0506buffett.html#3b3635e046a5

3 Lewis, M. (2011), *The Big Short: Inside the doomsday machine*, New York, NY: W. W. Norton.

4 금융위기조사위원회가 결국 마이클 버리를 위원회에 소환하긴 했다. 위원회는 청문을 시작하면서 버리를 부르기로 결정한 이유가 "〈빅쇼트〉에서 당신에 대한 이야기를 봤기 때문"이라고 진술했다.

5 Schkade, D. A. & Kahneman, D. (1998), 'Does living in California make people happy? A focusing illusion in judgments of life satisfaction', *Psychological Science*, 9(5), 340-6.

6 Meindl, J. R., Ehrlich, S. B. & Dukerich, J. M. (1985), 'The romance of leadership', *Administrative Science Quarterly*, 30(1), 78-102.

7 그리고 적어도 그는 '실존 인물'이었다. 〈국제 연구 관점(International Studies Perspectives)〉과 〈외교 정책 분석(Foreign Policy Analysis)〉지의 편집장 더글러스 벨(Douglas A. Van Belle)은 2008년 출간한 책《정치에 대한 새로운 접근(A Novel Approach to Politics)》에서 '최근 기억나는 가장 유명한 민주당 대통령'은 사실 백악관 대통령 집무실에서 단 하루도 실제 근무한 적이 없었다고 적었다. 당시 여러 미국 외교 정책에 대한 반대가 높았다는 점을 고려하면 이 가상의 대통령(마틴 쉰이 연기한 드라마 〈웨스트 윙〉의 조시아 바틀렛)이 왜 다수의 미국인들에게 더 바람직한 대통령상으로 여겨졌는지 쉽게 알 수 있다.

8 버리는 자신이 아스퍼거 증후군을 앓고 있는 것 같다고 말한 적이 있다. 이것은 그가 타인과의 교류를 왜 힘들어했는지에 대한 단초를 제공해줄 수 있는 말이다. 아스퍼거 증후군 환자들은 정보를 체계화하는 데 뛰어난 모습을 보이지만 사회적 지능 측면에서는 약점을 나타내곤 한다. 무시당하거나 상황을 제

어할 능력이 부재한다고 느끼게 되면 우울증이 찾아오기 쉽다. 버리는 이런 감정을 투자자들이 그에게 등을 돌리거나 그의 예측을 듣기조차 거부할 때 경험하곤 했다. 누군가가 자신의 말을 들어준다는 것은 사람들에게 자존감을 부여하는 중대한 요소다. 친구에게 불만을 토로하거나 이웃에게 안부를 묻거나 동료를 걱정하는 아주 단순한 과정이 때로는 한 사람의 기분을 완전히 돌려놓을 수 있다. 사람들이 내 말을 들어줘야 우리는 타인에게 영향을 끼치고 상황을 장악할 수 있다. 타인의 도움 없이 자신의 힘만으로 위대한 성취를 이뤄내는 경우는 매우 드물다.

9 John, L. K., Blunden, H., & Liu, H. (2019), 'Shooting the messenger', *Journal of Experimental Psychology: General, 148*(4), 644.

10 2017년 8월에 보도된 여러 언론의 기사에 따르면 트럼프 대통령은 하루에 두 차례 자신에 대한 긍정적 뉴스와 아첨용 사진이 담긴 신바람 나는 서류를 보고받는다고 한다. 부정적인 소식을 전하는 당사자가 되지 않기 위해 간청했을 게 분명한 티그라네스의 전령들과 달리 백악관 관료 중 누가 이 긍정적인 뉴스를 주인에게 전달하는 전령으로 선택되고자 간청했을지 자못 궁금하다. https://news.vice.com/en_ca/article/zmygpe/trump-folder-positive-news-white-house

11 http://news.bbc.co.uk/local/bradford/hi/people_and_places/arts_and_culture/newsid_8931000/8931369.stm

12 Ambady, N. & Rosenthal, R. (1992), 'Thin slices of expressive behavior as predictors of interpersonal consequences: A meta-analysis', *Psychological Bulletin, 111*(2), 256-74. See also Rule, N. O. & Sutherland, S. L. (2017), 'Social categorization from faces: Evidence from obvious and ambiguous groups', *Current Directions in Psychological Science, 26*, 231-6; Tskhay, K. O. & Rule, N. O. (2013), 'Accuracy in categorizing perceptually ambiguous groups: A review and meta-analysis', *Personality and Social Psychology Review, 17*(1), 72-86.

13 Ambady, N. & Rosenthal, R. (1993), 'Half a minute: Predicting teacher evaluations from thin slices of nonverbal behavior and physical attractiveness', *Journal of Personality and Social Psychology, 64*(3), 431-41.

14 Todorov, A., Pakrashi, M. & Oosterhof, N. N. (2009), 'Evaluating faces on trustworthiness after minimal time exposure', *Social Cognition, 27*(6), 813-33; Willis, J. & Todorov, A. (2006), 'First impressions: Making up your mind after 100ms exposure to a face', *Psychological Science, 17*(7), 592-8.

15 Jones, E. E. & Pittman, T. S. (1982), 'Toward a general theory of strategic selfpresentation', in J. Suls (ed.), *Psychological Perspectives on the Self*, Hillsdale, NJ: Erlbaum, Vol. 1, pp.231−62.

1부 하드 메신저

1 Gangadharbatla, H. & Valafar, M. (2017), 'Propagation of user−generated content online', *International Journal of Internet Marketing and Advertising*, *11*(3), 218−32.

2 https://www.washingtonpost.com/news/the−fix/wp/2017/08/15/obamas− responseto− charlottesville−violence−is−one−of−the−most−popular−in− twitters−history/?utm_term=.4d300c2e83aa

3 Kraus, M. W., Park, J. W. & Tan, J. J. (2017), 'Signs of social class: The experience of economic inequality in everyday life', *Perspectives on Psychological Science*, *12*(3), 422−35.

프레임 1 사회경제적 지위

1 Dubner, S. J. (22 July 2015), *Aziz Ansari Needs Another Toothbrush* [Audio podcast]. Retrieved from: http://freakonomics.com/podcast/aziz−ansari− needsanother−toothbrush−a−new−freakonomics−radio−episode/

2 Chan, E. & Sengupta, J. (2010), 'Insincere flattery actually works: A dual attitudes perspective', *Journal of Marketing Research, 47*(1), 122−33; Fogg, B. J. & Nass, C. (1997), 'Silicon sycophants: The effects of computers that flatter', *International Journal of Human-Computer Studies, 46*(5), 551−61.

3 Gordon, R. A. (1996), 'Impact of ingratiation on judgments and evaluations: A meta−analytic investigation', *Journal of Personality and Social Psychology, 71*, 54−70.

4 https://eu.desertsun.com/story/life/entertainment/movies/film− festival/2016/12/30/want−red−carpet−autograph−try−these− tricks/95963304/; there are also websites that provide autograph−letter

templates. Again, the principle of compliment before request is clearly evident: https://www.wikihow.com/Write-an-Autograph-Request-Letter

5 The two UK-based surveys investigating the career aspirations of ten-year-olds: https://www.taylorherring.com/blog/index.php/tag/traditional-careers/ and http://www.telegraph.co.uk/news/newstopics/howaboutthat/11014591/One-infive-children-just-want-to-be-rich-when-they-grow-up.html

6 Berger, J., Cohen, B. P. & Zelditch, M. (1972), 'Status characteristics and social interaction', *American Sociological Review, 37*(3), 241-55.

7 Doob, A. N. & Gross, A. E. (1968), 'Status of frustrator as an inhibitor of hornhonking responses', *The Journal of Social Psychology, 76*(2), 213-18.

8 Gueguen, N., Meineri, S., Martin, A. & Charron, C. (2014), 'Car status as an inhibitor of passing responses to a low-speed frustrator', *Transportation Research Part F: Traffic Psychology and Behaviour, 22,* 245-8.

9 사회경제적 지위를 과시하는 데 반드시 비싼 차가 필요한 건 아니라는 점은 꼭 말해야겠다. 하지만 비싼 차라면 분명 실패하지는 않는다. 특히 값비싼 차를 구입함으로써 지위를 강화하는 행위가 보편적인 정서와 결합되는 경우에는 더욱 그렇다. 2006년, 저공해 차량에 대한 미국 정부의 세금 혜택이 종료되어 이들 차량의 구입 비용이 평균 3,000달러(355만 원) 더 높아졌다. 그러나 토요타 프리우스의 판매는 오히려 69퍼센트나 상승했다. 언론에서는 곧장 수많은 할리우드 스타들이 페라리를 내팽개치고 대신 프리우스를 탄 채 영화 세트장으로 출근하는 모습을 자세히 보도했다. 소위 경쟁적 이타주의 분위기 속에서 마치 "날 좀 봐요. 나는 친환경적인 사람이고 환경을 위해서는 얼마든지 돈을 낼 용의가 있는 사람이에요."라는 신호를 내보내는 듯했다. 프랑스 연구진의 실험을 떠올려보면 과연 그 스타들의 출근 시간이 평소보다 더 길어졌을지 궁금하다. 보통 몰고 다니던 차보다 속도가 느리지만 반짝반짝 윤이 나며 검게 선팅된 새 프리우스 자동차를 탄 자신을 일반인들이 알아볼 수 있게(혹은 알아보지 못하게) 운전하느라 말이다.

10 Veblen, T. (2007), *The Theory of the Leisure Class: An economic study of institutions*, New York, NY: Oxford University Press (original work published 1899).

11 Nelissen, R. M. & Meijers, M. H. (2011), 'Social benefits of luxury brands as costly signals of wealth and status', *Evolution and Human Behavior, 32*(5), 343-55.

12 사람들이 미묘한 신호를 이용해 타인의 사회경제적 지위를 추론해낸다는 증

거는 다른 수많은 연구에서도 발견된다. 예를 들면 미국의 한 연구진은 사람들이 단지 신발 사진만 보고도 전혀 모르는 사람의 개인적 특징을 정확히 예측할 수 있다는 사실을 발견했다. 영국의 전임 수상 테리사 메이가 이 연구에 대해 알고 있었을지 궁금하다. 내무장관으로 갓 임명됐을 때 그녀가 영국 브랜드 L. K. 베넷의 구두를 수집한다는 점이 화제가 됐다. 당시 아직 메이에 대해 잘 모르던 일부 대중에게는 그녀의 신발이 메이에 대한 첫인상을 결정했을 것이다. 만약 미국의 연구 결과처럼 신발이 사회경제적 지위를 드러내는 중요한 신호 역할을 한다면 내각에서의 승진에도 어느 정도 일조했을지 모른다. 수상 재임 중에 언론이 메이에게 보인 호감에는 그녀의 신발이 확실히 한몫했다. 2016년 10월, 매우 중요한 브렉시트 협상이 진행되는 동안 BBC 방송의 카메라는 수상의 구두에만 포커스를 둔다는 질타를 받았다. BBC 측은 아마도 시청자들이 그녀의 발언만큼이나 그녀가 신은 구두에도 관심을 가진다고 믿었던 모양이다. Gillath, O., Bahns, A. J., Ge, F. & Crandall, C. S. (2012), 'Shoes as a source of first impressions', *Journal of Research in Personality, 46*(4), 423 – 30.

13 Zahavi, A. (1975), 'Mate selection – a selection for a handicap', *Journal of Theoretical Biology, 53*(1), 205 – 14.

14 Van Kempen, L. (2004), 'Are the poor willing to pay a premium for designer labels? A field experiment in Bolivia', *Oxford Developmental Studies, 32*(2), 205 – 24.

15 Bushman, B. J. (1993), 'What's in a name? The moderating role of public selfconsciousness on the relation between brand label and brand preference', *Journal of Applied Psychology, 78*(5), 857 – 61.

16 Ward, M. K. & Dahl, D. W. (2014), 'Should the devil sell Prada? Retail rejection increases aspiring consumers' desire for the brand', *Journal of Consumer Research, 41*(3), 590 – 609.

17 Scott, M. L., Mende, M. & Bolton, L. E. (2013), 'Judging the book by its cover? How consumers decode conspicuous consumption cues in buyer – seller relationships', *Journal of Marketing Research, 50*(3), 334 – 47.

18 Solnick, S. J. & Hemenway, D. (2005), 'Are positional concerns stronger in some domains than in others?', *The American Economic Review, 95*(2), 147 – 51.

19 Lafargue, P. (1883). *The Right to be Lazy*. Translated by Charles Kerr. Available at: https://www.marxists.org/archive/lafargue/1883/lazy/

20 Kraus, M. W., Park, J. W. & Tan, J. J. (2017), 'Signs of social class: The experience of economic inequality in everyday life', *Perspectives on Psychological Science, 12*(3), 422-35.

21 Becker, J. C., Kraus, M. W. & Rheinschmidt-Same, M. (2017), 'Cultural expressions of social class and their implications for group-related beliefs and behaviors', *Journal of Social Issues, 73*, 158-74.

22 Bjornsdottir, R. T. & Rule, N. O. (2017), 'The visibility of social class from facial cues', *Journal of Personality and Social Psychology, 113*(4), 530-46.

23 Blease, C. R. (2015), 'Too many "friends," too few "likes"? Evolutionary psychology and "Facebook depression"', *Review of General Psychology, 19*(1), 1-13; Kross, E., Verduyn, P., Demiralp, E., Park, J., Lee, D. S., Lin, N., Shablack, H., Jonides, J. & Ybarra, O. (2013), 'Facebook use predicts declines in subjective well-being in young adults', *PloS one, 8*(8), e69841.

24 Kraus, M. W. & Keltner, D. (2009), 'Signs of socioeconomic status: A thin-slicing approach', *Psychological Science, 20*(1), 99-106.

25 최근 벌어지고 있는 사회적 불평등의 간극에 대한 우려가 높아지는 것은 당연하다. 기업 CEO들의 수입이 평균 노동자들에 비해 200배나 더 높다는 주장이 나오고 상위 1퍼센트 부자들이 전 세계의 자산과 부 중 거의 절반을 소유하고 있다는 보도가 있었다. 이것이 비단 오늘날의 현상이라고만 하기는 어렵다. 고대 이집트의 파라오였던 쿠푸(Khufu)가 기자(Giza) 지역에 대형 피라미드를 건설했을 때 그는 당시 지구상의 가용 자원 중 최대치를 사용했다. 230평방미터에 달하는 부지에 약 150미터 높이의 피라미드를 쌓아 올렸다고 생각하면 이 건축물에는 무게가 2.5톤인 사암 벽돌이 200만 개 이상 필요했으며 8만 명의 일꾼이 20년간 일해야 했다고 추정된다. 이런 피라미드 건축이 가능했던 이유는 쿠푸가 당시 세계 최대의 국가였던 이집트의 전 영토와 문명을 지배했기 때문이었다. 현재로 치면 그 비용은 약 100억 달러(11조 8,000억 원)에 달하는 것으로 추정된다. 기원전 2560년에는 이런 기념비적 건축물을 짓는 데 필요한 자원을 가진 국가가 단 한 곳뿐이었다. 2005년을 기준으로 보면 이런 업적을 반복할 수 있는 필요 자원을 가진 개인은 35명이나 된다. 그리고 이 책을 쓰고 있는 지금은 81명에 달한다.

26 Berger, J., Rosenholtz, S. J. & Zelditch, M. (1980), 'Status organizing processes', *Annual Review of Sociology, 6*, 479-508.

27 Anderson, C., Hildreth, J. A. D. & Howland, L. (2015), 'Is the desire for status a fundamental human motive? A review of the empirical literature',

Psychological Bulletin, 141(3), 574–601; Sidanius, J. & Pratto, F. (2001), *Social Dominance: An intergroup theory of social hierarchy and oppression*, New York, NY: Cambridge University Press.

28 영장류마다 위계화의 정도와 지위 계층의 유지 정도가 다르다. 어떤 종은 서열을 확립하기 위해 주로 공격적인 갈등에 의존한다. 한편 다른 종은 자칫 상처를 유발할 수 있는 물리적 충돌보다는 엄포를 놓거나 육체적 기량을 과시하는 쪽을 택한다. 대부분의 사람들처럼 침팬지들도 갈등을 겪은 후에 서로 화해하게 된다. De Waal, F. B. & van Roosmalen, A. (1979), 'Reconciliation and consolation among chimpanzees', *Behavioral Ecology and Sociobiology,* 5(1), 55–66.

29 Van Vugt, M., Hogan, R. & Kaiser, R. B. (2008), 'Leadership, followership, and evolution: Some lessons from the past', *American Psychologist, 63*(3), 182–96.

30 Lerner, M. J. (1980), *The Belief in a Just World: A fundamental delusion*, New York, NY: Plenum Press.

31 Furnham, A. F. (1983), 'Attributions for affluence', *Personality and Individual Differences, 4*(1), 31–40.

32 Sloane, S., Baillargeon, R. & Premack, D. (2012), 'Do infants have a sense of fairness?', *Psychological Science, 23*(2), 196–204.

33 Jonason, P. K., Li, N. P. & Madson, L. (2012), 'It is not all about the Benjamins: Understanding preferences for mates with resources', *Personality and Individual Differences, 52*(3), 306–10.

34 획득했지만 실제로 갖지는 못한 행운이 어떻게 몰락을 불러올 수 있는지를 보여주는 수많은 복권 당첨자들의 사례가 있다. 특히 새롭게 얻은 부로 사회경제적 지위를 획득하려는 경우에 그렇다. 2002년 11월, 폐기물 처리업에 종사하던 마이클 캐럴은 973만 6,131파운드(158억 원)짜리 영국 국립 복권에 당첨되어 일부 영국 언론으로부터 '로또 망나니(Lotto Lout)'라는 별명을 얻는 등 잠시 동안 유명인의 지위를 누렸다. 그는 마치 대중의 경멸을 조장하려는 듯 행동했다. 스스로를 '차브의 왕'('차브'는 영국 하류층 젊은이를 경멸조로 일컫는 표현이다_옮긴이)이라고 선언했고 심지어 자신의 검은색 고급 벤츠 밴에 이 문구를 인쇄하기까지 했다(얼마나 많은 사람들이 그에게 경적을 울려댔을지 상상해보라). 말로는 불필요하고 호화로운 지출은 하지 않는다고 했지만 그는 결국 '과시적 소비'라는 금전적 파멸의 길로 접어들었다. 비록 지위를 돈을 사려는 시도가 캐럴이 몰락한 유일한 원인이라고는 할 수 없겠지

만(형편없는 의사 결정, 현명하지 못한 투자, 그리고 난동으로 인한 9개월간의 교도소 생활도 별 도움이 되지 못했을 것이다) 적어도 기여 요인 중 하나였음은 분명했다. 2010년 지방의회에 예전 일자리를 신청하면서 그의 역전 스토리는 종료됐다. https://www.thesun.co.uk/news/8402541/how-national-lottery-loutmichael-carroll-blew-9-7m-pounds/

35 Van de Ven, N., Zeelenberg, M. & Pieters, R. (2009), 'Leveling up and down: The experiences of benign and malicious envy', *Emotion, 9*(3), 419–29.

36 Lefkowitz, M., Blake, R. R. & Mouton, J. S. (1955), 'Status factors in pedestrian violation of traffic signals', *Journal of Abnormal and Social Psychology, 51*(3), 704–6.

37 Maner, J. K., DeWall, C. N. & Gailliot, M. T. (2008), 'Selective attention to signs of success: Social dominance and early stage interpersonal perception', *Personality and Social Psychology Bulletin, 34*(4), 488–501.

38 셰안치는 자신의 왓츠앱 메시지가 대중에 공개되거나 여론에 영향을 끼치기를 의도하지 않았다고 밝혔다.

39 https://www.scmp.com/news/hong-kong/health-environment/article/2132545/experts-denounce-canto-pop-stars-claim-harmful-flu

40 Knoll, J. & Matthes, J. (2017), 'The effectiveness of celebrity endorsements: A meta-analysis', *Journal of the Academy of Marketing Science, 45*(1), 55–75.

41 http://fashion.telegraph.co.uk/news-features/TMG8749219/Lacoste-asks-Norway-police-to-ban-Anders-Behring-Breivik-wearing-their-clothes.html

42 신진 유명인에게 어떻게 처신하는 게 좋은지 알려주는 '오스카상 탈락자의 얼굴(Oscar Loser Face)'이라는 웹사이트가 있을 정도다. 불행하게도 1994년 사무엘 잭슨(〈펄프 픽션〉)이 남우조연상을 마틴 랜도(〈에드 우드〉)에게 빼앗겼을 때는 이 사이트가 없었다. 공평하게 말하자면 할리우드의 가장 귀중한 규범을 어기는 문제에 관한 한 사무엘 잭슨의 납득할 만한 반응(온라인 검색을 통해 쉽게 찾아볼 수 있다)은 카니예 웨스트의 경우와는 확실히 거리가 멀다.

43 https://www.cbsnews.com/news/kanye-im-the-voice-of-this-generation/

44 https://www.wmagazine.com/story/kanye-west-on-kim-kardashian-and-his-new-album-yeezus

45 https://www.nytimes.com/2013/06/16/arts/music/kanye-west-talks-about-his-career-and-album-yeezus.html

46 자아도취의 핵심적 특징은, 자신이 특별하기 때문에 특별한 대접을 받아야

마땅하다는 믿음이 위대한 자신의 이미지와 결합된다는 점이다. 연구에 의하면 자아도취 점수가 높은 사람들은 이미 자기 스스로 높여놓은 자신의 지위를 강화할 수 있는 기회를 적극적으로 찾을 가능성 또한 높다고 한다. 이들은 자신의 성취에 대해 과도한 인정을 구하고, 명성과 영광에 대한 환상을 불러내며, 지배적인 지위를 차지하고 자신의 권력을 증대시키려는 동기가 매우 강력하다. 또한 온화함이나 겸손 등 인간 중심적인 자질들에 대해서는 별로 관심이 없으며 논쟁적이고 잔인하고 둔감하고 심지어 공격적인 행동을 보인다. 이 때문에 다른 사람들이 그들의 대인관계 스타일에 짜증을 내는 경우가 많다. 이러한 자아도취자의 특징은 마치 그들의 사회경제적 지위를 증진하고 강화시키기 위해 거의 완벽하게 설계된 것처럼 보이기까지 한다.

47 Campbell, W. K., Rudich, E. A. & Sedikides, C. (2002), 'Narcissism, self-esteem, and the positivity of self-views: Two portraits of self-love', *Personality and Social Psychology Bulletin, 28*(3), 358 – 68; Campbell, W. K., Brunell, A. B. & Finkel, E. J. (2006), 'Narcissism, interpersonal self-regulation, and romantic relationships: An agency model approach', in K. D. Vohs & E. J. Finkel (eds), *Self and Relationships: Connecting intrapersonal and interpersonal processes*, New York, NY: Guilford Press, pp.57 – 83.

프레임 2 역량

1 Davis, N. M. & Cohen, M. R. (1981), *Medication Errors: Causes and prevention*, Michigan, MI: George F. Stickley.

2 Cialdini, R. B. (2009), *Influence: The Psychology of Persuasion*, New York, NY: Harper Collins.

3 Henrich, J. & Gil-White, F. J. (2001), 'The evolution of prestige: Freely conferred deference as a mechanism for enhancing the benefits of cultural transmission', *Evolution and Human Behavior, 22*(3), 165 – 96.

4 Engelmann, J. B., Capra, C. M., Noussair, C. & Berns, G. S. (2009), 'Expert financial advice neurobiologically "offloads" financial decision-making under risk', *PLoS one, 4*, e4957.

5 오히려 더 놀라운 연구 결과는 이것이다. 과제가 덜 어렵고 조언을 해주는 사람이 전문가라는 점을 모를 때 참가자들은 보통 스스로의 (훨씬 전문성이 낮은) 역량에 과도하게 의존한다. 이 현상을 '자기중심적 폄하'라고 한다. Yaniv, I. & Kleinberger, E. (2000), 'Advice taking in decision making: Egocentric

discounting and reputation formation', *Organizational Behavior and Human Decision Processes, 83*(2), 260−81.

6 Milgram, S. (1974), *Obedience to Authority*, London: Tavistock Publications.

7 Mangum, S., Garrison, C., Lind, C., Thackeray, R. & Wyatt, M. (1991), 'Perceptions of nurses' uniforms', *Journal of Nursing Scholarship, 23*(2), 127−30; Raven, B. H. (1999), 'Kurt Lewin address: Influence, power, religion, and the mechanisms of social control', *Journal of Social Issues, 55*(1), 161−86.

8 Leary, M. R., Jongman-Sereno, K. P. & Diebels, K. J. (2014), 'The pursuit of status: A self-presentational perspective on the quest for social value', in J. T. Cheng, J. L. Tracy & C. Anderson (eds.), *The Psychology of Social Status*, New York, NY: Springer, pp.159−78.

9 Ekman, P. (2007), *Emotions Revealed: Recognizing faces and feelings to improve communication and emotional life*, New York, NY: Henry Holt and Company.

10 Rule, N. O. & Ambady, N. (2008), 'The face of success: Inferences from chief executive officers' appearance predict company profits', *Psychological Science, 19*(2), 109−11.

11 Rule, N. O. & Ambady, N. (2009), 'She's got the look: Inferences from female chief executive officers' faces predict their success', *Sex Roles, 61*(9−10), 644−52.

12 Ballew, C. C. & Todorov, A. (2007), 'Predicting political elections from rapid and unreflective face judgments', *Proceedings of the National Academy of Sciences, 104*(46), 17948−53.

13 Antonakis, J. & Dalgas, O. (2009), 'Predicting elections: Child's play!', *Science, 323*(5918), 1183.

14 물론 연구 참가자들이 유능해 보이는 얼굴의 영향력에 관한 기존 문헌들을 접해보지 않았다면 말이다.

15 Pulford, B. D., Colman, A. M., Buabang, E. K. & Krockow, E. M. (2018), 'The persuasive power of knowledge: Testing the confidence heuristic', *Journal of Experimental Psychology: General, 147*(10), 1431−44.

16 Anderson, C., Brion, S., Moore, D. A. & Kennedy, J. A. (2012), 'A Statusenhancement account of overconfidence', *Journal of Personality and Social Psychology, 103*(4), 718−35.

17 Bayarri, M. J. & DeGroot, M. H. (1989), 'Optimal reporting of predictions', *Journal of the American Statistical Association, 84*(405), 214 – 22; Hertz, U., Palminteri, S., Brunetti, S., Olesen, C., Frith, C. D. & Bahrami, B. (2017), 'Neural computations underpinning the strategic management of influence in advice giving', *Nature Communications, 8*(1), 2191.

18 Karmarkar, U. R. & Tormala, Z. L. (2010), 'Believe me, I have no idea what I'm talking about: The effects of source certainty on consumer involvement and persuasion', *Journal of Consumer Research, 36*(6), 1033 – 49.

19 Sezer, O., Gino, F. & Norton, M. I. (2018), 'Humblebragging: A distinct – and ineffective – self-presentation strategy', *Journal of Personality and Social Psychology, 114*(1), 52 – 74.

20 Godfrey, D. K., Jones, E. E. & Lord, C. G. (1986), 'Self-promotion is not ingratiating', *Journal of Personality and Social Psychology, 50*(1), 106 – 15.

21 Lewis, M. (2011), *The Big Short: Inside the doomsday machine*, New York, NY: W. W. Norton.

22 Pfeffer, J., Fong, C. T., Cialdini, R. B. & Portnoy, R. R. (2006), 'Overcoming the self-promotion dilemma: Interpersonal attraction and extra help as a consequence of who sings one's praises', *Personality and Social Psychology Bulletin, 32*(10), 1362 – 74.

23 Wright, L. A. (2016), *On Behalf of the President: Presidential Spouses and White House Communications Strategy Today*, Connecticut, CT: Praeger.

24 Tormala, Z. L., Jia, J. S. & Norton, M. I. (2012), 'The preference for potential', *Journal of Personality and Social Psychology, 103*(4), 567 – 83.

25 https://www.theguardian.com/technology/2017/apr/10/tesla-most-valuable-carcompany-gm-stock-price

26 https://www.nytimes.com/video/us/politics/100000004564751/obama-says-trumpunfit-to-serve-as-president.html

프레임 3 지배력

1 https://www.vox.com/policy-and-politics/2016/9/27/13017666/presidential-debatetrump-clinton-sexism-interruptions

2 Cheng, J. T., Tracy, J. L., Foulsham, T., Kingstone, A. & Henrich, J. (2013), 'Two ways to the top: Evidence that dominance and prestige are distinct yet

viable avenues to social rank and influence', *Journal of Personality and Social Psychology, 104*(1), 103 – 25.

3 Henrich, J. & Gil-White, F. J. (2001), 'The evolution of prestige: Freely conferred deference as a mechanism for enhancing the benefits of cultural transmission', *Evolution and Human Behavior, 22*(3), 165 – 96.

4 Altemeyer, R. (2006), The Authoritarians. Available at: https:// theauthoritarians.org/Downloads/TheAuthoritarians.pdf

5 Halevy, N., Chou, E. Y., Cohen, T. R. & Livingston, R. W. (2012), 'Status conferral in intergroup social dilemmas: Behavioral antecedents and consequences of prestige and dominance', *Journal of Personality and Social Psychology, 102*(2), 351 – 66.

6 Sidanius, J. & Pratto, F. (2004), *Social Dominance: An Intergroup Theory of Social Hierarchy and Oppression*, Cambridge, UK: Cambridge University Press.

7 Fiske, S. T. (2010), 'Interpersonal stratification: Status, power, and subordination', in S. T. Fiske, D. T. Gilbert & G. Lindzey (eds), *Handbook of Social Psychology*, Hoboken, NJ: John Wiley & Sons, pp.941 – 82; Henrich, J. & Gil-White, F. J. (2001), 'The evolution of prestige: Freely conferred deference as a mechanism for enhancing the benefits of cultural transmission', *Evolution and Human Behavior, 22*(3), 165 – 96.

8 실험을 위해 액체 섭취를 제한했다.

9 Deaner, R. O., Khera, A. V. & Platt, M. L. (2005), 'Monkeys pay per view: Adaptive valuation of social images by rhesus macaques', *Current Biology, 15*(6), 543 – 8. See also Shepherd, S. V., Deaner, R. O. & Platt, M. L. (2006), 'Social status gates social attention in monkeys', *Current Biology, 16*(4), R119 – R120.

10 여기서 묘사한 내용은 실제 실험을 단순화한 버전이다.

11 Hare, B., Call, J. & Tomasello, M. (2001), 'Do chimpanzees know what conspecifics know?', *Animal Behaviour, 61*(1), 139 – 51.

12 Mascaro, O. & Csibra, G. (2014), 'Human infants' learning of social structures: The case of dominance hierarchy', *Psychological Science, 25*(1), 250 – 5.

13 Gazes, R. P., Hampton, R. R. & Lourenco, S. F. (2017), 'Transitive inference of social dominance by human infants', *Developmental science, 20*(2),

e12367.

14 Enright, E. A., Gweon, H. & Sommerville, J. A. (2017), '"To the victor go the spoils": Infants expect resources to align with dominance structures', *Cognition, 164*, 8 – 21.

15 Vacharkulksemsuk, T., Reit, E., Khambatta, P., Eastwick, P. W., Finkel, E. J. & Carney, D. R. (2016), 'Dominant, open nonverbal displays are attractive at zeroacquaintance', *Proceedings of the National Academy of Sciences, 113*(15), 4009 – 14.

16 https://www.huffingtonpost.com/2013/05/12/worl-photo-caption-contestshirtless-putin_n_3263512.html

17 Tiedens, L. Z. & Fragale, A. R. (2003), 'Power moves: complementarity in dominant and submissive nonverbal behavior', *Journal of Personality and Social Psychology, 84*(3), 558 – 68; Hall, J. A., Coats, E. J. & LeBeau, L. S. (2005), 'Nonverbal behavior and the vertical dimension of social relations: a metaanalysis', *Psychological Bulletin, 131*(6), 898 – 924.

18 Mauldin, B. & Novak, R. (1966), *Lyndon B. Johnson: The Exercise of Power*, New York, NY: New American Library.

19 Mast, M. S. & Hall, J. A. (2004), 'Who is the boss and who is not? Accuracy of judging status', *Journal of Nonverbal Behavior, 28*(3), 145 – 65.

20 Charafeddine, R., Mercier, H., Clement, F., Kaufmann, L., Berchtold, A., Reboul, A. & Van der Henst, J. B. (2015), 'How preschoolers use cues of dominance to make sense of their social environment', *Journal of Cognition and Development, 16*(4), 587 – 607.

21 Lewis, C. S. (1952), *Mere Christianity*, New York, NY: Macmillan.

22 Shariff, A. F., Tracy, J. L. & Markusoff, J. L. (2012), '(Implicitly) judging a book by its cover: The power of pride and shame expressions in shaping judgments of social status', *Personality and Social Psychology Bulletin, 38*(9), 1178 – 93.

23 Tracy, J. L. & Matsumoto, D. (2008), 'The spontaneous expression of pride and shame: Evidence for biologically innate nonverbal displays', *Proceedings of the National Academy of Sciences, 105*(33), 11655 – 60.

24 Tracy, J. L. & Robins, R. W. (2007), 'The prototypical pride expression: development of a nonverbal behavior coding system', *Emotion, 7*(4), 789 – 801.

25 Shariff, A. F. & Tracy, J. L. (2009), 'Knowing who's boss: Implicit perceptions of status from the nonverbal expression of pride', *Emotion, 9*(5), 631–9.

26 Tracy, J. L., Shariff, A. F., Zhao, W. & Henrich, J. (2013), 'Cross-cultural evidence that the nonverbal expression of pride is an automatic status signal', *Journal of Experimental Psychology: General, 142*(1), 163–80.

27 Tracy, J. L., Cheng, J. T., Robins, R. W. & Trzesniewski, K. H. (2009), 'Authentic and hubristic pride: The affective core of self-esteem and narcissism', *Self and Identity, 8*(2), 196–213.

28 Martin, J. D., Abercrombie, H. C., Gilboa-Schechtman, E. & Niedenthal, P. M. (2018), 'Functionally distinct smiles elicit different physiological responses in an evaluative context', *Scientific Reports, 8*(1), 3558.

29 Sell, A., Cosmides, L., Tooby, J., Sznycer, D., Von Rueden, C. & Gurven, M. (2009), 'Human adaptations for the visual assessment of strength and fighting ability from the body and face', *Proceedings of the Royal Society of London B: Biological Sciences, 276*(1656), 575–84.

30 Carre, J. M. & McCormick, C. M. (2008), 'In your face: facial metrics predict aggressive behaviour in the laboratory and in varsity and professional hockey players', *Proceedings of the Royal Society B: Biological Sciences, 275*(1651), 2651–6.

31 Zilioli, S., Sell, A. N., Stirrat, M., Jagore, J., Vickerman, W. & Watson, N. V. (2015), 'Face of a fighter: Bizygomatic width as a cue of formidability', *Aggressive Behavior, 41*(4), 322–30.

32 Haselhuhn, M. P., Wong, E. M., Ormiston, M. E., Inesi, M. E. & Galinsky, A. D. (2014), 'Negotiating face-to-face: Men's facial structure predicts negotiation performance', *The Leadership Quarterly, 25*(5), 835–45.

33 The image is available under the terms of a Creative Commons Attribution Licence and was published in Kramer, R. S., Jones, A. L. & Ward, R. (2012), 'A lack of sexual dimorphism in width-to-height ratio in white European faces using 2D photographs, 3D scans, and anthropometry', *PloS one, 7*(8), e42705.

34 공개 결투를 통해 공직자를 선출하는 방식의 이점에 대해 생각해본 사람이라면 1984년의 이 독특한 뮤직비디오를 본 적이 있을지 모른다. https://www.youtube.com/watch?v=K2QAMqTgPKI

35 Cogsdill, E. J., Todorov, A. T., Spelke, E. S. & Banaji, M. R. (2014), 'Inferring

character from faces: A developmental stud', *Psychological Science, 25*(5), 1132-9.

36 Little, A. C. & Roberts, S. C. (2012), 'Evolution, appearance, and occupational success', *Evolutionary Psychology, 10*(5), 782-801.

37 Stulp, G., Buunk, A. P., Verhulst, S. & Pollet, T. V. (2015), 'Human height is positively related to interpersonal dominance in dyadic interactions', *PLoS One, 10*(2), e0117860.

38 Thomsen, L., Frankenhuis, W. E., Ingold-Smith, M. & Carey, S. (2011), 'Big and mighty: Preverbal infants mentally represent social dominance', *Science, 331*(6016), 477-80.

39 Lukaszewski, A. W., Simmons, Z. L., Anderson, C. & Roney, J. R. (2016), 'The role of physical formidability in human social status allocation', *Journal of Personality and Social Psychology, 110*(3), 385-406.

40 Judge, T. A. & Cable, D. M. (2004), 'The effect of physical height on workplace success and income: Preliminary test of a theoretical model', *Journal of Applied Psychology, 89*(3), 428-41.

41 Klofstad, C. A., Nowicki, S. & Anderson, R. C. (2016), 'How voice pitch influences our choice of leaders', *American Scientist, 104*(5), 282-7.

42 https://www.youtube.com/watch?v=cVje4C1nTt0

43 Tigue, C. C., Borak, D. J., O'Connor, J. J., Schandl, C. & Feinberg, D. R. (2012), 'Voice pitch influences voting behavior', *Evolution and Human Behavior, 33*(3), 210-16.

44 Klofstad, C. A., Anderson, R. C. & Nowicki, S. (2015), 'Perceptions of competence, strength, and age influence voters to select leaders with lower-pitched voices', *PloS one, 10*(8), e0133779.

45 Laustsen, L., Petersen, M. B. & Klofstad, C. A. (2015), 'Vote choice, ideology, and social dominance orientation influence preferences for lower pitched voices in political candidates', *Evolutionary Psychology, 13*(3), 1-13.

46 Banai, I. P., Banai, B. & Bovan, K. (2017), 'Vocal characteristics of presidential candidates can predict the outcome of actual elections', *Evolution and Human Behavior, 38*(3), 309-14.

47 Kipnis, D., Castell, J., Gergen, M. & Mauch, D. (1976), 'Metamorphic effects of power', *Journal of Applied Psychology, 61*(2), 127-35.

48 Bickman, L. (1974), 'The Social Power of a Uniform', *Journal of Applied*

Social Psychology, 4(4), 47 – 61.

49 Brief, A. P., Dukerich, J. M. & Doran, L. I. (1991), 'Resolving ethical dilemmas in management: Experimental investigations of values, accountability, and choice', *Journal of Applied Social Psychology, 21*(5), 380 – 96.

50 https://www.nytimes.com/2007/05/10/business/11drug-web.html

51 https://www.moneymarketing.co.uk/im-like-a-whores-drawers-what-rbs-traderssaid-over-libor/

52 Braver, S. L., Linder, D. E., Corwin, T. T. & Cialdini, R. B. (1977), 'Some conditions that affect admissions of attitude change', *Journal of Experimental Social Psychology, 13*(6), 565 – 76.

53 Schwartz, D., Dodge, K. A., Pettit, G. S. & Bates, J. E. (1997), 'The early socialization of aggressive victims of bullying', *Child Development, 68*(4), 665 – 75.

54 Rodkin, P. C., Farmer, T. W., Pearl, R. & Acker, R. V. (2006), 'They're cool: Social status and peer group supports for aggressive boys and girls', *Social Development, 15*(2), 175 – 204; Juvonen, J. & Graham, S. (2014), 'Bullying in schools: The power of bullies and the plight of victims', *Annual Review of Psychology, 65*(1), 159 – 85.

55 Salmivalli, C. (2010), 'Bullying and the peer group: A review', *Aggression and Violent Behavior, 15*(2), 112 – 20.

56 Van Ryzin, M. & Pellegrini, A. D. (2013), 'Socially competent and incompetent aggressors in middle school: The non-linear relation between bullying and dominance in middle school', *British Journal of Educational Psychology Monograph Series II*(9), 123 – 38.

57 Laustsen, L. & Petersen, M. B. (2015), 'Does a competent leader make a good friend? Conflict, ideology and the psychologies of friendship and followership', *Evolution and Human Behavior, 36*(4), 286 – 93.

58 Safra, L., Algan, Y., Tecu, T., Grezes, J., Baumard, N. & Chevallier, C. (2017), 'Childhood harshness predicts long-lasting leader preferences', *Evolution and Human Behavior, 38*(5), 645 – 51.

59 Muehlheusser, G., Schneemann, S., Sliwka, D. & Wallmeier, N. (2016), 'The contribution of managers to organizational success: Evidence from German soccer', *Journal of Sports Economics, 19*(6), 786 – 819. See also Peter, L. J. &

Hull, R. (1969), The Peter Principle, Oxford, UK: Morrow.

60 모든 스포츠에서 그런 것은 아니다. 미국 NBA에서는 최고 선수 출신이 감독직도 성공적으로 수행했다. 그러나 그럴 만한 이유가 있다. 전직 축구 스타들은 보통 최고위직으로 관리직 경력을 시작한다. 반면 NBA에서는 전직 스타 선수라고 할지라도 관리직의 사다리를 올라야 한다. 보통 수준이 낮은 리그의 보조 코치 역할에서 출발하는 것이다. 그 결과 뛰어나지 못한 감독은 상급 리그에 오르지 못한다. Goodall, A. H., Kahn, L. M. & Oswald, A. J. (2011), 'Why do leaders matter? A study of expert knowledge in a superstar setting', *Journal of Economic Behavior & Organization, 77*(3), 265–84.

61 Faber, D. (2008), *Munich: The 1938 Appeasement Crisis*, New York, NY: Simon & Schuster.

62 Laustsen, L. & Petersen, M. B. (2016), 'Winning faces vary by ideology: How nonverbal source cues influence election and communication success in politics', *Political Communication, 33*(2), 188–211.

63 Laustsen, L. & Petersen, M. B. (2017), 'Perceived conflict and leader dominance: Individual and contextual factors behind preferences for dominant leaders', *Political Psychology, 38*(6), 1083–1101.

64 Nevicka, B., De Hoogh, A. H., Van Vianen, A. E. & Ten Velden, F. S. (2013), 'Uncertainty enhances the preference for narcissistic leaders', *European Journal of Social Psychology, 43*(5), 370–80.

65 Ingersoll, Ralph (1940), *Report on England, November 1940*, New York, NY: Simon and Schuster.

66 Price, M. E. & Van Vugt, M. (2015), 'The service-for-prestige theory of leader-follower relations: A review of the evolutionary psychology and anthropology literatures', in R. Arvey & S. Colarelli (eds), *Biological Foundations of Organizational Behaviour*, Chicago: Chicago University Press, pp.169–201.

67 Zebrowitz, L. A. & Montepare, J. M. (2005), 'Appearance DOES matter', *Science, 308*(5728), 1565–6.

68 Bagchi, R. & Cheema, A. (2012), 'The effect of red background color on willingness-to-pay: The moderating role of selling mechanism', *Journal of Consumer Research, 39*(5), 947–60.

69 Hill, R. A. & Barton, R. A. (2005), 'Psychology: red enhances human performance in contests', *Nature, 435*(7040), 293.

70 Kramer, R. S. (2016), 'The red power (less) tie: Perceptions of political leaders wearing red', *Evolutionary Psychology, 14*(2), 1 – 8.

71 Galbarczyk, A. & Ziomkiewicz, A. (2017), 'Tattooed men: Healthy bad boys and good-looking competitors', *Personality and Individual Differences, 106*, 122 – 5.

프레임 4 매력

1 https://www.mirror.co.uk/news/world-news/actress-demands-pay-less-tax-9233636

2 Bertrand, M., Karlan, D., Mullainathan, S., Shafir, E. & Zinman, J. (2010), 'What's advertising content worth? Evidence from a consumer credit marketing field experiment', *The Quarterly Journal of Economics, 125*(968), 263 – 306.

3 Maestripieri, D., Henry, A. & Nickels, N. (2017), 'Explaining financial and prosocial biases in favor of attractive people: Interdisciplinary perspectives from economics, social psychology, and evolutionary psychology', *Behavioral and Brain Sciences, 40*, e19.

4 Langlois, J. H., Kalakanis, L., Rubenstein, A. J., Larson, A., Hallam, M. & Smoot, M. (2000), 'Maxims or myths of beauty? A meta-analytic and theoretical review', *Psychological Bulletin, 126*(3), 390 – 423.

5 Langlois, J. H., Roggman, L. A., Casey, R. J., Ritter, J. M., Rieser-Danner, L. A. & Jenkins, V. Y. (1987), 'Infant preferences for attractive faces: Rudiments of a stereotype', *Developmental Psychology, 23*(3), 363 – 9.

6 Langlois, J. H., Roggman, L. A. & Rieser-Danner, L. A. (1990), 'Infants' differential social responses to attractive and unattractive faces', *Developmental Psychology, 26*(1), 153 – 9.

7 Langlois, J. H., Ritter, J. M., Casey, R. J. & Sawin, D. B. (1995), 'Infant attractiveness predicts maternal behaviors and attitudes', *Developmental Psychology, 31*(3), 464 – 72.

8 The fake (Heineken) version can be found here: https://www.snopes.com/factcheck/heineken-beer-ad-babies/ The original was published in Life magazine: Pepsico (12 September 1955), 'Nothing does it like Seven-up!' [Advertisement], *Life, 39*(11), 100.

9 Langlois, J. H. & Roggman, L. A. (1990), 'Attractive faces are only average', *Psychological Science, 1*(2), 115 – 21; Langlois, J. H., Roggman, L. A. & Musselman, L. (1994), 'What is average and what is not average about attractive faces?', *Psychological Science, 5*(4), 214 – 20.

10 Rhodes, G. (2006), 'The evolutionary psychology of facial beauty', Annual Review of Psychology, 57(1), 199 – 226; Little, A. C. (2014), 'Facial attractiveness', *Wiley Interdisciplinary Reviews: Cognitive Science, 5*(6), 621 – 34.

11 Burley, N. (1983), 'The meaning of assortative mating', *Ethology and Sociobiology, 4*(4), 191 – 203.

12 Laeng, B., Vermeer, O. & Sulutvedt, U. (2013), 'Is beauty in the face of the beholder?', *PLoS One, 8*(7), e68395.

13 사실, 여성이 남성적인 남성을 선호하는지 아닌지는 뜨거운 논쟁 거리다. 과도하게 남성적인 남성은 보통 매력적으로 여겨지지 않으며 여성적인 얼굴의 특징을 가진 이들이 더 매력적으로 평가받는 일이 많다. 이성애자인 여성에게 가장 매력적으로 보는 남성은 좋은 유전자를 가진 체격이 좋고 키 큰 남자로 신뢰할 만하고 자신을 애지중지하며 장기적인 궁합이 잘 맞아야 한다. 또한 친절한 눈매를 가진 힘이 센 남자, 상황에 따라 공격과 방어를 조절하는 남자, 그러면서도 배려와 사랑을 갖춘, 너무 몰아붙이지 않는 남자다. 정리하자면 '쓸모 있는 덩치'쯤 될 텐데 소방관이라는 비교적 정확한 예가 있다. 이렇게 눈이 돌아갈 정도로 정형화된 남성상은 현실을 반영하는 듯하다. 데이트 앱 틴더는 2016년부터 사람들이 자기소개란에 직업을 포함시킬 수 있게 허용하여 이성에게 가장 매력적인 직업을 기록할 기회를 선사했다. 항공기 조종사, 소방관, 기업가가 여성들의 관심을 가장 많이 받았다. 남성들에게는 모델, 개인 트레이너, 간호사가 상위를 차지했다. http://uk.businessinsider.com/tinders-most-swiped-right-jobs-in-america-2016-2?r=US&IR=T

14 Sadalla, E. K., Kenrick, D. T. & Vershure, B. (1987), 'Dominance and heterosexual attraction', *Journal of Personality and Social Psychology, 52*(4), 730 – 8. See also, Snyder, J. K., Kirkpatrick, L. A. & Barrett, H. C. (2008), 'The dominance dilemma: Do women really prefer dominant mates?', *Personal relationships, 15*(4), 425 – 44; Said, C. P. & Todorov, A. (2011), 'A statistical model of facial attractiveness', *Psychological Science, 22*(9), 1183 – 90.

15 Bruch, E., Feinberg, F. & Lee, K. Y. (2016), 'Extracting multistage screening

rules from online dating activity data', *Proceedings of the National Academy of Sciences, 113*(38), 10530 – 5. See also http://www.dailymail.co.uk/femail/article-2524568/Size-matters-online-dating-Short-men-taller-counterparts.html

16 Pollet, T. V., Pratt, S. E., Edwards, G. & Stulp, G. (2013), 'The Golden Years: Men From The Forbes 400 Have Much Younger Wives When Remarrying Than the General US Population', *Letters on Evolutionary Behavioral Science, 4*(1), 5 – 8.

17 Toma, C. L. & Hancock, J. T. (2010), 'Looks and lies: The role of physical attractiveness in online dating self-presentation and deception', *Communication Research, 37*(3), 335 – 51.

18 https://www.today.com/news/do-high-heels-empower-or-oppress-womenwbna32970817; see also Morris, P. H., White, J., Morrison, E. R. & Fisher, K. (2013), 'High heels as supernormal stimuli: How wearing high heels affects judgements of female attractiveness', *Evolution and Human Behavior, 34*(3), 176 – 81.

19 Epstein, J., Klinkenberg, W. D., Scandell, D. J., Faulkner, K. & Claus, R. E. (2007), 'Perceived physical attractiveness, sexual history, and sexual intentions: An internet study', *Sex Roles, 56*(2), 23 – 31.

20 Dion, K. K. (1974), 'Children's physical attractiveness and sex as determinants of adult punitiveness', *Developmental Psychology, 10*(5), 772 – 8; Dion, K. K. & Berscheid, E. (1974), 'Physical attractiveness and peer perception among children', *Sociometry, 37*(1), 1 – 12.

21 Maestripieri, D., Henry, A. & Nickels, N. (2017), 'Explaining financial and prosocial biases in favor of attractive people: Interdisciplinary perspectives from economics, social psychology, and evolutionary psychology', *Behavioral and Brain Sciences, 40*, e19.

22 Hamermesh, D. S. (2011), *Beauty Pays: Why attractive people are more successful*, Princeton, NJ: Princeton University Press.

23 Hamermesh, D. S. & Abrevaya, J. (2013), 'Beauty is the promise of happiness?', *European Economic Review, 64*, 351 – 68.

24 Rhode, D. L. (2010), *The Beauty Bias: The injustice of appearance in life and law*, New York, NY: Oxford University Press.

25 Busetta, G., Fiorillo, F. & Visalli, E. (2013), 'Searching for a job is a beauty

contest', *Munich Personal RePEc Archive*, Paper No. 49825.

26 The Argentinian and Israeli studies, respectively: Boo, F. L., Rossi, M. A. & Urzua, S. S. (2013), 'The labor market return to an attractive face: Evidence from a field experiment', *Economics Letters, 118*(1), 170 – 2; Ruff le, B. J. & Shtudiner, Z. E. (2014), 'Are good-looking people more employable?', *Management Science, 61*(8), 1760 – 76.

27 Hosoda, M., Stone-Romero, E. F. & Coats, G. (2003), 'The effects of physical attractiveness on job-related outcomes: A meta-analysis of experimental studies', *Personnel Psychology, 56*(2), 431 – 62.

28 Berggren, N., Jordahl, H. & Poutvaara, P. (2010), 'The looks of a winner: Beauty and electoral success', *Journal of Public Economics, 94*(2), 8 – 15.

29 Mazzella, R. & Feingold, A. (1994), 'The effects of physical attractiveness, race, socioeconomic status, and gender of defendants and victims on judgments of mock jurors: A meta-analysis', *Journal of Applied Social Psychology, 24*(3), 1315 – 38.

30 Jacob, C., Gueguen, N., Boulbry, G. & Ardiccioni, R. (2010), 'Waitresses' facial cosmetics and tipping: A field experiment', *International Journal of Hospitality Management, 29*(1), 188 – 90.

31 Gueguen, N. (2010), 'Color and women hitchhikers' attractiveness: Gentlemen drivers prefer red', Color Research & Application, 37(1), 76 – 8; Gueguen, N. & Jacob, C. (2014), 'Clothing color and tipping: Gentlemen patrons give more tips to waitresses with red clothes', *Journal of Hospitality & Tourism Research, 38*(2), 275 – 80.

32 Beall, A. T. & Tracy, J. L. (2013), 'Women are more likely to wear red or pink at peak fertility', *Psychological Science, 24*(9), 1837 – 41.

33 Kayser, D. N., Agthe, M. & Maner, J. K. (2016), 'Strategic sexual signals: Women's display versus avoidance of the color red depends on the attractiveness of an anticipated interaction partner', *PloS one, 11*(3), e0148501.

34 Ahearne, M., Gruen, T. W. & Jarvis, C. B. (1999), 'If looks could sell: Moderation and mediation of the attractiveness effect on salesperson performance', *International Journal of Research in Marketing, 16*(4), 269 – 84.

35 https://www.independent.ie/world-news/shoppers-think-smiles-are-

sexual-26168792.html

36 https://www.npr.org/2008/10/09/95520570/dolly-partons-jolene-still-hauntssingers

37 Maner, J. K., Gailliot, M. T., Rouby, D. A. & Miller, S. L. (2007), 'Can't take my eyes off you: Attentional adhesion to mates and rivals', *Journal of Personality and Social Psychology, 93*(3), 389 – 401.

38 Leenaars, L. S., Dane, A. V. & Marini, Z. A. (2008), 'Evolutionary perspective on indirect victimization in adolescence: The role of attractiveness, dating and sexual behavior', *Aggressive Behavior, 34*(4), 404 – 15. See also Vaillancourt, T. & Sharma, A. (2011), 'Intolerance of sexy peers: Intrasexual competition among women', *Aggressive Behavior, 37*(6), 569 – 77.

39 https://www.psychologytoday.com/gb/blog/out-the-ooze/201804/why-prettygirls-may-be-especially-vulnerable-bullying

40 다음 영상은 단순히 예쁘게 태어났다는 '죄'만으로 징벌을 가하는 집단이 있다는 점을 생생하게 보여준다. http://www.dailymail.co.uk/video/news/video-1101302/School-bullies-force-girl-drinkpuddle-water-pretty.html(경고: 해당 링크에는 일부 독자들을 분노하게 만들 수 있는 장면이 포함돼 있다.)

41 http://www.dailymail.co.uk/femail/article-2124246/Samantha-Brick-downsideslooking-pretty-Why-women-hate-beautiful.html

42 모순적이게도 약간 과체중인 남성은 특정 영역에서 오히려 더 긍정적으로 평가받는다는 연구 결과가 있다. See Judge, T. A. & Cable, D. M. (2011), 'When it comes to pay, do the thin win? The effect of weight on pay for men and women', *Journal of Applied Psychology, 96*(1), 95 – 112.

43 Oreffice, S. & Quintana-Domeque, C. (2016), 'Beauty, body size and wages: Evidence from a unique data set', *Economics & Human Biology, 22*, 24 – 34. See also Elmore, W., Vonnahame, E. M., Thompson, L., Filion, D. & Lundgren, J. D. (2015), 'Evaluating political candidates: Does weight matter?', *Translational Issues in Psychological Science, 1*(3), 287 – 97.

44 Whipple, T. (2018), *X and Why: The rules of attraction: Why gender still matters*, London: Short Books Ltd.

45 Buss, D. M. (1989), 'Sex differences in human mate preferences: Evolutionary hypotheses tested in 37 cultures', *Behavioral and Brain Sciences, 12*(1), 1 – 14; Li, N. P., Bailey, J. M., Kenrick, D. T. & Linsenmeier, J. A. (2002), 'The

necessities and luxuries of mate preferences: Testing the tradeoffs', *Journal of Personality and Social Psychology, 82*(6), 947 – 55; McClintock, E. A. (2011), 'Handsome wants as handsome does: Physical attractiveness and gender differences in revealed sexual preferences', *Biodemography and Social Biology, 57*(2), 221 – 57.

46 Trivers, R. L. (1972), 'Parental investment and sexual selection', in B. Campbell (ed.), *Sexual selection and the descent of man*, Chicago, IL: Aldine, pp.136 – 79.

47 Baumeister, R. F., Catanese, K. R. & Vohs, K. D. (2001), 'Is there a gender difference in strength of sex drive? Theoretical views, conceptual distinctions, and a review of relevant evidence', *Personality and Social Psychology Review, 5*(3), 242 – 73.

48 Downey, G. J. (2002), *Telegraph Messenger Boys: Labor, Communication and Technology, 1850–1950*, New York, NY: Routledge.

2부 소프트 메신저

1 Smith, D. (2016), *Rasputin: Faith, Power, and the Twilight of the Romanovs*, New York, NY: Farrar, Straus and Giroux.

2 Baumeister, R. F. & Leary, M. R. (1995), 'The Need to Belong: Desire for Interpersonal Attachments as a Fundamental Human Motivation', *Psychological Bulletin, 117*, 497 – 529.

3 Powdthavee, N. (2008), 'Putting a price tag on friends, relatives, and neighbours: Using surveys of life satisfaction to value social relationships', *The Journal of Socio-Economics, 37*(4), 1459 – 80; Helliwell, J. F. & Putnam, R. D. (2004), 'The social context of well-being', *Philosophical Transactions of the Royal Society B: Biological Sciences, 359*(1449), 1435 – 46.

4 Cacioppo, J. T., Hawkley, L. C., Ernst, J. M., Burleson, M., Berntson, G. G., Nouriani, B. & Spiegel, D. (2006), 'Loneliness within a nomological net: An evolutionary perspective', *Journal of Research in Personality, 40*(6), 1054 – 85; Lauder, W., Mummery, K., Jones, M. & Caperchione, C. (2006),

'A comparison of health behaviours in lonely and non-lonely populations', *Psychology, Health & Medicine, 11*(2), 233 – 45.

5 Stenseng, F., Belsky, J., Skalicka, V. & Wichstrøm, L. (2014), 'Preschool social exclusion, aggression, and cooperation: A longitudinal evaluation of the needto-belong and the social-reconnection hypotheses', *Personality and Social Psychology Bulletin, 40*(12), 1637 – 47; Ren, D., Wesselmann, E. D. & Williams, K. D.(2018), 'Hurt people hurt people: ostracism and aggression', *Current Opinion in Psychology, 19*, 34 – 8.

6 Leary, M. R., Kowalski, R. M., Smith, L. & Phillips, S. (2003), 'Teasing, rejection, and violence: Case studies of the school shootings', *Aggressive Behavior: Official Journal of the International Society for Research on Aggression, 29*(3), 202 – 14; Sommer, F., Leuschner, V. & Scheithauer, H. (2014), 'Bullying, romantic rejection, and conflicts with teachers: The crucial role of social dynamics in the development of school shootings – A systematic review', *International Journal of Developmental Science, 8*(1 – 2), 3 – 24.

7 Finch, J. F. & Cialdini, R. B. (1989), 'Another indirect tactic of (self-)image management: Boosting', *Personality and Social Psychology Bulletin, 15*(2), 222 – 32.

8 Cialdini, R. B. (2001), *Influence: Science and Practice*, New York, NY: Harper Collins; McPherson, M., Smith-Lovin, L. & Cook, J. M. (2001), 'Birds of a feather: Homophily in social networks', *Annual Review of Sociology, 27*, 415 – 44.

9 Del Vicario, M., Bessi, A., Zollo, F., Petroni, F., Scala, A., Caldarelli, G., Stanley, H. E. & Quattrociocchi, W. (2016), 'The spreading of misinformation online', *Proceedings of the National Academy of Sciences, 113*(3), 554 – 9; Sunstein, C. R.(2017), *Republic: Divided democracy in the age of social media*, Princeton, NJ: Princeton University Press.

10 Marks, J., Copland, E., Loh, E., Sunstein, C. R. & Sharot, T. (2019), 'Epistemic spillovers: Learning others' political views reduces the ability to assess and use their expertise in nonpolitical domains', *Cognition, 188*, 74 – 84.

11 https://www.marketingweek.com/2016/01/12/sport-englands-this-girl-can-campaign-inspires-2-8-million-women-to-get-active/

12 Department for International Development (2009), 'Getting braids not AIDS: How hairdressers are helping to tackle HIV in Zimbabwe': https://

reliefweb.int/report/zimbabwe/getting-braids-not-aids-how-hairdressers-
are-helping-tacklehiv-zimbabwe

프레임 5 온화함

1 https://www.nytimes.com/1985/12/19/business/how-texaco-lost-court-
fight.html

2 http://articles.latimes.com/1986-01-19/business/fi-1168_1_ordinary-people

3 죄책감은 기본적으로 사회적 감정이다. 사람들이 타인을 해치지 않게 하고 관
계를 회복하도록 촉구한다.

4 Cuddy, A. J., Fiske, S. T. & Glick, P. (2008), 'Warmth and competence as
universal dimensions of social perception: The stereotype content model and
the BIAS map', *Advances in Experimental Social Psychology, 40*, 61 – 149.

5 Carnegie, D. (1936), *How to Win Friends and Influence People*, New York,
NY: Simon & Schuster.

6 Gottman, J. M. & Levenson, R. W. (2000), 'The timing of divorce: Predicting
when a couple will divorce over a 14-year period', *Journal of Marriage and
Family, 62*(3), 737 – 45; Gottman, J. (1995), *Why Marriages Succeed or Fail:
And how to make yours last*, New York, NY: Simon & Schuster.

7 Hamlin, J. K., Wynn, K. & Bloom, P. (2007), 'Social evaluation by preverbal
infants', *Nature, 450*(7169), 557 – 9; Van de Vondervoort, J. W. & Hamlin,
J. K. (2018), 'The early emergence of sociomoral evaluation: infants prefer
prosocial others', *Current Opinion in Psychology, 20*, 77 – 81.

8 Brown, P. & Levinson, S. C. (1987), *Politeness: Some universals in language
usage*, New York, NY: Cambridge University Press; Pinker, S. (2007), *The
Stuff of Thought: Language as a window into human nature*, New York, NY:
Viking.

9 Pinker, S. (2007), *The Stuff of Thought: Language as a window into human
nature*, New York, NY: Viking.

10 Zerubavel, N., Hoffman, M. A., Reich, A., Ochsner, K. N. & Bearman,
P. (2018), 'Neural precursors of future liking and affective reciprocity',
Proceedings of the National Academy of Sciences, 115(17), 4375 – 80.

11 Francis, D., Diorio, J., Liu, D. & Meaney, M. J. (1999), 'Nongenomic
transmission across generations of maternal behavior and stress responses in

the rat', *Science, 286*(5442), 1155 – 8.

12 Luecken, L. J. & Lemery, K. S. (2004), 'Early caregiving and physiological stress responses', *Clinical Psychology Review, 24*(2), 171 – 91.

13 Rogers, C. R. (1957), 'The necessary and sufficient conditions of therapeutic personality change', *Journal of Consulting Psychology, 21*(2), 97 – 103; Rogers, C. R., Gendlin, E. T., Kiesler, D. & Truax, C. (1967), *The Therapeutic Relationship and Its Impact: A study of psychotherapy with schizophrenics*, Oxford, UK. 13 Ambady, N., LaPlante, D., Nguyen, T., Rosenthal, R., Chaumeton, N. & Levinson, W. (2002), 'Surgeons' tone of voice: A clue to malpractice history', *Surgery, 132*(1), 5 – 9.

14 Ambady, N., LaPlante, D., Nguyen, T., Rosenthal, R., Chaumeton, N. & Levinson, W. (2002), 'Surgeons' tone of voice: A clue to malpractice history', *Surgery, 132*(1), 5 – 9.

15 Alison, L. J., Alison, E., Noone, G., Elntib, S., Waring, S. & Christiansen, P. (2014), 'The efficacy of rapport-based techniques for minimizing counter-interrogation tactics amongst a field sample of terrorists', *Psychology, Public Policy, and Law, 20*(4), 421 – 30.

16 Seiter, J. S. & Dutson, E. (2007), 'The Effect of Compliments on Tipping Behavior in Hairstyling Salons', *Journal of Applied Social Psychology, 37*(9), 1999 – 2007; Seiter, J. S. (2007), 'Ingratiation and gratuity: The effect of complimenting customers on tipping behavior in restaurants', *Journal of Applied Social Psychology, 37*(3), 478 – 85; Grant, N. K., Fabrigar, L. R. & Lim, H. (2010), 'Exploring the efficacy of compliments as a tactic for securing compliance', *Basic and Applied Social Psychology, 32*(3), 226 – 33.

17 Laustsen, L. & Bor, A. (2017), 'The relative weight of character traits in political candidate evaluations: Warmth is more important than competence, leadership and integrity', *Electoral Studies, 49*, 96 – 107.

18 Chozick, A. (2018), *Chasing Hillary: Ten Years, Two Presidential Campaigns, and One Intact Glass Ceiling*, New York, NY: HarperCollins.

19 Laustsen, L. (2017), 'Choosing the right candidate: Observational and experimental evidence that conservatives and liberals prefer powerful and warm candidate personalities, respectively', *Political Behavior, 39*(4), 883 – 908.

20 https://www.seattletimes.com/business/in-person-costco-president-craig-

jelinekkeeps-a-low-profile/

21 Roberts, J. A. & David, M. E. (2017), 'Put down your phone and listen to me: How boss phubbing undermines the psychological conditions necessary for employee engagement', *Computers in Human Behavior, 75*, 206 – 17.

22 Ashford, S. J., Wellman, N., Sully de Luque, M., De Stobbeleir, K. E. & Wollan, M. (2018), 'Two roads to effectiveness: CEO feedback seeking, vision articulation, and firm performance', *Journal of Organizational Behavior, 39*(1), 82 – 95.

23 Newcombe, M. J. & Ashkanasy, N. M. (2002), 'The role of affect and affective congruence in perceptions of leaders: An experimental study', *The Leadership Quarterly, 13*(5), 601 – 14.

24 Van Kleef, G. A., De Dreu, C. K. & Manstead, A. S. (2010), 'An interpersonal approach to emotion in social decision making: The emotions as social information model', in *Advances in Experimental Social Psychology*, Oxford, UK: Academic Press, Vol. 42, pp.45 – 96.

25 Ariely, D. (2016), *Payoff: The Hidden Logic That Shapes Our Motivations*, London: Simon and Schuster.

26 직원들의 자기합리화가 이렇게 진행될 것이다. "나는 추가적인 돈을 줘야 열심히 일할 거야. 이 일 자체는 신경 안 써."

27 Grant, A. M. & Gino, F. (2010), 'A little thanks goes a long way: Explaining why gratitude expressions motivate prosocial behavior', *Journal of Personality and Social Psychology, 98*(6), 946 – 55.

28 https://www.govinfo.gov/content/pkg/PPP-1995-book2/pdf/PPP-1995-book2-doc-pg1264-3.pdf

29 Brooks, A. W., Dai, H. & Schweitzer, M. E. (2014), 'I'm sorry about the rain! Superfluous apologies demonstrate empathic concern and increase trust', *Social Psychological and Personality Science, 5*(4), 467 – 74.

30 Official apology transcript: https://www.australia.gov.au/about-australia/ourcountry/our-people/apology-to-australias-indigenous-peoples; Kevin Rudd has the highest career-peak approval rating: https://www.theaustralian.com.au/national-affairs/newspoll

31 Cialdini, R. B. & de Nicholas, M. E. (1989), 'Self-presentation by association', *Journal of personality and social psychology, 57*(4), 626 – 31.

32 Weidman, A. C., Cheng, J. T. & Tracy, J. L. (2018), 'The psychological

structure of humility', *Journal of Personality and Social Psychology, 114*(1), 153 – 78.

33 Van Kleef, G. A., De Dreu, C. K. W. & Manstead, A. S. R. (2006), 'Supplication and appeasement in conflict and negotiation: The interpersonal effects of disappointment, worry, guilt, and regret', *Journal of Personality and Social Psychology, 91*(1), 124 – 42.

34 Marks, J., Czech, P. & Sharot, T. (in prep), 'Observing others give & take: A computational account of bystanders' feelings and actions'. See also Klein, N. & Epley, N. (2014), 'The topography of generosity: Asymmetric evaluations of prosocial actions', *Journal of Experimental Psychology: General, 143*(6), 2366 – 79.

35 Minson, J. A. & Monin, B. (2012), 'Do-gooder derogation: Disparaging morally motivated minorities to defuse anticipated reproach', *Social Psychological and Personality Science, 3*(2), 200 – 7.

36 Kraus, M. W. & Keltner, D. (2009), 'Signs of socioeconomic status: A thin-slicing approach', *Psychological Science, 20*(1), 99 – 106.

37 Zebrowitz, L. A. & Montepare, J. M. (2005), 'Appearance DOES matter', *Science, 308*(5728), 1565 – 6.

38 Todorov, A., Mandisodza, A. N., Goren, A. & Hall, C. C. (2005), 'Inferences of competence from faces predict election outcomes', *Science, 308*(5728), 1623 – 6.

39 Keating, C. F., Randall, D. & Kendrick, T. (1999), 'Presidential physiognomies: Altered images, altered perceptions', *Political Psychology, 20*(3), 593 – 610.

40 Zebrowitz, L. A., Kendall-Tackett, K. & Fafel, J. (1991), 'The influence of children's facial maturity on parental expectations and punishments', *Journal of Experimental Child Psychology, 52*(2), 221 – 38.

41 Zebrowitz, L. A. & McDonald, S. M. (1991), 'The impact of litigants' baby-facedness and attractiveness on adjudications in small claims courts', *Law and Human Behavior, 15*(6), 603 – 23.

42 Perrett, D. (2010), *In Your Face: The new science of human attraction*, New York, NY: Palgrave Macmillan.

43 Willer, R. (2009), 'Groups reward individual sacrifice: The status solution to the collective action problem', *American Sociological Review, 74*(1), 23 – 43.

44 Restivo, M. & Van De Rijt, A. (2012), 'Experimental study of informal rewards in peer production', *PloS one, 7*, e34358.
45 56퍼센트의 투표율이 역대 최고는 아니다. 1960년 케네디 대 닉슨의 경선이 63.5퍼센트로 역대 최고 기록이다. 민주당 케네디 후보가 총 득표와 선거인단 확보에서 모두 승리를 거뒀다.
46 Hardy, C. L. & Van Vugt, M. (2006), 'Nice guys finish first: The competitive altruism hypothesis', *Personality and Social Psychology Bulletin, 32*(10), 1402–13.
47 Yoeli, E., Hoffman, M., Rand, D. G. & Nowak, M. A. (2013), 'Powering up with indirect reciprocity in a large-scale field experiment', *Proceedings of the National Academy of Sciences, 110*(2), 10424–9.
48 https://www.nytimes.com/2007/07/04/business/04hybrid.html
49 Griskevicius, V., Tybur, J. M. & Van den Bergh, B. (2010), 'Going green to be seen: Status, reputation, and conspicuous conservation', *Journal of Personality and Social Psychology, 98*(3), 392–404.

프레임 6 취약성

1 https://hbr.org/2014/12/what-bosses-gain-by-being-vulnerable
2 Clausen, T., Christensen, K. B. & Nielsen, K. (2015), 'Does Group-Level Commitment Predict Employee Well-Being?', *Journal of Occupational and Environmental Medicine, 57*(11), 1141–6.
3 Brown, B. (2015), *Daring Greatly: How the courage to be vulnerable transforms the way we live, love, parent, and lead*, London: Penguin.
4 Bohns, V. K. & Flynn, F. J. (2010), '"Why didn't you just ask?" Underestimating the discomfort of help-seeking', *Journal of Experimental Social Psychology, 46*(2), 402–9. See also DePaulo, B. M. & Fisher, J. D. (1980), 'The costs of asking for help', *Basic and Applied Social Psychology, 1*(1), 23–35.
5 Ibid.; and ibid.
6 Bruk, A., Scholl, S. G. & Bless, H. (2018), 'Beautiful mess effect: Self-ther differences in evaluation of showing vulnerability', *Journal of Personality and Social Psychology, 115*(2), 192–205.
7 https://www.metro.news/theresa-mays-a-super-trouper-says-abbas-

bjornulvaeus/1325504/

8 https://www.theguardian.com/commentisfree/2018/oct/03/theresa-mayconference-speech-verdict-conservative-birmingham

9 Gray, K. & Wegner, D. M. (2011), 'To escape blame, don't be a hero - Be a victim', *Journal of Experimental Social Psychology, 47*(2), 516 - 19.

10 http://news.bbc.co.uk/1/hi/entertainment/8077075.stm

11 Collins, N. L. & Miller, L. C. (1994), 'Self-disclosure and liking: A metaanalytic review', *Psychological Bulletin, 116*(3), 457 - 75; Moore, D. A., Kurtzberg, T. R., Thompson, L. L. & Morris, M. W. (1999), 'Long and short routes to success in electronically mediated negotiations: Group affiliations and good vibrations', *Organizational Behavior and Human Decision Processes, 77*(1), 22 - 43; Vallano, J. P. & Compo, N. S. (2011), 'A comfortable witness is a good witness: Rapport-building and susceptibility to misinformation in an investigative mock-crime interview', *Applied Cognitive Psychology, 25*(6), 960 - 70; Stokoe, E. (2009), '"I've got a girlfriend": Police officers doing "self-disclosure" in their interrogations of suspects', *Narrative Inquiry, 19*(1), 154 - 82.

12 유튜브에서 'toddler altruism(아기의 이타주의)'를 검색하여 아기가 남을 돕는 행동에 대한 (귀여운) 영상을 찾아보라.

13 Davidov, M., Zahn-Waxler, C., Roth-Hanania, R. & Knafo, A. (2013), 'Concern for others in the first year of life: Theory, evidence, and avenues for research', *Child Development Perspectives, 7*(2), 126 - 31.

14 Bartal, I. B. A., Decety, J. & Mason, P. (2011), 'Empathy and pro-social behavior in rats', *Science, 334*(6061), 1427 - 30.

15 Crockett, M. J., Kurth-Nelson, Z., Siegel, J. Z., Dayan, P. & Dolan, R. J. (2014), 'Harm to others outweighs harm to self in moral decision making', *Proceedings of the National Academy of Sciences, 111*(48), 17320 - 5.

16 Grant, A. M. & Hofmann, D. A. (2011), 'It's Not All About Me: Motivating hand hygiene among health care professionals by focusing on patients', *Psychological Science, 22*(12), 1494 - 9.

17 Oberholzer-Gee, F. (2006), 'A market for time fairness and efficiency in waiting lines', *Kyklos, 59*(3), 427 - 40.

18 Milgram, S. (1974), *Obedience to Authority*, London: Tavistock.

19 Rosas, A. & Koenigs, M. (2014), 'Beyond "utilitarianism": Maximizing the

clinical impact of moral judgment research', *Social Neuroscience, 9*(6), 661 – 7.

20 Andreoni, J., Rao, J. M. & Trachtman, H. (2017), 'Avoiding the ask: A field experiment on altruism, empathy, and charitable giving', *Journal of Political Economy, 125*(3), 625 – 53.

21 다만 자원봉사자들이 명시적으로 돈을 요구했을 때 많은 사람들이 그들을 피해갔다.

22 https://www.today.com/popculture/dancing-man-today-show-defies-bulliesdances-meghan-trainor-t22501

23 Jenni, K. & Loewenstein, G. (1997), 'Explaining the identifiable victim effect', *Journal of Risk and Uncertainty, 14*(3), 235 – 57.

24 For more information about identifiable victim effects, see: Lee, S. & Feeley, T. H. (2016), 'The identifiable victim effect: A meta-analytic review', *Social Influence, 11*(3), 199 – 215.

25 Nobis, N. (2009), 'The "Babe" vegetarians: bioethics, animal minds and moral methodology', in S. Shapshay (ed.), *Bioethics at the movies*, Baltimore, MD: Johns Hopkins University Press. See also https://www.newstatesman.com/culture/film/2016/08/babe-bfg-how-children-s-stories-promote-vegetarianism

26 https://www.veganfoodandliving.com/veganuary-launches-crowdfundingcampaign-to-place-vegan-adverts-on-the-london-underground/

27 Bloom, P. (2017), *Against Empathy: The case for rational compassion*, London: Penguin.

28 Schelling, T. C. (1968), 'The Life You Save May Be Your Own', in S. Chase (ed.), *Problems in Public Expenditure Analysis*, Washington, DC: The Brookings Institute.

29 Bloom, P. (2017), 'Empathy and its discontents', *Trends in Cognitive Sciences, 21*(1), 24 – 31.

30 Fisher, R. (1981), 'Preventing nuclear war', *Bulletin of the Atomic Scientists, 37*(3), 11 – 17.

31 Cikara, M. & Fiske, S. T. (2012), 'Stereotypes and schadenfreude: Affective and physiological markers of pleasure at outgroup misfortunes', *Social Psychological and Personality Science, 3*(1), 63 – 71.

32 https://www.thesun.co.uk/world-cup-2018/6641079/world-cup-2018-germany/

33 Kay, A. C. & Jost, J. T. (2003), 'Complementary justice: effects of "poor but happy" and "poor but honest" stereotype exemplars on system justification and implicit activation of the justice motive', *Journal of personality and social psychology, 85*(5), 823–37; Zaki, J. (2014), 'Empathy: a motivated account', *Psychological Bulletin, 140*(6), 1608–47.

34 Harris, L. T. & Fiske, S. T. (2006), 'Dehumanizing the lowest of the low: Neuroimaging responses to extreme out-groups', *Psychological Science, 17*(10), 847–53.

35 Haslam, N. & Loughnan, S. (2014), 'Dehumanization and infrahumanization', *Annual Review of Psychology, 65*, 399–423.

36 Strack, S. & Coyne, J. C. (1983), 'Social confirmation of dysphoria: Shared and private reactions to depression', *Journal of Personality and Social Psychology, 44*(4), 798–806.

37 Vaes, J. & Muratore, M. (2013), 'Defensive dehumanization in the medical practice: A cross-sectional study from a health care worker's perspective', *British Journal of Social Psychology, 52*(1), 180–90.

38 http://www.nytimes.com/2009/04/07/health/07pati.html

39 Lammers, J. & Stapel, D. A. (2011), 'Power increases dehumanization', *Group Processes & Intergroup Relations, 14(1)*, 113–26.

40 Fehse, K., Silveira, S., Elvers, K. & Blautzik, J. (2015), 'Compassion, guilt and innocence: an fMRI study of responses to victims who are responsible for their fate', *Social Neuroscience, 10*(3), 243–52.

41 Lerner, M. J. & Goldberg, J. H. (1999), 'When do decent people blame victims? The differing effects of the explicit/rational and implicit/experiential cognitive systems', in S. Chaiken & Y. Trope (eds), *Dual-process Theories in Social Psychology*, New York, NY: Guilford Press, pp.627–40; Harber, K. D., Podolski, P. & Williams, C. H. (2015), 'Emotional disclosure and victim blaming', *Emotion, 15*(5), 603–14.

42 Harris, L. T., Lee, V. K., Capestany, B. H. & Cohen, A. O. (2014), 'Assigning economic value to people results in dehumanization brain response', *Journal of Neuroscience, Psychology, and Economics, 7*(3), 151–63.

43 Kogut, T. & Ritov, I. (2007), '"One of us": Outstanding willingness to help

save a single identified compatriot', *Organizational Behavior and Human Decision Processes, 104*(2), 150 – 7.

44 Levine, M., Prosser, A., Evans, D. & Reicher, S. (2005), 'Identity and emergency intervention: How social group membership and inclusiveness of group boundaries shape helping behavior', *Personality and Social Psychology Bulletin, 31*(4), 443 – 53.

45 Tam, T., Hewstone, M., Cairns, E., Tausch, N., Maio, G. & Kenworthy, J. (2007), 'The impact of intergroup emotions on forgiveness in Northern Ireland', *Group Processes & Intergroup Relations, 10*(1), 119 – 36; Capozza, D., Falvo, R., Favara, I. & Trifiletti, E. (2013), 'The relationship between direct and indirect cross-group friendships and outgroup humanization: Emotional and cognitive mediators', *Testing, Psychometrics, Methodology in Applied Psychology, 20*(4), 383 – 97.

46 Vezzali, L., Capozza, D., Stathi, S. & Giovannini, D. (2012), 'Increasing outgroup trust, reducing infrahumanization, and enhancing future contact intentions via imagined intergroup contact', *Journal of Experimental Social Psychology, 48*(1), 437 – 40; Vezzali, L., Stathi, S. & Giovannini, D. (2012), 'Indirect contact through book reading: Improving adolescents' attitudes and behavioral intentions toward immigrants', *Psychology in the Schools, 49*(2), 148 – 62.

47 Harris, L. T. & Fiske, S. T. (2007), 'Social groups that elicit disgust are differentially processed in mPFC', *Social Cognitive and Affective Neuroscience, 2*(1), 45 – 51.

프레임 7 신뢰성

1 http://news.bbc.co.uk/onthisday/hi/dates/stories/march/22/newsid_4271000/4271221.stm

2 https://api.parliament.uk/historic-hansard/commons/1963/jun/17/securitymr-profumos-resignation

3 http://archive.spectator.co.uk/article/14th-june-1963/4/political-commentary

4 Simpson, B. & Willer, R. (2015), 'Beyond altruism: Sociological foundations of cooperation and prosocial behavior', *Annual Review of Sociology, 41*, 43 –

63.

5 Kim, P. H., Dirks, K. T., Cooper, C. D. & Ferrin, D. L. (2006), 'When more blame is better than less: The implications of internal vs. external attributions for the repair of trust after a competence- vs. integrity-based trust violation,' *Organizational Behavior and Human Decision Processes, 99*(1), 49 – 65.

6 Tov, W. & Diener, E. (2008), 'The well-being of nations: Linking together trust, cooperation, and democracy', in Sullivan, B.A., Snyder, M. & Sullivan, J.L. (eds), *Cooperation: The political psychology of effective human interaction,* Malden, MA: Blackwell, pp.323 – 42.

7 Berg, J., Dickhaut, J. & McCabe, K. (1995), 'Trust, reciprocity, and social history', *Games and Economic Behavior, 10*(1), 122 – 42; Camerer, C. & Weigelt, K. (1998), 'Experimental tests of a sequential equilibrium reputation model', *Econometrica, 56*(1), 1 – 36. See also Rezlescu, C., Duchaine, B., Olivola, C. Y. & Chater, N. (2012), 'Unfakeable facial configurations affect strategic choices in trust games with or without information about past behavior', *PloS one, 7*, e34293.

8 사람들 대부분이 믿는 것이 곧 행동과 생각의 적절한 방식이라는 뜻이다.

9 Pillutla, M. M., Malhotra, D. & Murnighan, J. K. (2003), 'Attributions of trust and the calculus of reciprocity', *Journal of Experimental Social Psychology, 39*(5), 448 – 55; Krueger, J. I., Massey, A. L. & DiDonato, T. E. (2008), 'A matter of trust: From social preferences to the strategic adherence to social norms', *Negotiation and Conflict Management Research, 1*(1), 31 – 52.

10 Tov, W. & Diener, E. (2008), 'The well-being of nations: Linking together trust, cooperation, and democracy', in Sullivan, B.A., Snyder, M. and Sullivan, J. L. (eds), *Cooperation: The political psychology of effective human interaction*, Malden, MA: Blackwell, pp.323 – 42.

11 World Values Survey 6 (2014). Available at: http://www.worldvaluessurvey. org/wvs.jsp; see also: https://www.bi.team/blogs/social-trust-is-one-of-the-mostimportant-measures-that-most-people-have-never-heard-of-and-its-moving/

12 Bachmann, R. & Inkpen, A. C. (2011), 'Understanding institutional-based trust building processes in inter-organizational relationships', *Organization Studies, 32*(2), 281 – 301; Granelli, F. (2017), 'Trust and Revolution: A History', *Unpublished doctoral dissertation.* See also Putnam, R. D. (1995),

'Bowling alone: America's declining social capital', *Journal of Democracy*, 6(1), 65–78.

13 Chung, K. Y., Derdenger, T. P. & Srinivasan, K. (2013), 'Economic value of celebrity endorsements: Tiger Woods' impact on sales of Nike golf balls', *Marketing Science, 32*(2), 271–93; Knittel, C. R. & Stango, V. (2013), 'Celebrity endorsements, firm value, and reputation risk: Evidence from the Tiger Woods scandal', *Management Science, 60*(1), 21–37. Or see: https://gsm.ucdavis.edu/news-release/tiger-woods-scandal-cost-shareholders-12-billion

14 Dahlen, M. & Lange, F. (2006), 'A disaster is contagious: How a brand in crisis affects other brands', *Journal of Advertising Research, 46*(4), 388–97; Carrillat, F. A., d'Astous, A. & Christianis, H. (2014), 'Guilty by association: The perils of celebrity endorsement for endorsed brands and their direct competitors', *Psychology & Marketing, 31*(11), 1024–39.

15 Rousseau, D. M., Sitkin, S. B., Burt, R. S. & Camerer, C. (1998), 'Not so different after all: A cross-discipline view of trust', *Academy of Management Review, 23*(3), 393–404; Mayer, R. C., Davis, J. H. & Schoorman, F. D. (1995), 'An integrative model of organizational trust', *Academy of Management Review, 20*(3), 709–34; Thielmann, I. & Hilbig, B. E. (2015), 'Trust: An integrative review from a person–situation perspective', *Review of General Psychology, 19*(3), 249–77.

16 Ariely, D. & Loewenstein, G. (2006), 'The heat of the moment: The effect of sexual arousal on sexual decision making', *Journal of Behavioral Decision Making, 19*(2), 87–98.

17 https://www.independent.co.uk/news/uk/politics/boris-johnson-put-his-politicalambition-to-lead-the-tory-party-ahead-of-uk-interests-says-david-a6890016.html

18 For more details about the lives of Christine Keeler and Mandy Rice-Davies (the Profumo affair), see (Christine Keeler): https://www.independent.co.uk/news/uk/politics/christine-keeler-profumo-affair-secretary-war-stephen-wardprostitute-affair-soviet-attache-cold-war-a8095576.html; (Mandy Rice-Davies): https://www.telegraph.co.uk/news/obituaries/11303169/Mandy-Rice-Daviesobituary.html

19 Knoll, J. & Matthes, J. (2017), 'The effectiveness of celebrity endorsements: a

meta-analysis', *Journal of the Academy of Marketing Science, 45*(1), 55 – 75.

20 Starmans, C. & Bloom, P. (2016), 'When the spirit is willing, but the flesh is weak: Developmental differences in judgments about inner moral conflict', *Psychological Science, 27*(11), 1498 – 1506.

21 McNulty, J. K., Meltzer, A. L., Makhanova, A. & Maner, J. K. (2018), 'Attentional and evaluative biases help people maintain relationships by avoiding infidelity', *Journal of Personality and Social Psychology, 115*(1), 76 – 95.

22 https://www.washingtonpost.com/politics/2019/04/01/president-trump-hasmade-false-or-misleading-claims-over-days/; (Playboy model scandal): https://www.theguardian.com/us-news/2018/jul/24/michael-cohen-trump-tape-karenmcdougal-payment

23 https://www.bbc.co.uk/news/world-us-canada-37982000

24 Hogg, M. A. (2010), 'Influence and leadership', in S. T. Fiske, D. T. Gilbert & G. Lindzey (eds), *Handbook of Social Psychology*, Hoboken, NJ: John Wiley & Sons, Vol. 2, pp.1166 – 1207.

25 Swire, B., Berinsky, A. J., Lewandowsky, S. & Ecker, U. K. (2017), 'Processing political misinformation: Comprehending the Trump phenomenon', *Royal Society Open Science, 4*(3), 160802.

26 https://news.gallup.com/poll/208640/majority-no-longer-thinks-trump-keepspromises.aspx?g_source=Politics&g_medium=newsfeed&g_campaign=tiles

27 https://www.theguardian.com/commentisfree/2018/sep/05/trump-poll-ratingsmacron-globalisation; https://www.ouest-france.fr/politique/emmanuel-macron/popularite-macron-son-plus-bas-niveau-en-juillet-selon-sept-instituts-de-sondage-5904008?utm_source=dlvr.it&utm_medium=twitter

28 https://www.prri.org/research/prri-brookings-oct-19-poll-politics-election-clintondouble-digit-lead-trump/

29 https://www.nbcnews.com/think/opinion/trump-s-lying-seems-be-gettingworse-psychology-suggests-there-ncna876486; Gino, F. & Bazerman, M. H. (2009), 'When misconduct goes unnoticed: The acceptability of gradual erosion in others' unethical behavior', *Journal of Experimental Social Psychology, 45*(4), 708 – 19; see also Garrett,

N., Lazzaro, S. C., Ariely, D. & Sharot, T. (2016), 'The brain adapts to dishonesty', *Nature Neuroscience, 19*(12), 1727–32.

30 (Spitzer): http://www.nytimes.com/2008/03/10/nyregion/10cnd-spitzer. html?pagewanted=all&_r=0; (Vaz): https://www.mirror.co.uk/news/uk-news/marriedmp-keith-vaz-tells-8763805

31 Effron, D. A. & Monin, B. (2010), 'Letting people off the hook: When do good deeds excuse transgressions?', *Personality and Social Psychology Bulletin, 36*(12), 1618–34.

32 https://www.thecut.com/2018/11/how-did-larry-nassar-deceive-so-many-for-solong.html

33 Cropanzano, R. & Mitchell, M. S. (2005), 'Social exchange theory: An interdisciplinary review', *Journal of Management, 31*(6), 874–900.

34 Flynn, F. J. (2003), 'How much should I give and how often? The effects of generosity and frequency of favor exchange on social status and productivity', *Academy of Management Journal, 46*(5), 539–53.

35 Diekmann, A., Jann, B., Przepiorka, W. & Wehrli, S. (2014), 'Reputation formation and the evolution of cooperation in anonymous online markets', *American Sociological Review, 79*(1), 65–85.

36 Lount Jr, R. B., Zhong, C. B., Sivanathan, N. & Murnighan, J. K. (2008), 'Getting off on the wrong foot: The timing of a breach and the restoration of trust', *Personality and Social Psychology Bulletin, 34*(12), 1601–12.

37 Bohnet, I. & Zeckhauser, R. (2004), 'Trust, risk and betrayal', *Journal of Economic Behavior & Organization, 55*(4), 467–84; Bohnet, I., Greig, F., Herrmann, B. & Zeckhauser, R. (2008), 'Betrayal aversion: Evidence from Brazil, China, Oman, Switzerland, Turkey, and the United States', *American Economic Review, 98*(1), 294–310.

38 Fetchenhauer, D. & Dunning, D. (2012), 'Betrayal aversion versus principled trustfulness – How to explain risk avoidance and risky choices in trust games', *Journal of Economic Behavior and Organization, 81*(2), 534–41; Schlosser, T., Mensching, O., Dunning, D. & Fetchenhauer, D. (2015), 'Trust and rationality: Shifting normative analyses of risks involving other people versus nature', *Social Cognition, 33*(5), 459–82.

39 Sally, D. (1995), 'Conversation and cooperation in social dilemmas: A metaanalysis of experiments from 1958 to 1992', *Rationality and Society, 7*,

58 – 92.

40 Balliet, D. (2010), 'Communication and cooperation in social dilemmas': A meta-analytic review', *Journal of Conflict Resolution*, 54(1), 39 – 57.

41 Roghanizad, M. M. & Bohns, V. K. (2017), 'Ask in person: You're less persuasive than you think over email', *Journal of Experimental Social Psychology*, 69, 223 – 6.

42 Oosterhof, N. N. & Todorov, A. (2008), 'The functional basis of face evaluation', *Proceedings of the National Academy of Sciences*, 105(32), 11087 – 92.

43 Duarte, J., Siegel, S. & Young, L. (2012), 'Trust and credit: The role of appearance in peer-to-peer lending', *The Review of Financial Studies*, 25(8), 2455 – 84; see also Linke, L., Saribay, S. A. & Kleisner, K. (2016), 'Perceived trustworthiness is associated with position in a corporate hierarchy', *Personality and Individual Differences*, 99, 22 – 7.

44 Todorov, A. (2017), *Face Value: The irresistible influence of first impressions*, Princeton, NJ: Princeton University Press.

45 Bond Jr, C. F. & DePaulo, B. M. (2006), 'Accuracy of deception judgments', *Personality and Social Psychology Review*, 10(3), 214 – 34; Ekman, P. & O'Sullivan, M. (1991), 'Who can catch a liar', *American Psychologist*, 46(9), 913 – 20.

46 Wilson, J. P. & Rule, N. O. (2017), 'Advances in understanding the detectability of trustworthiness from the face: Toward a taxonomy of a multifaceted construct', *Current Directions in Psychological Science*, 26(4), 396 – 400.

47 Butler, E. A., Egloff, B., Wilhelm, F. H., Smith, N. C., Erickson, E. A. & Gross, J. J. (2003), 'The social consequences of expressive suppression', *Emotion*, 3(1), 48 – 67.

48 Decety, J. & Chaminade, T. (2003), 'Neural correlates of feeling sympathy', *Neuropsychologia*, 41(2), 127 – 38.

49 Van't Veer, A. E., Gallucci, M., Stel, M. & Beest, I. V. (2015), 'Unconscious deception detection measured by finger skin temperature and indirect veracity judgments – results of a registered report', *Frontiers in psychology*, 6, 672.

50 Williams, K. D., Bourgeois, M. J. & Croyle, R. T. (1993), 'The effects of

주석   393 stealing thunder in criminal and civil trials', *Law and Human Behavior,* *17*(6), 597 - 609; Dolnik, L., Case, T. I. & Williams, K. D. (2003), 'Stealing thunder as a courtroom tactic revisited: Processes and boundaries', *Law and Human Behavior, 27*(3), 267 - 87; Combs, D. J. & Keller, P. S. (2010), 'Politicians and trustworthiness: Acting contrary to self-interest enhances trustworthiness', *Basic and applied social psychology, 32*(4), 328 - 39; Fennis, B. M. & Stroebe, W. (2014), 'Softening the blow: Company self-disclosure of negative information lessens damaging effects on consumer judgment and decision making', *Journal of Business Ethics, 120*(1), 109 - 20.

51 Hamilton, R., Vohs, K. D. & McGill, A. L. (2014), 'We'll be honest, this won't be the best article you'll ever read: The use of dispreferred markers in word-ofmouth communication', *Journal of Consumer Research, 41*(1), 197 - 212.

52 https://www.bbc.co.uk/news/av/world-us-canada-44959340/donald-trump-whatyou-re-seeing-and-what-you-re-reading-is-not-what-s-happening

53 Scott, M. B. & Lyman, S. M. (1968), 'Accounts', *American Sociological Review, 33*(1), 46 - 62.

54 Bruhl, R., Basel, J. S. & Kury, M. F. (2018), 'Communication after an integritybased trust violation: How organizational account giving affects trust', *European Management Journal, 36*, 161 - 70.

55 Schweitzer, M. E., Brooks, A. W. & Galinsky, A. D. (2015), 'The organizational apology', *Harvard Business Review, 94*, 44 - 52.

56 https://www.theguardian.com/news/2018/mar/17/data-war-whistleblower-christopherwylie-faceook-nix-bannon-trump

57 트럼프 측은 이 주장을 부정했다. https://www.theguardian.com/technology/2017/oct/26/cambridge-analytica-used-data-from-facebook-andpolitico-to-help-trump

58 https://www.theguardian.com/news/2018/mar/17/cambridge-analytica-facebookinfluence-us-election

59 서면으로 진술하기로 한 결정 역시 흥미롭다. 서면 진술은 신속하게 유포될 수 있다는 장점이 있지만 신뢰성을 회복하는 속도를 높이는 데는 대가가 따른다. 인간성이 결여돼 보인다는 것이 그 대가다. 진실성을 나타나낼 수 있는 어조와 표현이 포함된 연설을 통해 입장을 전달하는 편이 더 쉽다. 그러

나 연설에도 위험이 따른다. 특히 이미 뻣뻣하고 쉽게 긴장하는 전달자라는 낙인이 찍힌 저커버그로서는 더욱 그랬을 것이다.

60 https://www.theguardian.com/technology/2018/mar/21/mark-zuckerbergresponse-facebook-cambridge-analytica; https://www.businessinsider.com/facebook-ceo-mark-zuckerberg-responds-to-cambridge-analytica-scandal?r=US&IR=T

61 https://www.bloomberg.com/news/articles/2018-07-10/facebook-faces-u-k-privacyfine-over-cambridge-analytica-probe; https://www.independent.co.uk/news/business/news/facebook-share-price-stock-market-value-crash-bad-results-markzuckerberg-a8464831.html

62 Schweitzer, M. E., Brooks, A. W. & Galinsky, A. D. (2015), 'The organizational apology', *Harvard Business Review, 94*, 44 – 52.

63 Haselhuhn, M. P., Schweitzer, M. E. & Wood, A. M. (2010), 'How implicit beliefs influence trust recovery', *Psychological Science, 21*(5), 645 – 8.

64 Mallea, R., Spektor, M. & Wheeler, N. J. (2015), 'The origins of nuclear cooperation: a critical oral history between Argentina and Brazil'. Retrieved from: https://www.birmingham.ac.uk/Documents/college-social-sciences/government-society/iccs/news-events/2015/critical-oral-history.pdf; https://www.americasquarterly.org/content/long-view-how-argentina-and-brazil-stepped-back-nuclear-race

프레임 8 카리스마

1 For more on John Marks, see his autobiography: Marks, J. (2008), *The NHS: Beginning, Middle and End? The Autobiography of Dr John Marks*, Oxford, UK: Radcliffe Publishing.

2 Antonakis, J., Bastardoz, N., Jacquart, P. & Shamir, B. (2016), 'Charisma: An illdefined and ill-measured gift', *Annual Review of Organizational Psychology and Organizational Behavior, 3*, 293 – 319.

3 https://blogs.wsj.com/law/2007/09/27/the-origins-of-justice-stewarts-i-know-itwhen-i-see-it/

4 Tskhay, K. O., Zhu, R., Zou, C. & Rule, N. O. (2018), 'Charisma in everyday life: Conceptualization and validation of the General Charisma Inventory', *Journal of Personality and Social Psychology, 114*(1), 131 – 52.

5 Weber, M. (1978), *Economy and Society: An outline of interpretive sociology* (G. Roth & C. Wittich, eds), Berkeley, CA: University of California Press.

6 DeGroot, T., Kiker, D. S. & Cross, T. C. (2000), 'A meta-analysis to review organizational outcomes related to charismatic leadership', *Canadian Journal of Administrative Sciences, 17*(4), 356 – 72.

7 Pillai, R. & Meindl, J. R. (1998), 'Context and charisma: A "meso" level examination of the relationship of organic structure, collectivism, and crisis to charismatic leadership', *Journal of Management, 24*(5), 643 – 71.

8 Whitney, K., Sagrestano, L. M. & Maslach, C. (1994), 'Establishing the social impact of individuation', *Journal of Personality and Social Psychology, 66*(6), 1140 – 53.

9 Hogg, M. A. (2010), 'Influence and Leadership', in S. T. Fiske, D. T. Gilbert & G. Lindzey (eds), *Handbook of Social Psychology*, Hoboken, NJ: John Wiley & Sons, Vol. 2, pp.1166 – 1207. See also, Conger, J. A. & Kanungo, R. N. (1987), 'Toward a behavioral theory of charismatic leadership in organizational settings', *Academy of Management Review, 12*, 637 – 47.

10 Piff, P. K., Dietze, P., Feinberg, M., Stancato, D. M. & Keltner, D. (2015), 'Awe, the small self, and prosocial behavior', *Journal of Personality and Social Psychology, 108*(6), 883 – 99.

11 https://www.nytimes.com/1993/01/21/us/the-inauguration-we-force-the-springtranscript-of-address-by-president-clinton.html

12 https://www.nytimes.com/1996/02/19/opinion/l-cap-over-wall-joined-politicallexicon-055735.html

13 Heffer, S. (2014), *Like the Roman: The life of Enoch Powell*, London: Faber & Faber.

14 UC데이비스의 심리학과 교수 딘 사이먼턴(Dean Simonton)은 대인관계, 카리스마, 신중함, 창의성, 신경성, 이 다섯 가지 핵심 측면에서 미국 대통령들을 고찰했다.

15 Mio, J. S., Riggio, R. E., Levin, S. & Reese, R. (2005), 'Presidential leadership and charisma: The effects of metaphor', *The Leadership Quarterly, 16*(2), 287 – 94.

16 https://www.london.gov.uk/city-hall-blog/good-relationships-are-vital-our-mentalhealth-and-wellbeing

17 Paharia, N., Keinan, A., Avery, J. & Schor, J. B. (2010), 'The underdog effect:

The marketing of disadvantage and determination through brand biography', *Journal of Consumer Research, 37*(5), 775 – 90; Staton, M., Paharia, N. & Oveis, C. (2012), 'Emotional Marketing: How Pride and Compassion Impact Preferences For Underdog and Top Dog Brands', *Advances in Consumer Research, 40*, 1045 – 6; Paharia, N. & Thompson, D. V. (2014), 'When Underdog Narratives Backfire: the Effect of Perceived Market Advantage on Brand Status', *Advances in Consumer Research, 42*, 17 – 21.

18 Buss, D. M. (1991), 'Evolutionary personality psychology', *Annual Review of Psychology, 42*, 459 – 91.

19 Sy, T., Horton, C. & Riggio, R. (2018), 'Charismatic leadership: Eliciting and channeling follower emotions', *The Leadership Quarterly, 29*(1), 58 – 69; Wasielewski, P. L. (1985), 'The emotional basis of charisma', *Symbolic Interaction, 8*(2), 207 – 22; Bono, J. E. & Ilies, R. (2006), 'Charisma, positive emotions and mood contagion', *The Leadership Quarterly, 17*(4), 317 – 34.

20 Doherty, R. W. (1997), 'The emotional contagion scale: A measure of individual differences', *Journal of Nonverbal Behavior, 21*, 131 – 54; Readers interested in assessing their own susceptibility can find the Emotional Contagion Scale at: http://www.midss.org/content/emotional-contagion-scale

21 Kenny, D. A., Horner, C., Kashy, D. A. & Chu, L. C. (1992), 'Consensus at zero acquaintance: replication, behavioral cues, and stability', *Journal of Personality and Social Psychology, 62*(1), 88 – 97.

22 Koppensteiner, M., Stephan, P. & Jaschke, J. P. M. (2015), 'From body motion to cheers: Speakers' body movements as predictors of applause', *Personality and Individual Differences, 74*, 182 – 5.

23 https://www.ted.com/talks/fields_wicker_miurin_learning_from_leadership_s_missing_manual/

24 https://www.ted.com/talks/simon_sinek_how_great_leaders_inspire_action

25 https://www.huffingtonpost.com/vanessa-van-edwards/5-secrets-of-asuccessful_b_6887472.html?guccounter=1

26 An entertaining take on Governor Kasich's hand-gestures comes in the form of an adaptation of the popular video game Fruit Ninja: https://www.youtube.com/watch?v=VqgkNtYbwwM

27 Antonakis, J., Bastardoz, N., Jacquart, P. & Shamir, B. (2016), 'Charisma:

An illdefined and ill-measured gift', *Annual Review of Organizational Psychology and Organizational Behavior, 3*, 293–319.

28 https://www.nytimes.com/2018/08/25/opinion/sunday/college-professorsexperts-advice.html

29 Figlio, D. N., Schapiro, M. O. & Soter, K. B. (2015), 'Are tenure track professors better teachers?', *Review of Economics and Statistics, 97*(4), 715–24.

30 von Hippel, W., Ronay, R., Baker, E., Kjelsaas, K. & Murphy, S. C. (2016), 'Quick thinkers are smooth talkers: Mental speed facilitates charisma', *Psychological Science, 27*(1), 119–22.

31 Tskhay, K. O., Zhu, R., Zou, C. & Rule, N. O. (2018), 'Charisma in everyday life: Conceptualization and validation of the General Charisma Inventory', *Journal of Personality and Social Psychology, 114*(1), 131–52. Interested readers can take the test by visiting: https://www.businessinsider.com/how-to-measurecharisma-2017-11?r=US&IR=T

32 안토나키스는 카리스마를 "가치 기반의, 상징적이고, 감정적인 리더의 신호"라고 정의한다.

33 Antonakis, J., Fenley, M. & Liechti, S. (2011), 'Can charisma be taught? Tests of two interventions', *Academy of Management Learning & Education, 10*(3), 374–96.

34 Ambady, N. & Rosenthal, R. (1993), 'Half a minute: Predicting teacher evaluations from thin slices of nonverbal behavior and physical attractiveness', *Journal of Personality and Social Psychology, 64*(3), 431–41.

에필로그

1 https://api.parliament.uk/historic-hansard/commons/1981/nov/26/civil-defence-1

2 Garthwaite, C. & Moore, T. J. (2012), 'Can celebrity endorsements affect political outcomes? Evidence from the 2008 US democratic presidential primary', *The Journal of Law, Economics, & Organization, 29*(2), 355–84.

3 https://losangeles.cbslocal.com/2018/11/06/tennessee-election-blackburntaylor-swift/ and https://eu.tennessean.com/story/entertainment/

music/2018/11/07/taylor-swift-bredesen-endorsement-tennessee-senate-race-political-post/1918440002/

4 https://eu.tennessean.com/story/news/politics/tn-elections/2018/10/07/marshablackburn-holds-8-point-lead-over-phil-bredesen-new-cbs-poll-tennessee-ussenate-race/1562109002/

5 https://www.vox.com/2018/10/9/17955288/taylor-swift-democrat-conservativereaction-blackburn

6 https://nypost.com/2018/11/06/tennessee-voting-numbers-surge-after-taylorswift-post/

7 Marks, J., Copland, E., Loh, E., Sunstein, C. R. & Sharot, T. (2018), 'Epistemic spillovers: Learning others' political views reduces the ability to assess and use their expertise in nonpolitical domains', *Cognition, 188,* 74 – 84.

8 Thorndike, E. L. (1920), 'A constant error in psychological ratings', *Journal of Applied Psychology, 4*(1), 25 – 9.

9 Wang, J. W. & Cuddy, A. J. C. (2008), 'Good traits travel: The perceived transitivity of traits across social networks', in *9th Annual Meeting of the Society for Personality and Social Psychology*, Albuquerque, NM.

10 Walther, E. (2002), 'Guilty by mere association: Evaluative conditioning and the spreading attitude effect', *Journal of Personality and Social Psychology, 82*(6), 919 – 34. See also Hebl, M. R. & Mannix, L. M. (2003), 'The weight of obesity in evaluating others: A mere proximity effect', *Personality and Social Psychology Bulletin, 29*(1), 28 – 38.

11 Vosoughi, S., Roy, D. & Aral, S. (2018), 'The spread of true and false news online', *Science, 359*(6380), 1146 – 51.

12 Pennycook, G. & Rand, D. G. (2019), 'Fighting misinformation on social media using crowdsourced judgments of news source quality', *Proceedings of the National Academy of Sciences, 116*(7), 2521 – 6.

13 Pennycook, G. & Rand, D. G. (2018), 'Lazy, not biased: Susceptibility to partisan fake news is better explained by lack of reasoning than by motivated reasoning', *Cognition, 188,* 39 – 50.

14 https://www.cambridgeassessment.org.uk/Images/518813-uptake-of-gcse-subjects-2017.pdf
https://c0arw235.caspio.com/dp/b7f930000e16e10a822c47b3baa2

15 https://www.apa.org/monitor/2017/11/trends-popular

16 Amos, C., Holmes, G. & Strutton, D. (2008), 'Exploring the relationship between celebrity endorser effects and advertising effectiveness: A quantitative synthesis of effect size', *International Journal of Advertising, 27*(2), 209 – 34.

17 Dolan, P., Hallsworth, M., Halpern, D., King, D., Metcalfe, R., & Vlaev, I. (2012), 'Influencing behaviour: The mindspace way', *Journal of Economic Psychology, 33*(1), 264 – 77.

18 Sznycer, D., Al-Shawaf, L., Bereby-Meyer, Y., Curry, O. S., De Smet, D., Ermer, E. & McClung, J. (2017), 'Cross-cultural regularities in the cognitive architecture of pride', *Proceedings of the National Academy of Sciences, 114*(8), 1874 – 9; Sznycer, D., Xygalatas, D., Alami, S., An, X. F., Ananyeva, K. I., Fukushima, S. & Onyishi, I. E. (2018), 'Invariances in the architecture of pride across small-scale societies', *Proceedings of the National Academy of Sciences, 115*(33), 8322 – 7.

19 Re, D. E. & Rule, N. (2017), 'Distinctive facial cues predict leadership rank and selection', *Personality and Social Psychology Bulletin, 43*(9), 1311 – 22.

20 Fiske, S. T. (2010), 'Interpersonal stratification: Status, power, and subordination', in S. T. Fiske, D. T. Gilbert & G. Lindzey (eds), *Handbook of Social Psychology*, Hoboken, NJ: John Wiley & Sons, pp.941 – 82.

21 Wang, A. C., Tsai, C. Y., Dionne, S. D., Yammarino, F. J., Spain, S. M., Ling, H. C. & Cheng, B. S. (2018), 'Benevolence-dominant, authoritarianism-dominant, and classical paternalistic leadership: Testing their relationships with subordinate performance', *The Leadership Quarterly, 29*(6), 686 – 97.

22 Aronson, E., Willerman, B. & Floyd, J. (1966), 'The effect of a pratfall on increasing interpersonal attractiveness', *Psychonomic Science, 4*(6), 227 – 8.

23 Brescoll, V. L., Okimoto, T. G. & Vial, A. C. (2018), 'You've come a long way . . . maybe: How moral emotions trigger backlash against women leaders', *Journal of Social Issues, 74*(1), 144 – 64; Eagly, A. H. (2018), 'Some leaders come from nowhere: Their success is uneven', *Journal of Social Issues, 74*(1), 184 – 96; Brescoll, V. L. & Uhlmann, E. L. (2008), 'Can an angry woman get ahead? Status conferral, gender, and expression of emotion in the workplace', *Psychological Science, 19*(3), 268 – 75; Meaux, L. T., Cox, J. & Kopkin, M. R. (2018), 'Saving damsels, sentencing deviants and selective chivalry decisions: Juror decisionmaking in an ambiguous assault case', *Psychiatry, Psychology and Law, 25*(5), 724 – 36; Leinbach, M. D., Hort, B. E. & Fagot, B. I. (1997), 'Bears are for boys: Metaphorical associations in young children's gender

stereotypes', *Cognitive Development, 12*(1), 107 – 30.

24 Cuddy, A. J., Fiske, S. T. & Glick, P. (2004), 'When professionals become mothers, warmth doesn't cut the ice', *Journal of Social Issues, 60*(4), 701 – 18.

25 McArthur, L. Z. & Resko, B. G. (1975), 'The portrayal of men and women in American television commercials', *The Journal of Social Psychology, 97*(2), 209 – 20; Knoll, J. & Matthes, J. (2017), 'The effectiveness of celebrity endorsements: A meta-analysis', *Journal of the Academy of Marketing Science, 45*(1), 55 – 75.

26 Ward, L. M. (2016), 'Media and sexualization: State of empirical research, 1995 – 2015', *The Journal of Sex Research, 53*(4 – 5), 560 – 77; Wirtz, J. G., Sparks, J. V. & Zimbres, T. M. (2018), 'The effect of exposure to sexual appeals in advertisements on memory, attitude, and purchase intention: A meta-analytic review', *International Journal of Advertising, 37*(2), 168 – 98.

27 Vaes, J., Paladino, P. & Puvia, E. (2011), 'Are sexualized women complete human beings? Why men and women dehumanize sexually objectified women', *European Journal of Social Psychology, 41*(6), 774 – 85.

28 Grabe, S., Ward, L. M. & Hyde, J. S. (2008), 'The role of the media in body image concerns among women: A meta-analysis of experimental and correlational studies', *Psychological Bulletin, 134*(3), 460 – 76.

29 Meltzer, A. L. & McNulty, J. K. (2015), 'Telling women that men desire women with bodies larger than the thin-ideal improves women's body satisfaction', *Social Psychological and Personality Science, 6*(4), 391 – 8.

30 Pinker, S. (2018), *Enlightenment Now: The case for reason, science, humanism, and progress*, New York, NY: Viking.

31 Fragale, A. R. (2006), 'The power of powerless speech: The effects of speech style and task interdependence on status conferral', *Organizational Behavior and Human Decision Processes, 101*(2), 243 – 61; Torelli, C. J., Leslie, L. M., Stoner, J. L. & Puente, R. (2014), 'Cultural determinants of status: Implications for workplace evaluations and behaviors', *Organizational Behavior and Human Decision Processes, 123*(1), 34 – 48.

32 Kitayama, S., Markus, H. R., Matsumoto, H. & Norasakkunkit, V. (1997), 'Individual and collective processes in the construction of the self: Selfenhancement in the United States and self-criticism in Japan', *Journal of Personality and Social Psychology, 72*(6), 1245 – 67.

33 Fu, G., Heyman, G. D., Cameron, C. A. & Lee, K. (2016), 'Learning to be

unsung heroes: Development of reputation management in two cultures', *Child development, 87*(3), 689 – 99.

34 Rule, N. O., Ambady, N., Adams Jr, R. B., Ozono, H., Nakashima, S., Yoshikawa, S. & Watabe, M. (2010), 'Polling the face: prediction and consensus across cultures', *Journal of Personality and Social Psychology, 98,* 1 – 15.

35 Hofstede, G. (1997), *Cultures and Organizations: Software of the mind,* New York, NY: McGraw Hill.

36 Abir, Y., Sklar, A. Y., Dotsch, R., Todorov, A. & Hassin, R. R. (2018), 'The determinants of consciousness of human faces', *Nature Human Behaviour, 2*(3), 194 – 9.

37 Tsikandilakis, M., Bali, P. & Chapman, P. (2019), 'Beauty Is in the Eye of the Beholder: The Appraisal of Facial Attractiveness and Its Relation to Conscious Awareness', *Perception, 48*(1), 72–92.

KI신서 9857

메신저

1판 1쇄 발행 2021년 10월 8일
1판 3쇄 발행 2023년 1월 1일

지은이 스티브 마틴·조지프 마크스
옮긴이 김윤재
펴낸이 김영곤
펴낸곳 (주)북이십일 21세기북스

디자인 김은영
교정 박소현
출판마케팅영업본부 본부장 민안기
출판영업팀 최명열 김다운
제작팀 이영민 권경민

출판등록 2000년 5월 6일 제406-2003-061호
주소 (10881) 경기도 파주시 회동길 201(문발동)
대표전화 031-955-2100 **팩스** 031-955-2151 **이메일** book21@book21.co.kr

(주)북이십일 경계를 허무는 콘텐츠 리더

21세기북스 채널에서 도서 정보와 다양한 영상자료, 이벤트를 만나세요!
페이스북 facebook.com/jiinpill21 포스트 post.naver.com/21c_editors
인스타그램 instagram.com/jiinpill21 홈페이지 www.book21.com
유튜브 www.youtube.com/book21pub

서울대 가지 않아도 들을 수 있는 명강의! 〈서가명강〉
유튜브, 네이버, 팟캐스트에서 '서가명강'을 검색해보세요!

ISBN 978-89-509-9700-7 03180